KB151002

애착과 강점을 기반으로 한
노인 서포트

Imogen Blood · Lydia Guthrie 지음
서영석 · 안하얀 · 이상학 옮김

박영story

역자 서문

애착 대상과의 관계 경험은 과거를 기반으로 한 현재 진행의 과정으로 '요람에서 무덤까지' 전 생애에 걸쳐 영향을 미치는 것으로 알려져있지만, 노년기 애착에 대해서는 상대적으로 관심을 기울이지 못했다. 그간 보아 온 애착 연구들, 혼자 또는 함께 수행해 온 연구들을 돌이켜보아도 노인을 대상으로 한 애착 연구는 쉽게 떠오르지 않는다. 이 책은 우리가 소홀했었던 노년기에 귀 기울이며, 아직은 가보지 않은 길이기에 충분한 이해와 공감이 어려운 노년층을 섬세하게 이해하고 공감할 수 있도록 우리를 이끈다. '애착과 강점을 기반으로 한 노인 서포트', 책 제목에서부터 노인을 의존적인 존재가 아니라 내재된 힘을 가진 존재, 그리고 애착이론이 주는 인간에 대한 통찰을 기반으로 더욱 존중해야 할 존재로 바라보고 있음을 알 수 있다.

노년기 애착에 대해 관심을 가져보고 번역할 좋은 책이 있는지 찾아보라고 하셨던 지도교수님(서영석 교수님)의 조언으로 이 책을 발견하게 되었다. 번역 작업의 고달픔을 잘 알기에 번역만은 되도록 안 하고 싶은 마음이 컸지만, 이 책의 번역은 누구에게도 말하지 못했던 마음의 책망을 덜기 위해서라도 꼭 해야 하는 책무 같았다. 맡은 챕터를 번역하는 내내, 내게 따뜻한 애착 표상을 유산으로 남겨주신 할머니가 많이 떠올랐다.

"할머니, 왜 자꾸 울어?"

"몰라... 자꾸 눈물이 나. 안 울려고 해도 자꾸 눈물이 나..."

"할머니, 나 이제 상담 시작해야 하니까 끊자, 나중에 다시 전화할게."

나중에 다시 전화하겠다는 손주의 전화를 하염없이 기다리는 할머니의 마음을 나는 왜 헤아려드리지 못했을까. 그렇게 바쁘게 끊어버린 전화가 할머니와의 마지막 통화가 될 줄은 몰랐다. 내 앞에 마주한 20대 청년들의 우울, 불안에는 민감하게 반응하고 세심하게 돌보면서... 정작, 세상에서 가장 사랑하는 우리 할머니도 우울할 수 있다는 것을, 죽음이라는 실존의 문제를 가깝게 직면하며 불안할 수 있다는 것을 몰랐다. 늘 큰 산 같이 그렇게 내 곁에 든든하게 계시는 그런 존재로, 영원히 계실 거라는 근거 없는 믿음을 가졌던 것 같다. 이후 몇 년 동안 나는 상담을 하지 않았다. 상담전문가의 길을 그만 걸을까 고민을 했을 만큼, 이 일은 나에게 적잖은 충격을 주었다.

어린 시절 사랑과 정성으로 돌봐주신 할머니를 생각하며 한 문장, 한 문장 정성스레 번역해 나갔다. 이 책을 보시는 다른 분들은 나 같은 우를 범하는 일이, 지나고 가슴 치는 일이 없기를 간절히 바라는 마음도 담았다. 신기한 것은, 막연히 가까이 있으니 모든 걸 알고 있다고 착각하거나 다 알았어야 했다는 생각에, 할머니의 상태를 알아차리지 못했던 나를 책망했던 그 마음이 어느새 눈 녹듯 사라졌다는 거다. 이 책을 번역하며 노년기와 노인에 대해 우리는 더 깊이 알아야 한다는 점, 그때 내게 그런 지식 자체가 부족했었다는 점을 깨닫게 되었다. 이러한 깨달음과 더불어, 애착이론의 관점으로 노인 문제와 주변 가족들이 겪는 어려움을 바라볼 수 있다는 점과 마지막 그날까지도 우리에겐 활용할 강점이 있다는 점을 진심으로 알게 되면서 나를 향한 따뜻한 자비심도 커졌다.

이 책 대부분의 챕터를 번역하셨음에도 불구하고, 귀한 역자 서문의 자리를 내어주신 서영석 교수님께 감사드린다. 아마도 교수님은 이 책을 번역하는 과정에서(역자 서문을 쓰면서도) 치유를 경험할 수 있다는 것을 이미 알고 계셨을지도 모르겠다. 오랜 시간을 버티며 한결같이 묵묵하게 번역 작업을 함께 해 온 이상학 선생에게도 고마운 마음을 전한다. 말이 아니라 행함으로 신뢰를 얻는다는 것이 얼마나 어려운 것인지, 그런 사람이 얼마나 귀한지를 새삼 깨닫게 된 요즘, 두 분과의 번역 작업은 또 다른 치유의 계기가 되었다.

이제는 우리 부모님이 노인이 되어 가고 있고, 머지않아 우리도 노인이 될 것이다. 이 책이 노인을 돕는 데, 결국 우리를 돕는 데 귀하게 쓰이길 소망해 본다.

할머니, 사랑합니다.
내가 많이 미안해, 그리고 고마워.

— 공역자 안하얀

차 례

Chapter 07

생의 마지막 그리고 사별 _ 199

Chapter 08

성찰적 슈퍼비전, 직원 복지 및 강점 기반 리더십 _ 229

Chapter 09
활용도구 모음 _ 265

Chapter 01

노인과 함께 하는 강점 기반 실무

제이콥의 이야기

제이콥은 78세로서 지역 주택조합에서 운영하는 아파트에 거주하고 있다. 제이콥은 원래 우크라이나 출생으로, 살아있는 친척이 없고, 근처에 아는 사람이 없으며, 영어는 제3의 언어이다. 제이콥은 사회복지 서비스를 받을 자격이 안 되지만 일주일에 몇 번씩 고통스러워하면서 의무팀에 연락을 취하곤 했다. 추후 사회복지사들이 방문했을 때 제이콥은 사회복지사들이 제안한 것들을 받아들이려 하지 않았고, 집 밖으로 나가는 것을 꺼려했으며, 외롭고 불안하고 행복하지 않은 것처럼 보였다.

시설에서 지원 업무를 담당하고 있는 줄리는 제이콥을 만나, 제이콥의 문제를 해결하기 위해 구조화된 '지원 집단(circle of support)' 접근(자세한 내용은 9장 활용도구 8을 참조)을 사용하도록 부드럽게 설득했다. 제이콥은 함께 체스를 둘 수 있는 자기 또래의 다른 남성들을 만나고 싶다고 말했다. 줄리는 제이콥을 데리고 지역에 있는 남성 노인들을 위한 사교 클럽에 갔다. 현재 제이콥은 정기적으로 그 클럽에 다니고 있는데, 대중교통을 이용해서 혼자 그곳까지 다닌다. 제이콥은 동일한 언어를 사용하면서 체스에 대한 열정이 대단한 다른 노인 남성과 체스를 두는데, 클럽에 있는 다른 사람들에게도 체스 두는 법을 가르치기 시작했다. 이렇게 제이콥의 자신감은 커졌고, 동네에 있는 술집에 가서 조용히 술을 먹거나 술집 종업원들이나 다른 손님과 가볍게 이야기를 나누게 되었으며, 또한 지역에 있는 '좋은 이웃'이라는 자원봉사 모임에 가입하게 되었다. 이제 제이콥은 근무 중인 사회복지사들에게 더 이상 전화를 걸지 않으며(비록 줄리와는 계속해서 연락을 취하지만), 제이콥의 불안이나 외로움은 줄어들었다(Bowers et al., 2011, pp.29-30에서 수정함).

이 이야기에서 줄리는 '강점 기반 접근'을 통해 제이콥을 지원하고 있는데,

- 시간을 들여 제이콥과 관계를 형성하였고, 서두르지 않을 뿐 아니라 '이러한 유형의 사람은...'과 같이 가정을 하지 않았으며, 무엇이 제이콥에게 도움이 될지 자신의 관점을 강요하지 않았고, 이용할 수 있는 다른 서비스에 의뢰하지도 않았다.
- 제이콥의 '필요'보다는 제이콥의 흥미에 기반해서, 제이콥에게 중요한 것을 제이콥이 하도록 도와주었다. 체스가 핵심으로 등장했는데, 사회적으로 고립되어 있는 제이콥의 욕구를 충족시키기 위해 친구가 되어 주는 서비스에 제이콥을 의뢰하지 않았다.
- 또한 줄리는 제이콥이 혼자서 클럽에 갈 수 있는 능력을 향상시켰다. 줄리는 그렇게 하는 것이 제이콥에게 얼마나 벅찬 일인지 알고 있었기 때문에, 제이콥이 처음 클럽에 갈 때 함께 동행했고, 제이콥은 곧바로 혼자 대중교통을 이용해서 클럽에 가는 것을 좋아했다. 이를 통해 제이콥의 자신감이 커져 다른 여행을

시도하기에 이르렀다. 만일 줄리가 주소만 건넸거나 아니면 제이콥이 그곳에 가도록 정기권을 예약해 주었다면, 이러한 일이 과연 일어날 수 있었을까?

- 결과적으로, 줄리는 제이콥이 '현실 세계'에 천천히 그리고 자연스럽게 자신을 위한 지원망을 형성하도록 지원한 것이다(단순히 서비스제공자의 입장에서 돌봄 패키지를 마련한 것이 아님). 여기에는 동네 술집도 포함되고, 이웃에 거주하는 사람들, 그리고 체스 클럽에서 만난 다른 남성들도 포함된다. 흥미로운 점은, 제이콥이 기부하기로 결정했다는 것, 즉 다른 사람들에게 체스를 가르치거나 동네에 있는 '좋은 이웃' 모임에서 자원봉사를 하게 되었다. 이것은 제이콥이 보인 회복의 핵심적인 부분으로 보인다.

강점에 기반한 접근은 '결함 기반' 돌봄 서비스와 대조가 된다. 이 모델은 1990년 전국 보건서비스 및 공동체 돌봄에 관한 법령에서 소개되었는데, 이 모델에 따르면 전문가가 문제와 요구 및 현안을 찾아 이해하고 해결하기 위한 목적으로 평가를 수행하고, 욕구를 충족시키기 위해 다양한 서비스를 모아 패키지를 구성한다는 개념에 그 근거를 두고 있다. 결함에 기반을 둔 문화는 법령이 통과된 이후 지난 10년 동안 법률에 근거한 서비스들을 지배해 왔는데, 사회서비스 기관으로부터 지원을 받고 싶은 사람들은 서비스를 받을 자격을 갖추고 있음을 입증하기 위해 자신에게 많은 문제가 있는 것처럼 이야기를 필요가 있다고 느끼곤 했다. 즉, 서비스를 받을 조건을 갖추고 있을 만큼 충분한 욕구가 있음을 증명하는 방식으로 자신의 문제를 설명해야만 했다.

반면, 강점 기반 실무에 대해 다음과 같은 정의가 제시되었다.

강점 기반 실무는 서비스 수혜자와 제공자 간 협력적인 과정으로서, 수혜자의 강점과 자원을 이끌어내서 성과를 도출할 수 있도록 함께 일하는 것이다.

(Social Care Institute for Excellence, 2015)

위 사례에서 줄리는 제이콥이 자신의 삶에서 원하는 것을 얻을 수 있도록 조력하기 위해 제이콥과 함께 일을 했다.

강점 기반 접근은 개인과 가족, 집단과 기관에 내재된 강점에 집중하는데, 회복과 임파워먼트에 도움이 될 수 있도록 개인의 강점을 활용한다.

(Pattoni, 2012, p.4)

궁극적인 목표는 제이콥이 능력과 자신감 및 사회적 관계망을 형성하도록 제이콥에게 힘을 부여해서, 공식적인 서비스를 제공받지 않으면서도 만족스러운 삶을 영위하게 하는 것이다.

돌봄과 지원 및 포용에 대한 강점 기반 접근에서는 우선적으로 사람들이 자신의 기술과 자원을 가지고 무엇을 할 수 있는지 찾아보고, 주변에 사람들 또한 관계에서 그리고 지역사회에서 무엇을 할 수 있는지 확인하는 것이다. 사람들을 바라볼 때, 돌봄에 대한 그들의 욕구 그 이상의 무언가로 바라봐야 한다. 즉, 사람들은 자신의 삶에 대한 전문가이자 책임자일 필요가 있다.

(Social Care Institute for Excellence에서 인용한
Shared Lives의 Alex Fox, 2015)

줄리와 제이콥이 찾은 해법은 제이콥이 가지고 있는 기술과 자원에서 이끌어냈는데, 제이콥의 언어 기술, 체스에 대한 사랑, 다른 사람들을 도와주고 싶은 욕구, 그리고 혼자서 돌아다닐 수 있는 능력이 그러한 기술과 자원에 해당된다. 또한 해결책은 제이콥이 속한 지역사회 내 자원을 바탕으로 형성되었다. 이러한 자원에는 언어와 젠더를 공유하는 다른 사람들과의 정서적 연대뿐 아니라 이웃들, 술집, 그리고 '좋은 이웃' 프로젝트가 해당된다.

강점 기반 접근을 위한 정책 및 법적 맥락

돌봄 법령 2014와 사회서비스 및 복지 법령(Wales) 2014에는 몇 가지 주요 원칙이 포함되어 있는데, 이 원칙들은 강점 기반 실무로 전환하는 것을 지지한다.

첫째, 이러한 법령들은 한 사람의 전체적인 '복지'를 향상시키는 것에 초점을 둘 것을 요구한다. 이는 지역 당국과 당국이 임명한 사람들이 한 개인의 돌봄에 대한 욕구 또는 적합성을 평가하는 것 이상의 것을 요구한다. 이들은 한 개인의 삶을 보다 광범위하게 바라보아야 하는데, 여기에는 사람들의 강점과 흥미도 포함되어 있다. 그림 1.1에서 볼 수 있듯이, 돌봄 법령 2014는 한 개인의 복지에 몇 가지 양상이 포함되어 있음을 확인하고 있다.

그림 1.1 돌봄 법령 2014에서의 복지

- 건강: 신체적, 정신적, 감정적
- 거주 시설
- 경제적 지위 및 사회적 환경
- 개인적인 관계
- 직업: 일, 학습, 여가
- 일상생활에 대한 통제감
- 보호: 학대와 방임으로부터의 보호
- 존엄성과 존경

둘째, 두 법령에서는 개인이 자신의 복지를 판단할 수 있는 가장 좋은 위치에 있다고 원칙을 세우고 있다(특정 결정 또는 상황에서 그러한 결정을 내릴 만큼 정신적인 능력을 가지고 있지 않다는 것이 입증되지 않는 한 그렇다. 이 점에 관해서는 6장에서 다시 다룰 예정임). 이것이 의미하는 것은,

우리가 사람들과 협력해야 하고, 그들을 '자신의 삶에서의 전문가'로 다뤄야 한다는 것이다.

마지막으로, 돌봄 법령 2014 지침은 강점 기반 접근을 분명하게 언급하고 있는데, 지역 당국에서 한 개인의 강점과 능력을 고려할 것을 요구하고 있고, 그들을 둘러싼 광범위한 지지망 내에서 또는 지역사회 안에서 어떤 지원이 가능할지 고려할 것을 요구하고 있다(Department of Health and Social Care, 2018, para. 6.63).

유사하게, 사회적 서비스 및 복지 법령(Wales) 2014 실무 강령에서는,

개인 스스로 평가과정을 시작하고, 그 사람의 강점과 능력을 이해해야 하며, 그들에게 무엇이 중요한지, 가족과 친구, 그리고 지역사회는 그들이 개인적인 성취를 달성할 수 있도록 어떤 역할을 수행해야 할지 이해할 것을 요구하고 있다.

(Welsho Government, 2015, p.5)

강점 기반 실무의 원칙

우리는 이 절에서 강점 기반 실무의 7가지 핵심적인 원칙들을 확인하고, 이러한 원칙들이 왜 노인들에게 특히 적합할 수 있는지를 논하고자 한다.

원칙 1
협력과 자기결정

우리가 계속해서 들어왔던 것처럼, 강점 기반 실무에는 진심으로 힘을 공유하고 전문성을 동원해서 함께 해결책을 마련하려는 의향이 내포되어 있다. 전문적으로 도움을 제공

하는 사람의 역할은 어떤 사람이 필요로 하는 것을 수행하는 데 있지 않다. 전문가의 역할은 각 사람이 자신의 삶에서 전문가이고, 그 사람의 건강 조건(health condition)에서 살아가고 있으며, 그들의 가정에서 생활하며, 그들에게 중요한 것이 무엇인지 안다는 것을 인정하는 데 있다.

보통 전문가들은 일반적인 전문성을 지니고 있다. 그들은 '시스템' 주변에서 그들의 방식을 알고 있고, 누가 혜택을 받을 수 있고, 어떤 거주 대안이 있는지 알고 있다. 전문가들은 휠체어를 사용하는 사람에게 도움을 주기 위해 필요한 몇 가지 기술을 알고 있고, 또한 치매를 앓고 있는 사람들에게 매우 다양한 도움을 제공해 왔을 수도 있다. 협력이란 함께 일하는 것이다. 이것은 일반적인 전문성과 개인적인 전문성을 조합해서 해결책을 마련하고, 결정을 내리며, 단순하게는 그들에게 통하는 방식으로 도움을 제공하는 것에 동의하는 것이다.

왜 이것이 노인들에게 특히 적합한 것일까?

노인들은 건강 및 사회서비스 틀 안에서 너무도 자주 낙심하곤 한다. 즉, 다른 사람들이 가장 잘 알고 있고, 그들 자신에 대한 결정은 그들이 없는 상황에서 내려지며, 결과적으로 그들에게 중요한 것은 고려되지 않는다.

> **원칙 2**
> **가장 중요한 것은 관계다.**

노인에게 가장 중요한 것이 무엇인지 물어볼 때마다 노인들은 목록 최상단에 다른 사람들과의 관계를 위치시킨다. 즉, 가족과의 관계, 친구들과의 관계, 새로 만난 지인들과의 관계, 가끔 인사를 나누는 이웃들과의 관계, 돌봄을 제공해주는 전문가, 미용사와의 관계 등등(Bowers et al., 2009; Blood 2013; Blood, Copeman, and Pannell 2016b)을 중요하게 여긴다.

관계가 복지의 중심에 있고, 강점을 끌어올 수 있는 주요 자원이다. 그러나 (아동 대상 서비스와 비교해서) 성인을 대상으로 하는 돌봄은 오직 개인 '내담자'에게만 초점을 맞추는 경향이 있었는데, 이 때문에 내담자에게 가장 중요한 사람들을 간과하곤 했다. 연인, 자녀, 친구, 이웃은 '돌봄을 제공하는 사람들'로 분류되어 왔는데, 내담자의 탄력성을 향상시키는 열쇠다.

기관이나 서비스센터에서 일할 때 우리는 과정에 초점을 두고 상호작용하고 개입하는 경우가 많다. 시간이 정해진 방문 동안 완수해야 할 작업들이 있고, 평가를 해야 하며, 의뢰를 하거나 새로운 임대 아파트를 계약해야 한다. 보통 우리가 하는 일은 성과에 따라 평가를 받는데, 얼마나 많은 일을 얼마나 빨리 그리고 얼마나 효과적으로 하는지에 따라 평가를 받는다. 결국 평가와 의뢰는 성과로 간주된다.

그러나 노인들에게 그들이 받은 서비스에 관해 질문하면, 그들의 경험은 전적으로 서비스를 제공한 사람들과의 관계에 달려있다는 것이 분명해진다. 종종 아이러니하게도 사람들이 가장 귀하게 여기는 서비스는, 서비스제공자들이 전문가로서가 아니라 인간으로서 맺는 관계다.

> 그들은 진심으로 돌봐줘요. 진짜 친구 같다고 할까요. 어느 날 밤 제 상태가 매우 안 좋았어요. 끔찍했고 밤새 제가 있던 곳을 떠나지 못했죠. 그분들은 제 침대 곁에 있었고, 제 옆에 누워 제 손을 잡아 줬어요. 값을 매길 수 없을 정도였어요.
>
> (요양원에서 생활하고 있는 노인, Blood and Litherland, 2015, p.30)

저는 그 사람들과 농담하는 것을 좋아합니다. 하지만 그분들이 매일매일 다르고, 당신을 한 사람으로 관심을 가지고 있지 않다면 그런 일은 상상할 수 없을 거예요.

(요양원에 거주하는 노인, Blood, Pannell, and Copeman, 2012, p.5)

노인들의 관점에서 관계는 시간이 허락할 때 있으면 좋은 것도, 목적을 위한 수단도 아니다(결국, 노인들이 당신에게 협력한다면 그 과정은 훨씬 더 빨리 끝낼 수도 있다). 노인들에게 있어서 관계는 곧 서비스 자체다.

관계 형성은 강점 기반 실무의 기초여야 한다. 관계가 없다면, 우리는 사람들과 협력할 수 없고, 한 사람으로서 그들과 연결될 수 없으며, 이상하게 보일 수 있는 행동을 이해할 수도 없고, 도전을 할 수도 없다. 이것이 애착이론이 강점 기반 실무를 향상시키고 보완할 수 있는 이유다(애착이론은 사람들이 관계에서 어떻게 그리고 왜 특정 행동을 하는지 이해할 수 있는 틀을 제공하는데, 2장에서 자세히 다룰 예정이다).

이런 종류의 관계를 맺기 위해 우리는 사람들과 함께 있어야 하고 사람들과 연계해야 한다. 이런 수준에서 일하는 것은 늘 쉬운 것이 아니다. 우리가 지원하는 사람들은 사망할 수도 있고, 우리를 밀쳐 내거나 아니면 지나치게 우리에게 의지할 수 있다(이런 문제는 다음 장에서 다룰 예정임). 위기나 고통 또는 삶의 마지막에 서있는 사람들을 지원하는 일은, Yvonne Sawbridge가 주장한 것처럼, '감정 노동'이다. 서비스제공자는 충분히 자신의 감정을 관리해야 하는데, 이를 통해 돌봄을 받고 있다는 느낌을 제공할 수 있다(Sawbridge and Hewison, 2011). 이 일을 안전하게 유지하기 위해 서비스제공자들은 돌봄을 받아야 하고 지원을 받아야 한다. 강점에 기반해서 다른 사람들과 일을 하려면 당신 또한 강점에 기반한 방식으로 관리를 받아야 한다. 이점에 관해서는 8장에서 더 자세히 다룰 예정이다.

노인들에게 이것이 왜 특히 중요한가?

노인들은 특히 외로움과 고립에 취약할 수 있는데, 최근 연구 및 홍보물들은 외로움과 고립이 신체뿐 아니라 정신건강에 미치는 영향에 관해 집중 조명했다. 다른 사람들과의 연계를 유지하고 회복하도록 도와주는 일은 노인의 안녕을 향상시키는 데 중요한 일이어서, 이 문제를 5장에서 좀 더 자세히 다룰 예정이다. 어떤 노인들에게는 전문가와의 관계가 유일하게 정기적으로 만나는 만남일 수 있다.

서로를 알아가고 신뢰를 쌓아가는 일은, 불평등한 도움 관계가 노인의 자의식에 미치는 영향을 상쇄시킬 수 있다. 이는 과거에 도움이 필요하지 않았고, 자신을 독립적인 사람이라고 생각하거나 타인들을 도와주는 양육자로 인식했던 사람들에게는 특히 민감한 문제일 수 있다.

> **원칙 3**
> 모든 사람들은 강점을 가지고 있고,
> 기여할 수 있는 무언가를 가지고 있다.

우리가 '도움 제공자'로서 어떤 상황에 들어갈 때는, 상대방이 할 수 없는 일에 초점을 두는 것이 자연스럽다. 즉, 삶에서 경험하는 문제나 상실, 도움이 필요한 일에 관심을 갖게 된다. 아무리 친절하고 민감하게 도움을 제공하더라도, 이런 태도는 자신이 '도움이 필요한' 사람이라고 생각될 때 느끼는 좌절감과 수치심을 오히려 강화할 수 있다. 많은 노인들은 자신이 '부담'이 되고 있다는 두려움을 강하게 느끼는데, 사실 나이와 상관없이 이 느낌은 많은 사람들이 강하

게 경험하는 것이다.[1]

강점 기반 실무는 다른 방향에서 이 문제에 접근한다. 강점 기반 실무는 그 사람이 할 필요가 없는 것을 찾아내고, 그 사람을 강하게 유지시키는 것이 무엇인지, 그 사람이 잘하는 것이 무엇인지, 그리고 그 사람이 기여할 수 있으려면 어떻게 지원할 수 있는지 찾으려고 노력한다.

성찰을 위한 질문: 자신의 강점을 인식하기

Venkat Pulla는 '우리 스스로에게서 강점을 발견할 수 없는데 어떻게 우리 내담자에게서 강점을 찾을 수 있겠는가?'라는 핵심적인 질문을 던진다(Pulla, 2013, p.64).

당신 자신의 강점을 되돌아보세요.

- 당신은 어떤 기술과 개인적인 특성을 가장 자랑스럽게 여기나요?
- 당신의 삶을 이끄는 것, 삶을 살아가는 것을 가치 있게 만드는 것은 무엇인가요?
- 당신 친구들이나 가족은 당신에 대해 가장 귀하게 여기는 것이 무엇이라고 말할까요?
- 당신 동료들이나 내담자는 당신의 강점이 무엇이라고 말할까요?
- 당신 자신의 강점을 찾으려고 노력하는 것이 다른 사람들의 강점을 찾는 데 어떻게 도움이 될까요?

---

1 Breheney와 Stephens(2009)는 노인들을 대상으로 한 연구에서, 일반적으로 사람들은 서로 주고받을 수 없는 상황이라고 생각되면 타인으로부터 도움을 구하거나 받는 것을 꺼린다는 것을 발견했는데, 그 이유는 자신에 대한 가치감은 많은 부분 스스로에 대한 의지와 독립성에 기반하는데, 이런 상황에서는 이러한 자기가치감이 훼손될 수 있기 때문이다.

강점 기반 실무는 사람들이 장기적으로 탄력성을 키우는 것을 목표로 하는데, 탄력성은 역경과 도전, 상실에 적응하는 데 도움이 되는 능력과 지원을 의미한다.

조앤의 이야기

조앤은 80세로 혼자 거주하고 있고 만성 폐쇄성 폐 질환 때문에 숨 쉬는 것을 힘들어한다. 그녀가 거주하고 있는 아파트에서는 그녀가 계단을 오르내리는 것을 용이하게 하기 위해 계단 공사를 했다. 우리가 조앤을 만났을 때, 그녀는 자신이 얼마나 '쓸모없다'고 느끼는지 우리에게 이야기했는데, 그 이유는 숨 쉬는 것이 힘들기 때문에 계속 앉아서 휴식을 취해야만 했기 때문이었다. 과거에는 온 집안을 청소하는 데 하루면 족했던 것이, 이제는 집안일 하는 것이 계속해서 힘들다고 느꼈다.

조앤은 9년 전에 50년 동안 함께 산 남편을 갑자기 암으로 잃었다. 조앤은 여전히 남편을 그리워하고 있고, 남편의 죽음 이후 다시 세상 밖으로 나가기까지 오랜 시간이 걸렸다. '지금은 아는 사람들을 더 많이 만들려고 하고 있어요. 하지만 여전히 외로움을 느껴요. 정말로 사는 것이 외롭네요.' 버스에 오르기 위해 애를 쓰는데, 한편으로는 숨 쉬는 문제 때문에, 또 한편으로는 불안 때문에 힘들다고 말했다. 조앤은 자신을 사교적인 사람이라고 설명했고, 딸이 여러 클럽에 자신을 데리고 다녔지만, 집에 돌아오면 금방 외로워지고 우울해졌다.

조앤은 노인을 위한 전화번호 광고를 보았고, 집에서 나가지 않고 자원해서 '전화 친구'가 될 수 있을 거라 생각했다. 조앤은 이 일을 하기 시작했고, 남편을 여읜 두 명의 여성들을 전화로 도와주게 되었다. 조앤은 이일을 정말로 좋아했는데, 자신과 이야기하는 것을 좋아하는 사람들을 도울 수 있기 때문이었다. '그 밖에도, 그 이전에는 할 수 없

었던 방식으로 제 남편을 여읜 것에 대해 생각하고 이야기할 수 있게 되었어요.'

이것이 왜 특히 노인들에게 중요한가?

노화는 궁극적으로 우리의 삶 또는 건강 영역에 도전한다. 청력 또는 기억력이 악화될 수 있고, 예전만큼 멀리 걷는 것이 어렵다고 느낄 수 있다. 이로 인해 자신을 보는 관점 또는 우리 자신을 나타내는 방식을 조정해야 하고, 우리가 수행하는 역할을 바꿔야 한다. 노년기는 보통 상실, 쇠퇴, 결함, 그리고 의존으로 묘사된다. 노인들은 자신의 정체성을 조정하고 기여할 수 있는 새로운 방식을 찾거나 기존의 방식을 변경함으로써 이에 대응할 필요가 있다. 조앤이 '전화 친구'로서 다른 사람들을 도와주지만, 그것은 분명 서로 주고받는 것, 즉 본인에게도 도움이 되는 것이었다. 아마도 그 일은 다른 삶의 영역에서 '쓸모없는' 존재라고 느끼는 조앤에게 균형감을 제공하고 있는지도 모른다.

분명, 이동성과 관련해서는(최근 연구들은 이동성이 우리의 뇌와 관련이 있음을 시사한다[2]), '사용하지 않으면 잃어버린다'는 것이 사실인 것 같다. 당신을 위해 모든 것이 행해진다면 최선의 돌봄과 지원조차 무력화될 수 있는데, 노인이 기여하게 하는 것이 그들을 돕는 최선의 방법이 될 수 있다.

---

2 처리속도 훈련(일종의 컴퓨터 기반 뇌 훈련)은 노인들이 10년 동안 정기적으로 했을 때 치매를 발전시킬 위험을 절반으로 줄이는 것으로 나타났다. 자세한 내용은 다음에서 찾아볼 수 있다. www.brainhq.com

> **원칙 4**
> 그 사람에 관해 호기심을 유지한다.

젊은 사람들만큼 노인들 또한 매우 다양하다. 즉, 어느 누구도 같지가 않다. Tom Kitwood 교수가 말한 것처럼, '치매를 갖고 있는 누군가를 만났다면 당신은 치매를 갖고 있는 한 사람을 만난 것이다.' 그러나 당신이 노인과 일을 할 때에는(어느 집단과 일을 할 때도 마찬가지이다) 공통되는 특성들을 찾아, 한 인물을 다른 사람들이 속해있는 범주에 포함시키려고 할 수 있다. '이전에도 이런 유형을 만난 적이 있어.' '이런 이야기는 어떻게 진행될지 알고 있지.' 등으로 짧게 표현될 수 있다.

강점 기반 실무에서는 각 개인에게 호기심을 가지라고 요구한다. 즉, 현재 우리가 만나고 있는 사람이 과거에 만났던 누군가와 똑같다고 확신하는 것이 아니라, 다른 것이 무엇인지 찾으려고 노력하는 것이 필요하다. 일반적으로 영문 모를 또는 '도전이 되는' 노인의 행동은 '정신이 나갔다'는 신호로 쉽게 무시되는 경향이 있다. 제공되는 서비스 또한 노인들을 이해하려고 노력하기보다는 행동의 위험을 평가하고 관리하는 것에 초점을 두게 된다.

강점 기반 실무에서 모든 행동은, 심지어 치매나 정신증이 진행된 사람들에게서조차, 어떤 기능이 있다고 가정한다. 행동에는 의미가 있고, 우리가 하는 일은 그것을 듣고 찾는 것인데, 어떤 사람이 인지적, 신체적 또는 정서적인 장애로 인해 보통의 방식으로는 본인 행동의 의미를 표현하지 못하더라도 우리는 이러한 노력을 기울여야 한다 (Stokes, 2008). 우리는 2장에서 이 문제를 더 자세히 다룰 예정이고, 이러한 작업을 지원할 수 있는 도구를 소개할 것이다.

메리의 이야기

메리는 최근 치매 증상이 악화되어 낙상의 위험이 증가했고 그래서 요양원으로 이주했다. 돌봐주는 사람이 앞으로는 자신이 메리가 샤워하는 것을 도와줄 거라고 이야기했다. 메리는 이것이 괜찮은 것처럼 보였지만, 샤워가 반쯤 진행되었을 무렵 도와주는 분이 메리에게 비누를 건넸을 때 메리가 고함을 지르고 그분을 무섭게 밀쳐냈다.

메리의 폭력성 때문에 요양원 관리자는 앞으로 두 명의 도우미가 메리를 샤워시켜야겠다고 결정했다. 도우미가 메리를 샤워시키는 것에 대해 불안해하는 것은 이해할만한 일이었지만, 해당 부서에서는 단호한 접근을 취하겠다고 결정을 내렸다. 메리의 저항은 커져갔다. 메리는 점점 더 화를 냈고 공격적이 되었다. 이내 관리자 쪽에서는 메리에게 돌봄을 제공하는 것을 거부했고, 메리가 이곳 요양원에 머무는 것이 오래 지속되지 않을 것처럼 보였다.

강점 기반 실무에 관한 워크숍 이후에 관리자는 메리의 이력에 대해 더 많은 것을 확인하려고 노력하였고, 메리가 왜 화를 내는지를 이해하려고 시도했다. 관리자는 메리를 가끔 방문하는 메리의 여동생과 이야기해 보려고 마음먹었다. 관리자는 메리의 행동을 설명했고, 메리의 행동을 설명할 수 있는 과거 사건이나 경험에 대해 알고 있는지 여동생에게 물어 보았다. 여동생에 따르면, 메리는 수도원에서 운영하는 학교에 다녔는데, 자세히 이야기하지는 않았지만 메리가 그 학교에 간 후 변화가 감지되었다. 메리는 점점 더 사람들과 거리를 두고 말수가 적어졌으며, 수영장이나 해변에 가는 일이 있을 때는 매우 불안해했다. 몇 년이 지난 후, 그 학교를 다닌 여자 아이들이 수녀들한테 성적으로/신체적으로 학대를 당했다는 것이 언론에 보도되었다. 여동생은 이 일이 메리에게도 일어났는지 확신할 수는 없지만, 만일 발생했다면 왜 메리가 그런 행동을 했는지 설명해 준다고 말했다.

관리자는 직원들을 불러 모았고, 여동생과 나눈 대화를 말해주었다. 직원들은 메리가 요양원 같은 낯선 상황에 오게 되었을 때 오래전에 경험했던 외상 사건을 다시 경험하는 것이 얼마나 힘들지 상상하기 시작하였다. 유니폼을 입은 두 명의 직원이 동시에 아무런 설명 없이 단호한 입장을 취하는 상황에서, 눈에 거슬리는 조명과 시설에나 있을 법한 욕실에 앉아 있는 것이 메리에게는 과거에 발생한 끔찍한 사건들을 떠올리는 경험이었음을 알 수 있었다. 메리가 자신을 보호하기 위해 갑자기 화를 내는 행동은, 위협적인 상황처럼 보일 수밖에 없는 것에 대한 매우 합리적인 반응으로 보이기 시작했다.

부서에서는 어떻게 하면 메리가 덜 위협을 느끼면서 샤워를 할 수 있을지 많은 의견들을 제시했다. 직원들은 메리가 프랭크 시나트라의 노래를 흥얼거리는 것을 알게 되었고, 욕실에 이 가수의 노래를 틀 수 있도록 기기를 설치하는 데 생각이 이르렀다. 향이 나는 양초를 사서 표백제 냄새를 줄이고자 했으며, 시설이 아니라 온천에 와 있는 것처럼 느낄 수 있도록 인테리어를 꾸몄다. 한 직원이 메리가 샤워하는 것을 도와주러 갔을 때 유니폼이 아니라 평상복을 입고 있었고, 상냥하게 말을 건네면서 가급적 편안한 분위기를 만들려고 노력했다. 이 직원은 메리의 사생활이 늘 보호받고 있다고 느끼도록 주의를 기울였다.

메리는 이 새로운 접근에 아주 잘 반응했고, 더 이상의 분노발작 없이 한 명의 직원으로부터 도움을 받으면서 샤워를 할 수 있게 되었다.

이것이 왜 특히 노인들에게 중요한가?

일단 노인이 되고 특히 건강상의 문제나 장애가 발생하면, 그 사람이 가지고 있는 정체성의 다른 모든 부분들은 진단명과 그로 인한 고정관념 뒤에 숨어버리는 경향이 있다. 우리는 노인들이 성정체성을 가지고 있다는 점, 그들만의 삶－진로, 열정, 사랑, 상실－을 살아왔다는 사실, 그들 또한 젊었던 시절이 있었다는 점을 간과하게 된다. 건강 상태 뒤에 있는, 그 사람의 기저에 있는 것에 관심을 가질 때에만 노인과 연계될 수 있고 힘을 불어 넣을 수 있다.

노인들은 종종 '그 밖의 다른 사람들'로 묘사되는데, 노인들의 행동과 말은 노화의 증상 정도로 무시되거나 치매에 걸린 증거로 치부되곤 한다.

우리들은 나이 들어가는 것에 관해 두려움을 가지고 있는데, 노인을 젊은 사람들의 나이 든 버전으로 간주하는 것이 아니라 완전히 다른 종으로 바라보고, '우리도 언젠가는 그들처럼 될 거야'라는 생각하게 만든다. 언론과 정부가 노인을 해결해야 할 문제로 묘사하기 때문에 이런 생각들이 강화된다.

**원칙 5
희망**

강점 기반 실무자들은 일반적으로 희망을 견지한다. 그들은 변화에 대한 인간의 능력을 믿고, 깨진 관계를 회복하는 데 또는 새로운 기술을 배우는 데 늦은 시기는 없다고 생각한다. 그리고 '확고하게 뿌리를 내린' 또는 '자기파괴적'이라고 간주되는 행동을 바꾸기로 결정한다면 변화시킬 수 있다고 생각한다.

이는 터무니없이 낙관적인 것 또는 말로만 낙관적인 것과는 다르다. 전문가들은 우울과 절망의 시기에 고통받는 사람들과 함께 할 수 있어야 하고, 그들의 고통을 들을 수 있어야 하는데, 툭툭 털어버리면서 무시하거나 마음을 가다듬으라고 말해서는 안 된다. 삶의 마지막 시간에 다가가고 있는 사람과 함께 일을 한다는 것은, 그 사람이 회복할 것을 확신한다고 환자의 친척들에게 말하는 것을 의미하는 것이 아니다. 누군가 진단을 받았거나 사고를 당한 상황에서 희망을 유지한다는 것은, 그 사람들에게 더 나쁜 일을 당한 사람들도 있다고 상기시켜 주는 것을 의미하지 않는다.

이것이 왜 특히 노인들에게 중요한가?

노년기에 있는 사람들이 행복하도록 지원하기 위해서는 노화와 관련된 지배적인 이야기들에 도전하는 것이 필요하다. '그거, 너무 늦었는데!', '오랜 세월 그렇게 살아왔는데, 지금 변하는 게 가능하겠어?'

Roberts(2012)는 나이가 들어가면서 자기개념이 특히 중요하고, 이때 우리가 부정적이고 연령 차별적인 가정과 생각들에 직면하게 된다고 주장했다. 생의 마지막 지점에 있다고 하더라도, 그리고 진단명이나 장애에 익숙해진다고 하더라도, 포부와 꿈은 소환되고 키워져야 한다. 영국 치매 협회의 구성원인 Agnes Houston의 말을 빌리자면, '치매로 진단받은 것은 끝이 아니라 새로운 삶의 시작이다'(Weaks et al., 2012, p.8).

원칙 6
위험을 감수하는 것에 대한 허락

강점 기반 실무는 건강 및 사회복지 서비스 분야에 팽배한 위험을 회피하는 문화를 거부한다. 강점 기반 실무에서도 춤을 출 때 낙상할 위험이 있다는 것을 인정하고, 아무것도 하지 않을 때의 위험보다는 친구 집에 갈 때 길을 잃을 위험이 더 크다는 것을 인정한다. 사실, 강점 기반 실무에서는 정기적으로 춤을 춤으로써 낙상하거나 자신에게 상처를 입히는 것의 위험이 줄어든다는 것을 인정하고, 외로움을 예방함으로써 신체적인 건강뿐 아니라 정서적/사회적 건강을 향상시킨다는 것을 인정한다(Holt-Lunstad, Smith, and Layton, 2010).

그렇다고 위험을 조심스럽게 살펴보지 말라는 것은 아니다. 강점 기반 실무에서는 개인의 강점을 고려하고 그것을 활용해서 개인 및 지원자들과 함께 일을 해서, 위험을 줄이면서(반드시 제거할 필요는 없음) 동시에 그 사람에게 중요한 것을 할 수 있는 방법을 찾는 것을 모색한다. 그것은 소파 옆에서, 쿠션으로 빙 둘러싸인 원 안에서, 또는 의자에 앉은 채 춤을 추게 하거나, 길을 떠나기 전에 친구에게 전화를 하고, 위치 추적이 되는 스마트폰을 사용하는 것을 포함한다.

우리는 노인과 일을 하면서 새로운 것을 시도하는 것에 관해 허락을 구해야 하는데, 이때 의도한 대로 성과가 없다고 해서 그것을 실패로 여기지 않는 것이 안전하다. 메리를 돌보고 있는 요양원 직원이 샤워를 하는 것이 뜻대로 되지 않았을 때 몇 가지 아이디어가 떠올랐을 수 있다. 그들이 들려준 프랭크 시나트라의 첫 번째 곡이 작고한 남편을 떠오르게 했었을 수도 있고, 아니면 학대와 관련된 가설이 틀렸을 수도 있다-메리는 샤워를 전혀 좋아하지 않았을 수 있다. 우리가 행동의 기능을 이해하기 위해 마치 탐정과 같은 접근을 취한다고 하더라도, 그리고 사람들이 중요하게 여기는 것을 할 수 있는 방법을 찾는 작업을 도와주는 상황에서도, 막다른 길에 다다르거나 처음부터 시작을 잘못할 수도 있다. 핵심은, 이러한 것으로부터 배워야 한다는 것이지, 사람들을 비난하고 이전 방식으로 되돌아가서는 안 된다.

이것이 왜 특히 노인들에게 중요한가?

노인들은 종종 아이처럼 취급받거나 아이에게 하듯이 말을 듣게 된다. James Charlton(1998)이 지적했듯이, 장애를 가진 사람들이 취약하고 따라서 '보호'가 필요하다는 주장은 종종 이들을 소외시키고 통제하는 데 사용되었다(이는 노인들에게도 똑같이 적용될 것 같은데, 왜냐하면 많은 노인들이 장애를 가지고 있기 때문이다). 반면, 강점 기반 실무에서는 노인들을 솜이불에 싸 애지중지 다뤄야 한다는 생각에 도전하고, 대신 노인들이 남은 여생을 최대한으로 살 수 있도록 격려한다.

> ### 노마의 자동차 여행
>
> 90세 미국인인 노마가 자궁암으로 진단을 받자 의사들은 노마가 취할 수 있는 몇 가지 대안, 즉 수술, 방사능요법, 화학요법에 관해 이야기했다. 의사들이 무엇을 원하는지 물어보았을 때 노마는 '길을 떠나고 싶다'고 말했다. 노마는 아들과 며느리 그리고 반려견과 함께 캠핑차에 몸을 싣고 32개 주, 15,000km의 자동차 여행을 떠났다. 무려 40만 명의 사람들이 '운전하는 노마양'[3]이라는 페이스북 페이지에서 이들의 여행을 팔로우했다. 1년에 걸친 여행에서 노마는 처음으로 해본 것들이 많았는데, 열기구를 타보고, 말을 타봤으며, 발톱 손질을 받아봤고, 플로리다주의 전통요리인 키라임파이와 굴, 구운 토마토를 처음 먹어보기도 했다. 그녀는 여행의 마지막 지점에서 호스피스 병동으로 이동했고, 한 달 후 임종했다. 노마의 며느리는 '지난 12개월 동안 우리 모두는 사는 것에 대해, 돌보는 것에 대해, 그리고 현재 이 순간을 품는 것에 대해 너무나 많

---

3 www.facebook.com/DrivingMissNorma

은 것들을 배우게 되었다'라고 말했다(Sims, 2016).

강점 기반 실무에서는 즉효약(반창고)이나 장기간의 반응(의존성)을 제공하는 것과는 다른 대안을 찾으려고 시도하는데, 사람들이 현재뿐 아니라 미래에 대처할 수 있는 능력을 키우는 것을 도와주려고 한다.

이 장 앞부분에서 언급했던 제이콥의 사례로 돌아가면, 즉효약은 짧은 시간 동안 제이콥을 친구가 되어 줄 수 있는 직원에게 의뢰하는 것일 수 있다. 그러나 제이콥이 친구가 된 사람과 연계되더라도, 만남이 종료되면 의무팀에게 다시 전화를 했을 가능성이 매우 높다. 다른 대안은 노인복지센터에 갈 수 있도록 차량을 제공하거나, 계속해서 의무팀에게 전화하는 행위가 반복되고 그 어떤 조치도 효과가 없을 때에는 재택시설로 보내는 것이다. 제이콥이 이런 서비스를 받아들이고 또한 성공적이라고 입증이 되면(즉, 그가 수용하고, 일련의 다른 성과가 있으면), 제이콥은 오랜 시간 서비스에 묶여 있어야 했을 것이다. 제이콥은 '서비스 사용자'나 '입주자'가 될 것이다. 반면, 줄리는 제이콥이 계속 제이콥이 될 수 있도록 도와주었다. 그녀는 제이콥이 서비스 없이도 대처할 수 있는 능력을 개발하도록 도왔고, 제이콥만의 자연스러운 관계망을 형성하도록 도와주었다.

독립과 의존성이라는 개념은 지방정부 재정의 삭감 속에서 정치적인 의미로 가득 차 있다. '우리는 독립을 향상시키는 것을 지향한다'라는 말은 '당신은 우리가 제공하는 어떤 서비스에도 부합하지 않아요'라는 말을 부드럽게 표현한 것처럼 들린다. 그러나 강점 기반 실무에서는 서비스가 오히려 사람들을 과보호하고 기술을 감소시킬 수 있다는 점을 인식한다. 그리고 강점 기반 실무에서는 대부분의 사람들이 지원을 받으면서도 동시에 다른 사람들에게 도움을 주는 '정상적인' 삶을 살고 싶어 한다는 것을 인정한다. 대부분의 사람들은 친구가 되어 주기보다는 친구를 갖고 싶어 하지 않을까? 위해를 끼치기보다는 이익을 주고자 하는 전문적인 조력자로서 우리가 해야 할 일은, 자연스러운 관계망을 대체하기보다는 그것을 강화하고 보완하는 것이다. 이것을 하는 방법에 관해서는 5장에서 다룰 예정이다.

'탄력적이다'라는 말은 상실과 도전을 견뎌낼 수 있을 뿐 아니라 상실과 도전을 딛고 다시 튀어 오를 수 있다는 것을 의미한다. 사회과학 연구들은 전통적으로 '위험 요인'을 확인하고 검증하는 데 초점을 맞췄는데, 즉 누가 가장 형편없는 결과를 경험할 것인지를 어떻게 예측할 수 있느냐에 초점을 두었다. 그러나 '보호 요인'을 찾고 이해하려는 움직임 또한 증가하고 있는데, 상실과 외상 또는 건강이 좋지 않음에도 불구하고 어떻게 좋은 성과를 거두는지 이해하려는 시도가 지속되어 왔다.

웨일즈에서 시행된 전국 단위 설문조사에서(National Statistics, 2014), 건강상태가 '매우 좋다'고 응답한 성인의 70%가 건강이 '매우 안 좋다'고 응답한 성인의 31%에 비해, 지난 한 달 동안 대부분의 시간 또는 늘 '고요하고, 평온하며 행복하다'고 말했다. 분명 차이가 있기는 하지만, 건강상태가 아주 안 좋은 사람들의 1/3이 고요하고 평온하며 행복한 시간을 보내고 있다고 보고한 것은 놀라운 일이다. 나머지 2/3의 사람들은 불안하고 불행하다고 보고한 반면 왜 이 1/3은 그러지 않을까? '설문 효과', 즉 지난 한 달이 이전 한 달보다 훨씬 더 좋았다고 느끼거나, 자신을 긍정적으로 표현하고 싶어 하는 사람들의 욕구가 설문 결과에 영향을 미쳤을 수 있지만, 이 설문 결과는 상당수의 사람들이 직면하고 있는 고통과 불확실성, 장애물에 적응하는 법을 배웠다는 것을 시사한다.

이것이 왜 특히 노인들에게 중요한가?

노년에는 새로운 도전이 발생한다. 상실이 발생하고, 변화하는 환경에 적응해야 하고, 변화에 대처하기 위한 새로운 방법들을 찾아야만 한다. 정서적 지지대였던 배우자나 친구를 잃을 수도 있고, 정서적으로 힘든 일이 있을 때 잠시 잊고 몰입할 수 있는 일이나 신체적인 활동을 더 이상 할 수 없을지도 모른다.

심리학자들은 모든 연령대에서 탄력성을 증진시키는 주요 특징들이 있다고 제안했다(Konnikova, 2016). 각각의 특징을 제시하면서, 노인 대상 연구에서 나온 결과들을 포함시켰다.

- 우리 자신의 행복을 포함해서, 우리 삶에서 발생하는 결과에 대해 우리가 통제하고 있다고 느끼는 정도(이것의 반대되는 감정은 우리 삶이 외부 사건 또는 운명에 의해 좌우되고 있다고 느끼는 것이다)

아내가 세상을 떠났을 때 나는 '자 이제 뭔가를 해야겠어'라고 생각했고, 그래서 지역에 있는 남성중창단에 가입했고, 그 이후에는 과거를 돌아보지 않았어.

(Blood et al., 2016b, p.31)

- 삶에서 경험하는 사건과 환경에 대해 우리가 부여하는 의미: 우

리는 그것을 충격적이거나 불공평하다고 정의하는가? 일반화하는가?('좋은 일은 절대로 나에게 일어나지 않아'), 불행한 일에 대해 스스로를 비난하는가? 아니면 '내가 어떤 일을 하건, 모든 일이 끔찍할 거야'라고 가정하는가? 아니면 우리 삶에서 만나게 되는 도전들을 배움과 자기계발을 위한 기회로 여기는가?

나는 온전히 내 삶에 만족해. 내 삶의 모든 것이 앞으로 닥쳐 올 것들에 나를 준비시켰어.

(Blood et al., 2016b, p.17)

• 관리하는 능력에 대한 자신감: 일을 해낼 수 있는 기술 또는 능력, 지원, 도움, 또는 자원을 가지고 있다는 믿음

공군에서 수년간 복무했다는 것이 도움이 되었어요. 스스로를 책임지는 법을 배울 필요가 있죠. 책자나 유인물에 의존할 수는 없죠.

(Blood et al., 2016b, p.17)

여기서 핵심은 탄력성이 성격특성이 아니라 하나의 과정이라는 것인데, 이는 모든 연령대에서 탄력성을 학습할 수 있음을 의미한다. MacLeod 등(2016)은 우리가 노인들의 탄력성을 증진시키고자 한다면 노인들의 삶에 대해 전인적인 관점을 취해야 한다고 주장했다. 마음챙김이나 동기강화상담과 같은 심리적 개입(9장 활용도구 7을 참조)을 통해 사람들이 긍정적인 감정을 경험하도록 도울 수 있고, 자신이 처한 환경을 통제하려는 동기를 계발하도록 조력할 수 있다. 그러나 노인들의 신

체적인 활동과 건강, 그들이 맺고 있는 관계와 같은 외부 자원, 그리고 그들이 거주하고 있는 공간을 살펴보는 것 또한 중요하다.

그림 1.2 탄력성 바퀴에 대한 해부

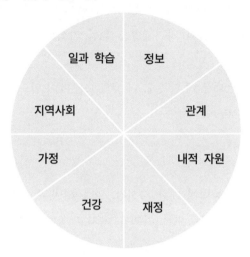

우리는 웨일즈에 거주하는 140명의 노인들을 대상으로 실시한 연구(Blood et al., 2016b)에서 얻은 결과를 토대로 그림 1.2와 같은 간단한 바퀴 모양의 그림을 제작했다. 원 안에 있는 각 영역은 노인들이 노화라는 도전에 반응하고 적응하는 데 도움이 되었던 자원들을 나타낸다. 우리는 이 바퀴를 다른 곳에서는 '탄력성 해부'라고 묘사했는데, 서로 다른 부분들은 함께 모여서 대처할 수 있는 능력을 구성한다(Blood and Copeman, 2017).

'내적 자원'에 관한 메모

'내적 자원'은 다음과 같은 것들을 의미한다.

- 심리적 탄력성, 대처 전략, 유머감각 등
- 신념 또는 삶에 대한 전체적인 조망

일과 학습에 관한 메모

노인들은 보통 은퇴를 하지만, 이 영역을 바퀴에 포함시킨 이유는 노인에게 가장 중요한 것을 이야기를 하다 보면 일이나 학습과 관련된 주제들이 종종 언급되기 때문이다. 예를 들면, 다음과 같은 것들이다.

- 은퇴한 많은 분들이 무보수로 일을 해 왔는데, 자원봉사자로서, 이사회 구성원으로서, 손자나 배우자 또는 다른 노인 친지들을 돌보는 사람으로 일을 해 왔다.
- 어떤 분들은 자신의 사업을 계속해 왔거나(70대의 어느 노인은 친구와 가족을 위해 실내장식을 하고 있었다), 함께 일했던 사람들과 계속해서 교류하고 있었다.
- 새로운 것들을 배우고 분주하게 살면서 기여하려고 노력하는 것은 우리가 만났던 대부분의 노인들에게는 매우 중요한 부분이 었는데, 이는 건강상의 문제가 있을 때에도 유지되었다.
- 많은 사람들에게 있어서 이전에 했던 일과 역할에 관해 이야기 하는 것은 중요했다. 그들에게 일과 역할은 중요한 것이다.
- 은퇴를 관리하고 경험하는 방식은 노년기의 재정과 관계 및 자기존중감에 심오한 영향을 미친다.

우리는 이 장에서 강점 기반 실무의 7가지 원칙을 소개했고, 이 원칙들이 왜 노인들에게 중요한지 설명했다. 이 책의 나머지 부분은 이러한 원칙들을 적용해서 노인과 직원들을 도울 수 있는 이론과 도구들을 소개하는 데 할애할 예정이다.

희망컨대, 당신이 직업적인 삶 또는 개인적인 삶에서 만났던 노인 중에 강점 기반 실무가 도움이 될 수 있는 분들이 떠올랐기를 기대한다. 이미 이런 방식을 사용해서 도움을 제공한 사례를 발견했을 수도 있다. 9장에서는 강점 기반 실무를 위한 핵심 도구들을 소개할 예정인데, 활용도구 1은 사람들이 갖고 있는 자원들을 확인하기 위한 것이고, 활용도구 2는 강점과 의미를 이끌어내는 질문을 하는 방법에 관한 것이다.

한편, 우리가 효과적으로 도움을 주기 위해 무척 애를 쓰고 있기는 하지만 우리 시간과 정서적인 에너지의 대부분을 차지하고 있는 소수의 사람들은 누구인가? 다음과 같은 사람들이 이에 해당될 수 있다.

- 도무지 이해할 수 없는 방식으로 우리를 대하는 개인 또는 가족: 표면상으로도 부적절한 수위의 화 또는 다른 감정으로 반응하고, 계속해서 새로운 드라마를 만들지만 결국에는 우리를 밀쳐내는 방식으로 행동한다. 또는 위기 상황에 놓여 있는 것이 분명함에도 불구하고 자신은 괜찮다고 하면서 도움을 주려는 우리를 거부하는 사람들이 여기에 해당한다.

- 말로는 명료하게 의사표현을 할 수 없는 사람들, 행동이 당황스럽고 심지어 위험하기까지 한 사람들, 그리고 좀 더 안전한 시설로 이주하는 것이 불가피해 보이는 사람들 또한 여기에 해당된다.

다음 장에서는 애착이론을 소개할 예정이다. 애착이론은 협력을 위한 기초이자 강점 기반 실무의 기초다.

Chapter 02

애착이론 소개

애착이론은 우리가 정서적 욕구를 충족시키기 위해, 그리고 위협을 느낄 때 우리 자신을 보호하기 위해, 인간이 관계 안에서 어떻게 행동하는지에 대한 이해를 제공한다. 우리의 애착 체계는 '애착 전략'으로 알려진 행동과 반응 패턴을 개발함으로써 우리의 생존과 안전 유지의 가능성을 높여준다. 애착이론은 2차 세계대전 동안 가족과 떨어져 있었던 피난민 아이들의 경험에 관심을 갖게 된 정신과 의사이자 정신분석가인 John Bowlby에 의해 처음 개발되었다(Bowlby, 1982).

초기 애착 연구와 저서는 영유아와 아동들이 애착 전략을 어떻게 발전시켰는지에 초점을 두었다. 최근의 연구는 애착 전략이 일생에 걸쳐 중요한 영향을 미친다는 것을 보여주고 있다. 실제로, John Bowlby는 애착 전략이 '요람에서 무덤까지' 중대한 역할을 한다고 하였다(Bowlby, 1982, p.208).

이 장에서는 애착이론에 대해 개괄적으로 소개하고, 애착 전략의 세 가지 유형을 설명할 것이다. 또한 애착 전략이 인생 전반에 걸쳐 어떻게 변하는지 고려하고, 애착이론에 대한 이해가 노인(older people)과 그 가족의 경험에 어떻게 적용될 수 있는지 설명할 것이다.

애착 및 적응의 역동적 성장 모델

Patricia Crittenden 박사는 애착 전략 개발 모델인 '애착 및 적응의 역동적 성장 모델(The Dynamic-Maturational Model of attachment and adaptation: DMM)'을 개발했다(Critenden, 2008). DMM은 애착 패턴을 인식된 위험과 위협에 대응하여 일생 동안 적응을 지속하기 위한 자기 보호 전략이라고 강조한다. DMM은 애착 전략에 꼬리표를 붙이거나 개인의 고정된 성격으로 간주하지 않는 대신, 위협의 순간에 자신을 보호하는 기능에 초점을 둔다. 이는 개인에게 주어진 능력과 자원의 한도 내에서 위험 순간에 안전(safety), 위안(comfort), 근접성(proximity) 및 예측가능성(predictability)을 달성하기 위한 최선의 노력을 의미한다. 애착 전략은 생존을 위한 결정적인 역할을 담당한다. 비록 개인이 그 기능을 알아차리지 못하더라도, 애착 행동은 개인을 위한 기능이나 목적을 제공하는 것으로 가장 유용하게 이해될 수 있다.

Patricia Crittenden(2008)은 다음과 같이 기술하였다.

- 인식된 위험에 처했을 때, 안전을 구한다.
- 인식된 심리적 고통(distress)에 맞설 때, 위안을 찾는다.
- 인식된 고립에 빠졌을 때, 애착 대상에게로 근접성을 추구한다.
- 인식된 혼란(내부적 혼란 포함)에 봉착했을 때, 예측가능성(또는 우리에게 친숙한 것)을 추구한다.

나이와 관계없이, 한 개인의 애착 행동을 이해하려면 단지 행동만이 아니라 행동의 기능에 주의를 기울일 필요가 있다는 것은 매우 중요한 사항이다. 즉, 안전, 위안, 근접성 및 예측가능성에 대한 기본 욕구를 충족시키기 위한 최선의 시도로서 애착 행동을 어떻게 이해할 수 있을까? 그림 2.1에서 이에 관한 생각을 보여준다.

그림 2.1 행동-패턴-기능 삼각형

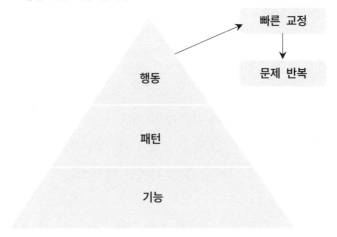

Baim과 Morrison의 허락으로 그림 첨부
('Attachment−based Practice with Adults.' Pavilion Publishing and Media)

어떤 사람의 행동 패턴, 특히 반복되는 패턴에 당황할 때, 우리는 종종 우리가 속한 기관의 정책에 따라 '빠른 교정'을 함으로써 해결하려 한다. 예를 들어, 노인주거복지시설에 사는 경우, 관리자(manager)는 기관 방침에 따라 두 명의 직원이 안전하게 샤워를 할 수 있도록 돕는 것이 가장 좋다고 생각할지도 모르지만 이로 인해 어떤 사람은 샤워 중에 스트레스를 받을 수 있다(우리가 1장에서 만났던 메리처럼).

그러나 대개 문제의 근본 원인(그 사람이 스트레스를 받는 근본적인 이유)을 다루지 않기 때문에, 상당히 자주 같은 문제가 다시 발생한다.

만약, 스트레스의 이유가 샤워 중에 벌거벗은 모습을 남에게 보이는 것이 싫지만 그렇게 말할 수 없기 때문이라면, 샤워를 위해 두 명의 직원이 배정되는 것이 이들에게는 더욱 위협적으로 느껴질 것이다.

우리는 패턴에 주의를 기울임으로써 그 사람의 행동에 대한 기능이나 의미에 대한 아이디어를 얻을 수 있다. 다시 말해, 사람들이 이런 식으로 행동하는 것은 어떤 욕구를 충족시키기 위한 시도일까? 일단 이를 이해하게 되면, 우리는 가능한 해결책을 찾아 시도하기 위해 더 많은 협력을 할 수 있을 것이다. 우리는 다음과 같은 질문을 함으로써 행동 패턴에 대한 아이디어를 발전시켜 나갈 수 있다.

- 언제부터 그 행동이 시작되었는가?
- 언제 그 행동이 발생할 가능성이 더 큰가/작은가?
- 그 행동이 더 나아질 때/더 나빠질 때가 있는가?

사례연구: 애착이론을 활용하여 수수께끼 같은 행동 이해하기

로즈는 주택조합 임대 아파트에서 혼자 사는 63세 여성이다. 그녀는 그곳에서 12년 동안 살아왔다. 남편 데릭은 그녀가 54세 되던 해에 사망했고, 그녀는 그 이후로 혼자 살아왔다. 로즈에게는 두 명의 성인 자녀 마리와 데이빗이 있는데, 둘 모두 그들의 자녀가 있으며 어머니와는 멀리 떨어져 산다. 두 성인 자녀는 적어도 일주일에 한 번은 로즈에게 전화를 하고, 일 년에 몇 번 방문한다. 로즈는 보통 두 자녀 중 한 명과 크리스마스를 보낸다.

몇 년 동안, 로즈는 표백제, 액체세제, 가루세제, 화장실 세정제, 두루마리 화장지와 같은 청소세탁 용품들을 대량으로 구매해 왔다. 그녀는

그것들을 집 거실에 보관한다. 거실에는 더 이상 다른 것을 넣을 수 있는 공간이 없으며, 앉아 있을 수도 없다. 지금은 거실이 꽉 차서 부엌뿐 아니라 침실에도 박스를 쌓고 있는 중이다. 이 박스들 때문에 그녀가 아파트를 깨끗하게 유지하는 것이 어렵다. 자녀들은 어머니가 이 물품들을 사는 데 많은 돈을 쓰고 있다는 점을 걱정하면서도, 정말 왜 그러는지를 이해하지 못한다.

주택조합의 아파트 관리직원은 로즈를 몇 차례 방문했으며, 청소세탁 용품들이 건강과 안전에 미칠 위험에 대해 우려하고 있다. 관리직원은 로즈를 염려하고 있으며, 그녀가 그것들을 아파트에서 치우도록 독려하자는 데 동의하는 가족인 데이빗에게 연락하였다. 로즈는 주택 임차권을 잃을까 두려워 용품들을 치우자는 관리직원의 의견에 동의하였다. 주택조합은 청소세탁 용품들을 치우고, 로즈의 아파트가 깨끗해질 수 있게 준비하였다. 로즈는 자녀와 주택조합 직원에게 자신이 야기한 문제에 대해 미안하게 생각하고 있으며, 왜 그 물건들을 보내야 하는지 이해한다고 이야기하였다.

하지만 8주 후, 데이빗이 어머니를 방문했을 때 청소세탁 용품들로 거실이 다시 꽉 찬 것을 보게 되었다. 이때, 그는 로즈가 왜 청소세탁 용품을 구입하고 있는지 그 이유에 대해 더 많은 것을 알 필요가 있다는 것을 깨달았다. 주택조합은 입주지원 직원인 베벌리에게 연계하였고, 그녀는 아파트로 가서 로즈를 만났다. 처음에 로즈는 '너무 많은 문제를 일으킨 것'에 대해 사과하며, '왜 자신도 계속해서 그렇게 어리석게 굴고 있는지 이해가 되지 않는다'고 말했다. 베벌리는 로즈에게 언제부터 청소세탁 용품들을 사기 시작했는지 물어보았고, 로즈는 9년 전에 처음 시작되어 점차 심해졌다고 설명하였다. 베벌리는 모든 청소세탁 용품들을 가지고 무엇을 했는지에 대해서도 물었고, 로즈는 자신이 주택 단지 내에 거주하는 모든 주민들에게 청소세탁 용품이 떨어지면 찾아갈 사람으로 알려졌다고 이야기했다. 걸어갈 수 있는 거리에 동네 가게가 없었기 때문에, 주민들은 액체세제나 화장지가 다 떨어지면 로즈에게 연락하는 것이 더 편하다는 것을 알게 된 것이다. 그들은 로즈가 손해를 보지 않도록 물건값을 지불하곤 했다. 베벌리는 로즈의 행동이 청소세탁 용품보다 사회적 연결과 더 관련이 있다는 것을 깨닫기 시작했다.

애착 렌즈를 통해 로즈 비춰보기

로즈의 청소세탁 용품 구입은 자녀들과 주택조합에 의해 문제가 되는 행동, 즉 삼각형의 끝부분으로 여겨졌다. 그들은 용품 치우기라는 '빠른 교정'을 결정했다. 로즈는 이에 동의했고 문제를 이해했다고 말했다. 하지만 이 접근법은 단 몇 주 동안만 효과가 있었으므로, 다른 무언가가 있다는 것이 분명하다. 청소세탁 용품을 쌓아두는 것이 어떤 의미인지를 로즈와 이야기 나눔으로써, 베벌리는 그녀의 행동이 관계적 측면과 관련 있다는 것을 이해하기 시작했다.

어떤 날은 로즈에게서 청소세탁 용품을 사기 위해 사람들이 집에 들를 때가 유일하게 사람들과 접촉하는 날이기도 하다고 그녀는 베벌리에게 설명했다. 로즈는 남편의 죽음 이후 점점 더 외로웠지만, 두 자녀 모두 바쁘다는 것을 잘 알기에 아이들이 자신을 더 자주 방문해야 하는 부담을 느끼는 것은 원하지 않았다. 이런 방식으로 사람들에게 도움을 줄 수 있다는 것은 그녀에게 소속감과 주변 사람들에게 중요한 역할을 하고 있다는 느낌을 준다. 로즈의 이러한 용품 비축은 사회적 접촉(근접성, proximity)에 대한 그녀의 욕구를 충족시키고, 정체성과 소속감(위안, comfort과 안전, safety)을 준다. 이것은 모든 인간이 가지고 있는 정상적인 욕구를 충족시키는 특이한 방법이다.

  베벌리는 로즈가 임차권을 지키도록 돕는 것은 단지 청소세탁 용품들을 다시 없애도록 조정하는 것보다 더 많은 것을 포함하고 있을 수 있음을 깨달았다. 베벌리는 로즈의 집에서 그녀를 다시 만나기로 하였고, 대화 중에 로즈를 판단하거나 그녀에게 화가 난 것이 아님을 안심시키기 위해 애썼다. 왜냐하면 베벌리는 지금이 로즈에게 정말 도전이자 위협의 순간이라는 것을 알고 있기에, 로즈가 침착함을 유지할 수 있기를 원하기 때문이다. 베벌리는 청소세탁 용품들을 쌓아온 것이, 어쩌면 로즈의 사회적 접촉에 대한 욕구와 사람들에게 쓸모 있는 존재임을 느끼고 싶은 마음을 충족하게 해 주는 것이었을 수 있겠다는 자신의 생각을 이야기하였다. 로즈는 한 번도 자신이 그렇게 표현해 본 적은 없지만, 베벌리의 생각이 타당한 것 같다고 말했다.

애착에 기반한 계획 세우기

  베벌리와 로즈는 어떻게 하면 로즈가 임차권을 지키면서 사회관계적 욕구를 충족시킬 수 있을지, 그리고 그녀의 기술과 지역사회에 기여하고자 하는 열망을 활용할 수 있는 기회를 얻을 수 있을지에 대해 논의하였다. 로즈는 지역 주민센터에 가면 일어나는 일들에 대해 더 많이 알 수 있을 거라는 아이디어를 떠올렸다. 그녀는 일주일에 두 번 운영하는 지역 카페가 있다는 것과 그들이 자원봉사자를 찾고 있다는 것을 알게 되었다. 그녀는 자원봉사자팀에 합류하기로 결정하고, 이 활동이 지역사회에서 자신이 중요한 역할을 하고 기여하고 있음을 느끼게 하는 데 도움이 된다는 것을 깨달았다. 지역 카페를 통해, 그녀는 지역 푸드뱅크를 위한 봉사활동도 시작하였다. 로즈가 준비되었을 때, 베벌리와 함께 아파트를 청소했다. 이후, 로즈는 청소세탁 용품들이 치워진 점에 대해 안심하고 있고, 지역 카페와 푸드뱅크에서 자원봉사를 하고 있는 현재의 삶에 더 만족한다고 보고하였다.

우리는 안전, 위안, 예측가능성 및 근접성에 대한 정상적인 욕구를 토대로, 한 사람에 대한 행동의 기능 또는 행동의 의미를 이해하는 것이 얼마나 유용한 강점 기반 접근법이 될 수 있는지를 보았다. 이제 출생에서부터 계속되는 애착 전략의 개발에 대해 더 많이 배워보자.

유아가 애착 전략을 개발하는 방법

태어난 시점부터 유아들은 그들을 보호하고 돌볼 존재, 그리고 음식, 따뜻함, 안락함, 보호를 제공하여 그들을 생존하게 하는 '강하고 현명한' 인간에게 전적으로 의존한다. 애착이론에서는 부모 또는 보호자를 '애착 대상(attachment figure)'이라고 한다.

유아들은 보살핌이나 보호가 필요할 때(예를 들어, 더울 때, 추울 때, 배고플 때, 두려움에 떨거나, 고통스러울 때, 또는 그 외에 불안정할 때) 신호를 보낼 수 있는 능력을 가지고 태어난다. 이것은 그들 내부에서 일어나는 일(배고픔 같은)이나 그들 밖에서 일어나는 무언가(큰 소음과 같은)에 의해 촉발될 수 있다. 고통스러울 때, 유아는 울고, 팔을 뻗고, 응시하고, 매달림으로써 애착 대상의 관심을 끌 수 있는 방식으로 행동할 것이다. 양육자가 유아의 신호에 민감하고 신속하게 반응하거나, 가까이 다가가 유아의 욕구를 충족시키는 무언가를 하면(예를 들어, 부드러운 목소리로 아기를 진정시키거나 음식, 따뜻함 또는 깨끗한 기저귀를 제공하는 것), 유아는 진정되고 울음을 멈출 것이다. 이처럼 '애착 행동'은 유아가 생명 유지에 필수적인 보호와 안락함을 얻는 데 도움이 된다. 매일 신호전달과 반응하기 주기의 수많은 반복을 통해, 유아는 양육자를 '안전한 피난처(safe haven, 어려울 때 안락과 보호를 제공하는 신뢰할 수 있는 원천)'로 바라보는 것을 학습한다.

또한 유아는 자신을 돌보는 특정인에게 반응하여 자신의 행동을 조정하려는 본능을 가지고 태어난다. 양육자와 유아 간 단순하고 일상적인 상호작용을 수천 번 반복함으로써, 유아는 양육자의 반응을 통해 애착 대상을 최대한 활용하기 위해 어떻게 행동해야 하는지를 배운다. 이것은 애착 전략을 개발해 나가는 학습 과정이다. 예를 들어, 양육자의 관심을 끌어 결과적으로 양육자가 유아에게 다가와 보살핌을 제공하도록 할 가능성이 가장 큰 울음소리의 크기와 지속 시간은 어떻게 될까?

이러한 유아의 애착 행동은 위협이 감지된 순간, 생존을 위해 의존하는 양육자로부터 필수적인 보호와 안락을 획득하기 위한 최선의 시도이다.

애착 대상이 유아의 애착 행동을 해석하고 반응하는 방식은 유아가 자기 신체 내부의 신호를 어떻게 인식하고, 양육자와 어떻게 상호작용하는지를 배우는 데 영향을 미칠 것이다. 우리가 이러한 애착 패턴을 '전략'이라고 하지만, 유아가 이러한 과정을 인식하고 있거나 의도적으로 선택하는 것을 의미하지는 않는다. 이러한 과정들은 유아가 선택사항을 저울질하고 그들 사이에서 택하는 것을 할 수 있기 전에 발전한다. 어린 시절 그리고 인생 전반에 걸쳐, 애착 전략들은 의식적인 인식의 도달 범위 아래 무의식적인 수준에서 작동한다. 이 패턴들은 초기 뇌가 발달하는 환경을 형성하고, 뇌와 중추신경계에 깊이 뿌리내리게 된다. 이러한 초기 패턴들은 우리가 안전하다고 느끼기 위해 관계 내에서 기능하는 방식에 큰 영향을 미친다.

물론, 많은 유아들은 한 사람 이상의 어른들에 의해 보살핌을 받은 경험을 가지고 있지만, 대부분의 경우 그들을 돌봐주는 주 양육자가 있다. 연구원 Elisabeth Fivaz—Depeursinge는 Lausanne Trilogue Play paradigm 검사를 개발했다. 이것은 6개월 된 유아들이 두 명의 다른 양육자에게 각각 다르게 반응할 수 있다는 것을 보여주는데, 즉 유아는 두 성인이 자신에게 서로 다르게 반응할 수도 있다는 점을 인식하고 이에 맞는 다른 애착 전략을 개발할 수 있었다(Fivaz—Depebursis, Frascaralo, and Corboz—Warnery, 2010). 따라서 애착은 두 사람 관계 이상의 더 많은 관계에 관한 것이다.

애착 전략의 발달이 생애 초기 몇 달부터 시작된다고 하는 것은 유아기에 애착 전략이 이미 결정되었다는 말은 아니다. 생애 전반에 걸쳐 발전함에 따라, 우리는 더욱 복잡한 애착 전략을 개발한다. 우리는 애착 대상에게 자신의 욕구를 전달하고, 그들에게 위안을 구하기 위한 더 많은 행동 목록들을 가지고 있다. 나이가 들면서 애착 대상의 종류는 변한다. 우리는 파트너와 새로운 애착을 형성할 수 있고, 자녀가 있는 경우 양육자가 될 수 있다. 또는 우리의 부모님, 파트너, 다른 가족 구성원들을 돌보는 역할을 맡을 수도 있다.

낯선 상황 절차

Mary Ainsworth는 유아(12–15개월)와 양육자 간의 애착 패턴을 평가하기 위해 낯선 상황 절차(the Strange Situation procedure)를 개발하였다. 이 실험은 양육자로부터 두 번의 짧은 분리와 재회 과정에서 유아가 어떻게 행동하는지를 면밀히 관찰하는 것을 포함한다 (Ainsworth, 1979). Mary Ainsworth는 유아들의 반응이 A, B, C 세 가지 유형 중 하나에 해당할 수 있다는 것을 발견하였다. 이 용어들은 오늘날에도 사용되고 있으며, 우리는 유형 B를 안전 애착 패턴, 유형 A와 C는 불안전 애착 패턴이라고 한다. 이러한 전략 유형들에 주어진 명칭은 '안전(secure)' 전략이 '불안전(insecure)' 전략보다 왠지 더 낫다는 것을 암시하는 경향이 있다. 하지만 우리가 아래에서 볼 수 있듯, 안전 전략은 양육자 그리고 그들이 사는 사회적 상황이 유아에게 안전과 위안을 제공할 때만 이로울 것이다. 유형 A와 C 불안전 전략들은 예측 가능한 방식으로 안전과 위안을 제공할 수 없는 양육자에게서 '최선'을 얻으려는 유아의 시도일 수 있다. 연구들에 따르면, 현대 산업화된 민주국가의 인구 중 약 60%가 유형 B 전략을 가진 것으로 평가된다. 유형 A와 C는 나머지 40%를 차지하기 때문에 특이한 것도, 반드시 우려의 원인도 아니다.

이제 양육자의 행동에 대응하여 유아가 유형 A, B, C 전략을 어떻게 발달시켜나가는지 살펴보겠다.

용어에 대한 참고사항

애착 전략을 이해하기 위해서는 거부/회피형(dismissing/avoidant) (A), 안전/자율형(secure/autonomous)(B), 강압/양가형(coercive/ambivalent) (C)과 같은 용어에 익숙해져야 한다. 이 책에서는 A, B, C라는 용어를 사용하여 다른 패턴을 설명할 것이다. A 유형은 거부/회피형 (dismissing/avoidant), C 유형은 강압/양가형(coercive/ambivalent), B 유형은 안전/자율형(secure/autonomous)을 의미한다. 우리는 혼란 애착

(disorganised attachment)에 대해서는 별도의 전략으로 언급하지 않을 것이다. 여기에는 두 가지 이유가 있다. 첫째, 최근 연구에서는 '혼란스러운(disorganised)'것이라기보다는 '조절되지 않은(dysregulated)'전략으로 생각하는 것이 보다 도움이 된다고 제안하고 있다(Duschinsky and Solomon, 2017; Granqvist et al., 2017). 둘째, 혼란 애착은 유아 및 아동과 보통 더 관련되며, 성인에게는 대개 덜 적용되는 용어이므로 이 책과 관련이 적다.

애착 전략의 발달

예측가능성과 조율

유아의 애착 전략 발달에 가장 중대한 영향을 미치는 양육자 행동의 두 측면이 있다. 양육자 반응의 예측가능성(predictability)과 유아에 대한 양육자 행동의 조율(attunement) 정도이다.

예측가능성은 양육자가 유아를 대하는 태도에 있어서 얼마나 일관성이 있는지를 나타낸다. 즉, 양육자가 유아의 애착 신호에 다른 날, 다른 때에도 얼마나 유사한 방식으로 잘 반응하는가이다. 양육자가 예측가능하도록 반응하면, 유아는 원인－결과 간 연관성을 배울 수 있기 때문에 중요하다(예: '배고파서 울면, 음식을 먹게 될 거고 기분이 나아질 거야'). 만약 일관된 패턴이 없다면, 유아는 이러한 연관성을 배우는 데 어려움을 겪을 것이다.

조율(Attunement)이란 양육자가 유아의 애착 행동에 대한 근본적인 이유를 정확하게 알아차릴 수 있는, 그리고 유아를 진정시키고 달래줄 수 있는 방식으로 반응할 수 있는 능력을 일컫는다. 예를 들어, 유아가 깨끗한 기저귀가 필요해서 울 때 양육자는 유아가 우는 이유를 알아차리고, 유아의 기저귀를 갈아줌으로써(배가 고프다고 생각하여 먹을 것을 주는 대신) 도움이 되는 방식으로 응할 수 있다. 이는 양육자가 첫 번에 제대로 해야 한다는 것을 의미하지는 않는다. 유아를 관찰하여 유아가 어떻게 느끼는지, 유아를 달래기 위해서는 무엇이 도움이 되는지를 알아내려고 노력하는 과정이다.

B 유형 전략

B 유형 전략은 안전 애착 전략으로 알려져 있다. 낯선 상황 절차에서, B 유형 전략을 사용하는 유아들은 부모와 분리되었을 때 어느 정도의 불안과 슬픔을 보이고, 부모가 다시 방에 돌아오면 가까이 다가가 팔을 뻗어 안기며 부모를 맞이한다. 일단 부모가 유아를 안으면, 빠르게 진정되고 곧 다시 노는 활동으로 돌아가길 원한다.

B 유형 전략은 양육자의 예측가능하고 조율된 돌봄과 관련 있다. 만약 유아가 소리칠 때 양육자가 예측가능하고 조율된 방식으로 행동한다면, 유아는 자신이 고통을 받거나 위험에 처했을 때 양육자가 자신을 편안하게 해주고 보호해줄 것이라고 확신할 수 있다. 유아는 위안과 안전의 원천인 '안전기지(secure base)'로서 양육자에게 의지하게 된다. 이것은 B 유형 전략을 사용하는 유아가 주위 환경을 탐험할 수 있는 자신감을 줄 수 있다. 왜냐하면 유아는 자신이 슬프거나 화나거나 두려울 때 양육자가 자신을 보호할 것이라는 것을 알고 있기 때문이다.

B 유형 전략을 개발 중인 유아는 체온, 배고픔, 피로감, 두려움이나 편안함의 감정 등 신체적 감각, 즉 신체 내부의 신호나 정보가 중요한 목적을 가지고 있다는 것을 배운다. 만약 유아가 자신의 감정을 인

식하고 울음 같은 애착 행동을 통해 표현한다면, 양육자는 더 가까이 다가가 예측가능하고 조율된 방식으로 유아가 더 나아지도록 도와줄 것이다. 유아는 또한 원인－결과의 패턴과 같은 신체 외부의 정보도 유용하다는 것을 배운다. 예를 들어, 유아는 '내가 울면 누군가 와서 나를 더 기분 좋게 해준다'와 같은 연관성을 생애 가장 초기 몇 주 동안 배울 수 있다. 개들이 '내가 주인에게 공을 돌려주면, 나는 간식을 받을 수 있다'는 것을 배울 수 있는 것과 거의 같다. B 유형 전략을 개발시킨 유아는 이러한 두 가지 정보, 즉 신체 내부(감정, feelings 또는 정서, affect)와 외부(생각, thoughts 또는 인식, cognition)의 정보 모두 동등하게 가치 있고, 두 가지 모두에 주의를 기울여야 한다는 것을 배우는 것이다.

A 유형 전략

A 유형 전략은 불안전 애착 전략으로 알려져 있다. 낯선 상황 절차에서, A 유형 전략을 사용하는 유아들은 보호자가 방을 떠날 때 슬픔이나 두려움을 별로 보이지 않고 계속해서 놀 것이다. 그러나 매우 주의 깊게 살펴보면, 유아들의 노는 방식이 바뀌는 것을 관찰할 수 있다. 피상적으로 변할 수 있는데, 만약 유아가 장난감 피아노를 가지고 놀고 있었다면 선율을 만드는 시도를 하기보다는 단순히 같은 음을 칠 것이다. 이것은 유아가 내면에서는 슬픔이나 두려움을 느끼고 있지만, 그것에 대해 행동으로 표현하지는 않는다는 것을 시사한다. 양육자가 돌아왔을 때, A 유형 전략을 사용하는 유아들은 곧바로 양육자를 맞이하려고 서두르지 않는다. 몇 초간의 짧은 지연 뒤, 유아는 눈을 내리깔고 똑바로 마주하지 않은 채 양육자에게 다가간다. 양육자의 인사를 받은 후, 유아는 빠르게 놀이로 돌아온다.

A 유형 전략은 양육자의 조율되지 않은 행동(non‑attuned behaviour)과 관련이 있다. 다시 말해, 유아가 울 때 양육자는 유아의 문제를 해결하지 못하는 방식으로 계속해서 행동한다. 예를 들어, 유아가 울 때 양육자는 유아를 무시하거나, 소리 지르거나, 학대하는 경우로 어떤 경우이든 유아에게 해가 된다. 중요한 점은 이런 일이 지속적으로 일어난다는 것이다. 이런 상황에서, 유아는 '내가 울어도 아무런 일이 일어나지 않거나, 내가 더 힘들어지는 일이 발생한다'는 것을 배우게 된다.

A 유형 전략을 발달시킨 유아는 신체 내부 정보(자신의 감정과 신체 감각)가 주의를 기울여야 할 안전한 정보원이 아니라는 사실을 배우고 있는데, 왜냐하면 자신이 울거나 위안을 필요로 한다는 신호를 보내면서 자신의 감정을 보여주면, 무시당하거나 기분이 더 나빠지기 때문이다. 대신, '내가 울면 엄마가 눈살을 찌푸린다', '내가 웃으면 엄마가 나에게 미소를 짓는다'와 같이 신체 외부 세상에서 일어나는 일에 주의를 기울이는 것이 더 유용하다. A 유형 전략을 발달시킨 유아는 자신의 기본 욕구를 충족시키는 데 인지(패턴과 순서에 대한 생각)가 자신의 내적 감정보다 더 유용하다는 것을 배운다. 따라서 자신이 느끼는 것에 대해서는 덜 주의를 기울이고 주변 세상에는 더 많은 주의를 기울이는 것을 학습하게 된다.

C 유형 전략

C 유형 전략 역시 불안전 전략으로 알려져 있다. 낯선 상황 절차에서, C 유형 전략을 사용하는 유아는 울고 저항함으로써 부모로부터 분리되는 것에 큰 고통을 보일 것이다. 유아는 부모가 방에 다시 들어

왔을 때, 애착 대상과 빠르게 접촉하려 하지만 빨리 진정되지는 않을 것이다. 유아는 달래는 것을 거부할 가능성이 있다. 부모가 자신을 위로하려고 하면, 등을 뒤로 젖히거나 더 크게 울거나 심지어는 분노한 기색을 보일 수도 있다. 부모가 두 번째로 방을 나가려고 할 때, 유아는 부모가 가는 것을 막으려고 부모의 다리에 매달리거나 부모를 쫓아 방 밖으로 나가려고 할 수도 있다. 유아는 상당히 고통스럽고 화난 것처럼 보일 것이다.

C 유형 전략은 애착 대상의 예측불가능하고 일관성 없는 돌봄에 대한 반응으로 발달한다. 유아가 울 때, 때때로 부모는 빠르고 민감한 방식으로 반응한다. 그러나 다른 때에는 부모가 지연된 반응을, 때로는 민감하게, 때로는 덜 민감하게, 때로는 전혀 반응하지 않는다. 이런 경우가 발생하는 데에는 여러 이유가 있다. 집에 아이들이 많을 수도 있고, 보살핌을 필요로 하는 어른이 있을 수도 있다. 또는 가정 내에 학대, 정신 질환 또는 물질 오남용 문제가 있을 수 있다.

유아는 자신의 울음과 부모의 반응 간 연관성을 학습할 수 없기 때문에, 부모의 예측불가능한 반응을 이해하기가 매우 어렵다. 어떤 때에는 유아가 울면 유아의 기분이 더 나아지는 방식으로 반응하지만, 다른 때에는 그렇게 하지 않는다. 결정적으로, 유아는 때에 따라 부모가 이처럼 다른 반응을 보이는 이유를 이해할 수 없다. 알 수 있는 것은, 유아가 오랜 시간 계속 울면 부모로부터 반응을 일으킬 가능성이 더 높다는 것이다. 따라서 유아의 울음소리나 기타 감정적 신호들이 과장될 가능성이 높다. 흐느껴 울게 되고, 위안의 필요에 집착하게 되며, 분노는 짜증이 되어 유아는 진정되기를 거부할 가능성이 높다. 그 이유는 유아의 성격 때문이 아니라, 그런 과장된 신호들을 보냈을 때 부모로부터 반응을 얻을 가능성이 더 높기 때문이다.

유아기 이후의 애착 전략 발달

유아기 양육 경험이 어떻게 유형 A, B, C 전략의 발달로 이어지는지 이해했으므로, 이제 우리의 애착 전략이 인생 전반에 걸쳐 어떻게 발달하는지 숙고해 볼 수 있다. 물론, 우리가 개발하는 애착 전략은 부모, 형제, 그리고 이후에는 파트너 그리고 (아마도) 우리 자녀들과 발전해 나가는 관계들에 의해 큰 영향을 받는다. 또한 애착 전략의 발달은 우리가 삶에서 직면하는 위험들이 얼마나 많은가에도 영향을 받는다. 이혼이나 양육자가 자주 바뀌는 일과 같은 가족 환경 때문에, 더 심각하게는 폭력, 무시 또는 학대로 인해 위험에 처할 수 있다. 일반적으로, 우리가 더 많은 위험이나 위협에 직면할수록, 우리는 더 경직된 애착 전략을 발전시킬 가능성이 크고, 유연성이 더 낮으며, 변화하는 환경이나 관계 변화에 적응하는 것이 더 어렵게 된다.

인생 전반에 걸친 B 유형 전략의 발달

B 유형 전략을 사용하는 사람은 주변 세계를 이해하기 위해 생각과 감정에 주의를 기울일 수 있다. 이것은 자신의 정서적 욕구를 표현할 수 있게 하고, 타인의 욕구와 균형을 이룰 수 있게 한다. 그들은 필요할 때 도움을 요청할 수 있고, 타인을 돌볼 수 있다. 그들은 위로가 필요하다고 표현했을 때, 그들의 애착 대상은 예측가능하고 조율된 방법으로 그 필요를 충족시켜 줄 것이라 믿기 때문에 타인의 생각, 느낌과 조화를 이룰 수 있다. B 유형 전략을 사용하는 사람은 전체 범위의

전략에 접근할 수 있고 자신의 욕구를 인식하고, 적절하게 도움을 요청하고, 제공되는 도움을 받을 수 있기 때문에, 일평생 삶의 어려움에 대처할 수 있는 능력이 더 크다. 물론, B 유형 전략을 사용하는 사람 역시 사별, 이별, 사고와 같은 힘든 생활사건에 취약하지만, 시간이 지나 회복될 가능성이 더 크다.

인생 전반에 걸친 A 유형 전략의 발달

위에서 언급한 바와 같이, 조율하지 않는 양육자를 경험한 경우 A 유형 전략을 발달시킬 수 있다. 그들은 양식이나 행동 순서와 같은 주변 세상에 그들의 생각을 더 잘 맞춘다. 반면, 아이는 분노, 슬픔, 두려움 또는 위안의 필요와 같은 실제 감정을 표현하는 것이 양육자의 거부를 초래할 가능성이 있고 이는 아이의 기분을 더 나빠지게 만드는 결과를 가져온다는 것을 알게 된다. 따라서 A 유형 전략의 동력은 친밀감에 대한 그리고 다른 사람에게 진정으로 '알려지는'(truly 'known') 것에 대한 두려움이다.

인생 후반기, A 유형 전략을 가진 사람은 다른 사람에게 보살핌을 제공함으로써 자신의 욕구를 충족시키는 방식으로 돌봄 전략(caregiving strategies)을 발달시킬 수 있다. 또한 A 유형 전략은 학업이나 직업적인 측면에서 높은 성취와 연관될 수 있지만, 자신의 감정을 인식하는 데 어려움을 겪을 수 있다. 상대적으로 더 많은 위협에 대처해 온 사람은 점점 더 자신의 감정을 차단하게 되고, 인간관계는 그들에게 매우 힘겨운 것으로 입증되었기 때문에 사회적으로 고립될 수 있다. 혹은 많은 사람들에 둘러싸여 있을 수도 있지만, 사람들 모두 적당히 거리를 두고 친밀함으로부터 자신을 보호하기 위해 그 관계를 피상적으로 유지할지도 모른다. 또는 서로 너무 가깝지도 않고 너무 멀지 않은 위치에서 사람들과 거리를 두며 편안하게 느끼기 위해, 관계 내에서 통제적인 방식으로 행동할 수도 있다.

A 유형 전략을 가지고 있는 사람이 더 많은 위험이나 위협에 대처해야 할수록, 그들은 그들의 특징적인 모습이 아닌 갑작스러운 감정적 폭발을 경험할 가능성이 더 높아진다. 여기에 압력솥 비유가 유용하다. 단지 그 사람이 자신의 감정을 잘 알지 못한다고 해서 그들이 감정을 가지고 있지 않다는 것을 의미하지는 않는다. 대부분의 경우 사람은 자신의 감정을 숨길 수 있을지 모르나 어떤 상황에서는 뚜껑이 열릴 때까지 압력이 증가할 수 있다. 사람은 폭력적이거나(분노), 공황 발작을 일으키거나(두려움), 자신의 통제를 벗어나 흐느끼거나(슬픔), 다른 사람과 부적절한 신체 접촉을 통해 위안을 얻을 수 있다. 이처럼 표현되지 않은 감정들은 때때로 설명되지 않는 피부 질환이나 위장 장애와 같은 신체 증상들로 이어질 수 있다. 이는 자신의 감정에 충분히 집중하고 있지 않다는 것을 보여주기 위해, 몸이 그 증상들을 보여주고 있는 것과 같다. 이처럼 표현되지 않은 감정의 폭발은 '부적 정서의 침투(intrusions of negative affect)'라고 일컫는다(Crittenden, 2008). '부적'이라는 단어는 감정 자체를 지칭하는 것이 아니라, 아이의 감정 표현에 대한 양육자의 반응을 의미한다. 침투(intrusion), 또는 폭발(outburst)은 (양육자가) 표현되는 것을 용납할 수 없는 감정이 터지는 것을 의미한다.

인생 전반에 걸친 C 유형 전략의 발달

C 유형 전략은 종잡을 수 없는 양육자를 경험한 경우 발달된다. 즉, 요구 사항을 이야기했을 때 양육자가 어떨 때는 민감하고 잘 조율

된 방식으로 반응하고, 다른 때에는 적절한 시점에 응답하지 않거나 둔감하게 반응하는 것이다. 양육자가 어떻게 반응할지 예측할 수 없기 때문에, 양육자에 대한 예측불가능성은 아이를 매우 혼란스럽게 한다. 그래서 아이는 세상을 이해하기 위해 자신의 감정 경험에 의존하게 된다. 크게 그리고 오랫동안 울면, 양육자가 아이를 돌보기 위해 다가올 가능성이 더 높기 때문에, 아이는 과장된 방식으로 그들의 감정을 표현하는 것을 배운다.

아이가 성장함에 따라, 예측불가한 애착 대상의 관심을 더 끄는 방식으로 행동하는 것을 학습할지 모른다. 이는 아이가 양육자의 관심을 끌기 위해 무리수를 둘 수 있고, 이는 점점 더 위험한 행동으로 이어질 수 있다. 더불어, 시간이 지나면서 아이는 일단 양육자의 관심을 얻은 이후에는 그 관심을 유지하는 것이 중요하다는 것을 배울 것이다. 따라서 아이는 자신의 감정을 표현하는 방식을 계속해서 바꾸는 것을 학습한다. 예를 들어, 아이는 화에 대한 표현으로 신발을 벽에 던질 수 있다. 양육자가 아이를 꾸짖기 위해 다가갈 때, 아이는 울기 시작할 것이고 '아무도 내가 어떻게 느끼는지 물어보지 않아!'라고 말할지도 모른다. 이것은 보호자로부터 위안을 얻을 수 있도록 하여 아이의 욕구를 충족시킬 수 있는 어떤 방식으로 이끌 수 있다. 아이가 분노와 취약성을 번갈아 보일 때, 양육자는 해결할 수 없는 일련의 문제에 사로잡혀 있다고 느낄 수 있다. 아이는 발달 과정에서, 다른 사람들의 관점을 보려고 노력하는 것은 별로 얻을 것이 없다는 것을 배웠다. 주 양육자가 예측할 수 없도록 행동했기 때문에, 양육자의 행동 동기를 이해하는 것은 그리 유용하지 못했다. 오히려, 그들을 보호할 수 있는 방식은 자신의 감정에 따라 과장된 방식으로 보여준 다음, 일단 양육자의 관심을 얻으면 표현된 감정을 바꾸는 것이다.

이것은 C 유형 전략을 가진 사람의 경우, 노년기에 친밀한 관계를 발전시키고 유지하는 것을 어렵게 느낄 수 있다는 의미일 수 있다. 그들은 때때로 슬픔, 분노, 무기력 또는 두려움에 압도되는 것처럼 보일 수 있다. 그들이 더 큰 위협에 처했을 때, 때때로 다른 사람들에게 공격적인 방식으로 행동하고 나서 그것을 무기력함이나 취약성으로 바꾸어 보여줄 수 있다. 이 전략은 무의식적인 것이며, 그들의 정서적 욕구를 충족시키기 위한 최선임을 명심해야 한다.

애착이론은 노인들과 함께 일할 때 어떻게 유용할 수 있을까?

애착이론은 가장 일반적으로 삶의 초기 단계와 관련되지만, 노인들과 그들의 가족 네트워크에 대해 생각해 볼 때도 마찬가지로 많은 관련이 있다. 사람들은 대부분 신체적으로, 정서적으로 취약해지는 어느 시점, 즉 노화의 과정은 위안(comfort)과 안전(safety)에 대한 필요가 커진다. 마찬가지로, 가족 구성원이나 파트너들은 자신의 애착 전략이 고령자 가족 구성원의 복지에 대한 걱정과 불안, 그리고 나이 들어가는 것과 죽음에 대한 자연스러운 두려움으로 인해 활성화되는 것을 발견한다. 애착이론은 개인의 자기 보호 전략을 삶의 어느 시점에 자신을 보호했던 강점으로 여기도록 우리를 격려한다. 그들의 삶의 경험과 중요한 관계에 대해 호기심을 갖는 것은 우리가 그들의 현재 행동에 대한 이해를 높일 수 있도록 돕는다. 이것은 종사자들이 행동에 근거하여 사람들을 낙인찍는 것을 피하고, 사람들이 더 안전하게 느끼도록 서비스 주도의 해결방안(service-led solutions)을 넘어서는 용기와 창의성을 가질 수 있도록 격려할 수 있다.

노년기 애착 시스템에 대한 도전

나이가 들수록 대부분의 사람들은 다른 사람들의 도움이 필요할 가능성이 커진다. 우리에게 필요한 지원은 기본적인 신체적 욕구나 사회적, 정서적 욕구를 충족시키는 데 도움이 되는 형태일 것이다. 성인 초기에 독립적이고 보살피는 역할(예를 들어 자녀를 양육하는 일)을 해 온 성인들이, 다른 사람의 도움을 필요로 하는 위치로 전환되는 것은 어려운 일일 수 있다. 성인 초기에는 보살핌을 주고받았기에 관계는 균형을 이루었다. 나이가 들어가면서 이러한 균형을 찾는 것이 더 어려워질 수 있고, 이전에 비해 다른 사람들에게 더 의존적이게 된 자신을 발견하게 될 것이다.

새로운 역할을 협상해야 하는 필요성은 긴장과 취약성을 유발시킬 수 있다. 일부 사람들에게 이러한 취약성은 가난, 차별, 안정적이지 않은 주거 또는 질병과 같은 사회 문제로 인해 높아질 수 있다. 노년기 삶의 특별한 도전은 새로운 관계를 특징으로 하는 새로운 맥락 내에서 자신의 욕구를 충족시킬 수 있는 기회를 극대화하기 위해 다른 애착 전략을 발전시키도록 이끌 수 있다.

노인의 일반적인 경험에는 파트너, 형제자매 또는 친구의 상실에 대처하는 것이 포함될 수 있다. 그 결과, 많은 사람들이 자기 삶의 이야기를 돌아보며 그 의미나 중요성을 찾는다. 사회 및 가족 네트워크에도 변화가 있을 수 있다. 많은 연구에 따르면 가족 관계는 나이가 들수록 더 중요해진다고 한다. 집을 떠나기로 결정한 경우에는 새롭고 익숙하지 않은 환경에 대처해야 할 필요성도 포함될 수 있다. 유급 도우미에게 의존해야 하는 사람들은 자신이 취약하다고 느낄 수 있는 시기에 신뢰 관계를 형성해야 하는 도전도 직면하게 된다. 이러한 모든 경험은 개인에게 스트레스, 위협 및 인지된 위험을 유발하여 애착 반응(attachment responses)을 활성화할 수 있다.

노년기 고령자들이 애착 욕구를 충족하는 방법에 대한 연구는 소수이지만, 점점 증가하는 추세에 있다. 우리는 다른 사람에게 신체적 보살핌을 받는 데 적응해야 하거나 노인주거복지시설(residential setting)로 이전하는 등 변화하는 상황에 대처할 수 있는 새로운 애착 전략을 개발할 수 있는 것으로 보인다. 우리의 애착 전략은 견고하지만 경직되지는 않으며, Bowlby가 말했듯이 우리는 요람에서 무덤까지 새로운 전략을 배울 수 있다. 이 능력은 노년기에 변화하는 환경, 욕구 및 관계에 적응하는 데 도움이 되며, 이는 그 자체로 핵심 강점이다.

B 유형 전략을 사용하는 사람들은 더 유연한 전략을 가지고 있고, 변화하는 욕구를 인식하고 필요할 때 도움을 요청할 가능성이 더 높기 때문에 노년기 변화에 더 잘 적응할 수 있다는 몇몇 연구가 있다(Bradley and Cafferty, 2001). 물론, 그들은 삶의 마지막 순간까지 주변 다른 사람들에게 위안과 지원을 계속해서 제공할 수도 있다.

A 유형 전략을 사용하는 사람들은 일반적으로 자신의 정서 세계에 조율하는 것과 안전함, 편안함, 유대감을 느끼기 위해서는 관계를 통한 지원이 필요하다는 것을 인식하는 것이 어려울 수 있다. 이는 그들이 적시에 지원을 요청할 수 없음을 의미하는 것일 수 있고, 심지어 다른 사람들이 선의로 그들에게 도움이 필요한지 물을 때 화를 내거나 짜증을 낼 수도 있다.

C 유형 전략을 사용하는 사람들은 돌봄 욕구보다 애착 욕구를 우

선시할 수 있기에, 안전과 위안을 느끼고자 다른 사람에게 도움과 지원을 요청할 수 있다. 그들은 사람들에게 도움을 요청하는 것과 도움을 거절하는 것을 번갈아 가며 행할 수 있다. 이러한 방식은 주변 사람들이 어떻게 하면 이들에게 최선의 도움을 줄 수 있는지에 대해 혼란스러움이나 좌절감을 느끼게 할 수 있다. 유형 A 또는 C 전략을 사용하는 사람들의 경우, 이들의 애착 전략이 안전, 위안, 근접성 및 예측가능성의 욕구를 충족시키기 위한 최선의 시도를 어떤 식으로 보여주는지 이해하면, 주변 사람들이 언뜻 이해하기 어려울 수 있는 그들의 행동의 의미를 이해하는 데 도움이 될 수 있다.

클라이브 – A 유형 애착 전략을 사용하는 경우의 예

클라이브(남편)와 조시(아내)는 70대 후반이고, 결혼한 지 40년이 되었다. 그들은 자가 주택에서 함께 산다. 조시는 3년 전 뇌졸중을 앓았는데, 지금도 언어와 신체 움직임은 그 영향을 받고 있어서 클라이브가 대부분의 집안일을 한다. 조시는 머리를 감을 때만 클라이브의 도움이 필요했으나, 최근 조시에게 한밤중 침대를 적시는 문제가 생기기 시작했다. 그녀는 이것에 대해 당황했고, 클라이브는 매우 지지적이었다. 클라이브는 세탁을 계속하려 애썼고, 방수 시트를 구매했다. 그들에게는 같은 마을에 살며 매주 보는 딸 던이 있다. 던은 아버지가 더 지쳐 보여서, 매주 아버지에게 괜찮은지 물어본다. 아버지에게 이런 질문을 할 때, 아버지는 그녀에게 미소를 지으며 '난 괜찮아, 그리고 네 엄마도 괜찮아'라고 말하고선 재빨리 던의 직장 상황(클라이브는 딸이 새로운 상사와 어려움을 겪고 있다는 것을 알고 있음)에 대해 물어본다는 것을 알아차렸다. 던은 아버지가 그녀에게 모든 것을 이야기하지 않을지도 모른다고 의심한다.

어느 날, 던은 아버지를 앉히고 아주 부드럽게 무엇이 문제인지 말해달라고 했다. 아버지는 그녀에게 '그렇게 꼬치꼬치 캐묻지 마. 우린 잘 지내고 있어. 어떤 도움도 필요하지 않아.'라고 딱딱거리며 말했다.

던은 다음번에 집에 들르면, 엄마가 머리를 감고 말리는 것을 돕겠다고 말했다. 모녀만 침실에 있을 때, 조시는 던에게 젖은 침대 시트들로 가득 차 있는 옷장을 보여주었다. 던은 아버지에게 세탁 문제에 대해 알고 있고, 두 사람을 돕고 싶다고 하였다. 아버지는 매우 화가 나서 딸에게 언성을 높였다. 그는 던이 그들의 일에 간섭하고 있다며, 집에 돌아가 너 자신의 문제나 해결하라고 말한다. 던은 아버지의 상처를 주는 말에 화가 나서 집을 떠났다. 던은 어머니와 아버지를 진심으로 돕고 싶지만, 어떻게 해야 할지 모르겠다.

클라이브의 이야기

클라이브는 외동아들로 자랐다. 그의 부모는 그가 태어나기 전에 두 번의 유산 경험이 있었다. 클라이브가 유아였을 당시, 그의 어머니는 그녀가 겪었던 충격적인 상실 때문에 클라이브가 울 때마다 매우 불안해했다. 그의 아버지는 정서적으로 거리를 두었고, 어린 시절 클라이브와 별로 가깝지 않았다. 그는 자신의 정서적 욕구를 충족시키는 가장 좋은 방법은 행복과 만족과 같은 긍정적인 감정만을 보여주고, 슬픔이나 분노의 감정을 감추는 것이라는 것을 배웠다. 그가 드물게 슬픔이나 분노를 보였을 때, 그의 어머니는 이에 대처하지 못해 클라이브에게서 등을 돌렸다. 클라이브의 어머니는 그의 욕구에 적절히 대응하지 못했다. 그는 자라면서 자신이 괜찮다는 것을 어머니에게 확신시켜 주는 데 아주 능숙해졌다. 심리적으로, 그는 어머니의 정서적 욕구를 우선시하면서 어머니를 돌봤다. 자신의 진정한 정서를 차단하고 긍정적인 정서만을 보여주어 어머니와 물리적으로 가까워짐으로써 그의 욕구 일부를 충족시킬 수 있었다. 어른이 된 클라이브는 자신의 감정을 알아차리는 것이 매우 어렵다는 것을 깨닫게 된다. 클라이브와 조시는 매우 지지적이고 서로 사랑하는 관계이지만, 조시는 종종 클라이브가 그의 감정에 관해 이야기하는 것을 어려워한다고 던에게 이야기하곤 했다.

현시점에서, 클라이브는 지금까지 항상 해왔던 방식으로 조시를 돌보기 위해 고군분투했다. 그는 아내의 욕구를 우선시하여 돌보는 것이 그의 역할이라는 신념으로 인해, 지금의 새로운 도전을 감당하는 것이 상당히 어렵다는 것을 알게 되었다. 그는 아내의 야간 요실금을 어떻게 대처해야 할지 모른다는 사실에 수치심을 느끼며, 문제를 감추고 싶은 마음이 강하다. 딸이 그 사실을 알고 클라이브와 마주했을 때(매우 조심스럽게 이야기했음에도), 클라이브는 불안과 수치심이 너무 커서 분노에 휩싸인다. 이후, 그는 딸에게 언성을 높인 것에 대해서도 기분이 몹시 좋지 않다.

클라이브가 이렇게 행동하는 이유는 무엇일까?

클라이브는 어린 시절 경험을 통해, 자신의 욕구를 최대한 충족시키기 위한 최선의 전략은 어머니에게 긍정적인 감정만 보여주고 겉으로 '괜찮은' 것처럼 보이는 것이라는 것을 배웠다. A 유형 전략은 그의 일생 동안 꽤 효과가 있었다. 클라이브는 이제 외부 도움 없이 조시를 돌보는 것이 어렵다. 클라이브는 이에 대해 일부 깨달았지만, 조시의 건강 악화와 미래에 일어날 일에 대해 매우 두려워한다. 이러한 두려움과 불확실성으로 인해 그의 애착 전략이 활성화되고 있다. 던에게 쏘아붙이는 것은 그가 묻어 두었던 두려움과 슬픔의 폭발이다. 클라이브가 어머니에게 그의 애착 욕구를 보였을 때 어머니는 그를 만족시켜주는 방식으로 반응하지 못한다는 것을 학습했기 때문에, 그는 도움을 요청하는 것이 어렵다. 그는 이러한 욕구를 무시하고 도움을 청하지 않는 것이 더 안전하다는 것을 배웠다. 따라서 도움을 요청할 필요가 있는 현 상황이 그에게 매우 위협적으로 느껴진다.

던은 어떻게 부모님을 도울 수 있을까?

클라이브가 안전하다고 느낄 수 있는 방식으로 아주 침착하게 클라이브와 대화하면, 도움이 될 것이다. 클라이브는 자신의 감정을 곧바로 이야기하는 것이 편하지 않을 수 있기 때문에, 사실에 근거하여 그가 모든 선택지를 고려할 수 있도록 한다면 그에게 도움이 될 것이다. 다양한 선택지들의 장단점을 살펴볼 수 있도록 클라이브와 조시가 함께 간단한 표를 작성해 보도록 하는 것도 도움이 될 수 있다. 클라이브와 조시가 한 쌍의 커플로서 강점, 어려움을 함께 극복했던 일을 회상해 보도록 하는 것도 도움이 될 수 있다.

마리에타 - C 유형 애착 전략을 사용하는 경우의 예

마리에타는 78세이고, 그녀 소유의 생활 지원 아파트(supported living flat)에 살고 있다. 남편과는 3년 전에 사별했고, 200마일(약 320km) 떨어진 곳에 사는 아들이 한 명 있다. 아들은 매우 힘든 일을 하고 있기 때문에 마리에타를 자주 방문하기 어렵다.

마리에타는 최근 자신이 쓰러져 도움이 필요하다고 말하면서 책임자인 버나뎃에게 전화를 하기 시작했다. 버나뎃이 도착했을 때, 마리에타가 자신의 안경이나 전화기를 잘못 둔 일과 같이 그녀 스스로 해결할 수 있는 문제로 버나뎃에게 연락했다는 것을 알고 당혹스러웠다. 버나뎃이 마리에타에게 진짜 문제가 있을 때만 전화하라고 재차 이야기하면, 그녀는 종종 화를 내며 버나뎃이 게으르다고 말한다. 그리고 버나뎃이 아파트에 사는 다른 사람들에게는 훨씬 더 잘해준다고 비난한다. 그러다 또 다른 때에는, 버나뎃에게 매우 친절하게 다가와, 화낸 것에 대해 사과하며 버나뎃 없이 어떻게 살아갈지 모르겠다고 말한다.

버나뎃은 이제 마리에타가 경보 버튼을 누르면, 마리에타가 자신에게 화를 낼지, 고통을 호소할지, 사과할지 종잡을 수 없어 불안해진다는 것을 알게 되었다. 버나뎃은 마리에타의 알람이 울리면 마지못해 주의를 기울이고, 가급적 그녀를 피하려고 한다는 것을 깨달았다.

마리에타의 이야기

마리에타는 7남매 중 막내이다. 마리에타가 세 살이 되던 해, 아버지는 오랜 병으로 사망했고, 어머니는 가족의 생계비 마련을 위해 열심히 일해야 했다. 이러한 사정으로, 마리에타의 언니, 오빠들이 주로 그녀를 돌봐주었다. 언니, 오빠들의 돌봄 방식이 조금씩 달랐는데, 누군가는 엄격했고, 다른 누군가는 매우 허용적이었다. 이는 마리에타가 슬픔, 분노, 두려움의 감정 또는 위안의 필요를 표현했을 때, 어떤 반응이 나올지 예측할 수 없었다는 것을 의미했다. 마리에타는 어린 시절 돌봄이 필요했을 때, 과장된 방식으로 감정을 표현하면 그녀의 기분이 나아질 수 있는 반응(자신이 원하는 반응)을 더 얻기 쉽다는 것을 학습했다. 성장하면서, 마리에타는 형제자매들을 가까이 두면서 자신이 편안하고 안전하게 느끼도록 하는 가장 좋은 방법은, 형제자매들에게 제시했던 문제의 특성을 바꾸어 그들이 그녀를 떠나지 않도록 하는 것이라는 것을 배웠다.

마리에타가 이렇게 행동하는 이유는 무엇일까?

3년 전 남편과 사별 후, 마리에타는 점점 더 고립감과 외로움을 느꼈다. 마리에타는 아들이 좀 더 방문해 주길 바랐지만, 아들은 직장에서 바쁠 뿐 아니라 이제 막 결혼했고 며느리가 임신까지 한 상황이다. 마리에타는 할머니가 되기를 무척 고대하고 있지만, 다른 한편으로는 이 상황 또한 아들이 자신과 함께 보낼 시간이 더 적어지는 것을 의미하는 것일까 봐 걱정한다. 대가족 속에서 자란 마리에타는 많은 시간을 혼자 보내는 것이 어렵다는 것을 느끼게 되었다. 그녀의 애착 전략은 고립된 생활, 할머니가 되는 것에 대한 두려움, 그리고 아들의 방문 횟수가 줄어든 것에 의해 활성화된다.

버나뎃은 마리에타가 가장 가깝게 느끼는 사람이며, 이것이 마리에타가 그녀와 함께 밀고 당기는 방식으로 행동하는 이유이다. 버나뎃은 철회하는 방식으로 마리에타의 예측불가능한 행동에 대응하고 있다. 버나뎃의 철회는 마리에타를 더욱 불안하게 하고 거부하게 만들어, 버나뎃을 그녀에게 더 가까이 끌어들이려는 무의식적인 시도를 더 심각하게 만든다.

버나뎃은 어떻게 마리에타를 도울 수 있을까?

버나뎃이 계속해서 마리에타를 피하려고 하거나 그녀와 거리를 두려고 한다면, 상황은 더욱 악화될 것이다. 우선, 버나뎃은 마리에타와 언제 이야기 나누며 붙어있을지에 대해 가능한 한 예측가능하게 함으로써, 그녀를 도울 수 있다. 버나뎃이 마리에타로부터 무엇을 경험하고 있는지를 명확하게 이야기하고, 몇 가지 기본 규칙에 동의하도록 하는 것이 도움이 될 수 있다. 어떤 문제가 없을 때도 마리에타와 대화하기 위해 그녀를 방문하는 등, 마리에타에게 관심을 기울이는 것은 버나뎃이 그녀를 마음 속 깊이 생각하고 있음을 느끼도록 도울 수 있다. 장기적으로, 버나뎃은 마리에타가 자신의 삶이 어떻게 되기를 원하는지 생각해 보도록 지원하는 것이 도움이 될 수 있다. 여기에는, 마리에타가 가진 자원과 기술을 고려한 강점 기반 대화가 포함될 수 있다. 또한 마리에타가 미래를 어떻게 보는지에 대해 아들, 가족과 함께 대화를 나누도록 지원하는 것도 포함될 수 있을 것이다.

더 읽을거리

Baim, C. and Morrison, T. (2011) *Attachment Based Practice with Adults*. Brighton: Pavilion.

Crittenden, P.M. (2008) *Raising Parents: Attachment, Parenting and Child Safety*. Cullompton, Devon: Willan Publishing.

Howe, D. (2011) *Attachment across the Lifespan*. Basingstoke: Palgrave Macmillan.

Chapter 03

가족과 함께 작업하기

많은 노인들은 가족 관계에서 큰 힘과 자원을 얻으며, 모든 연령 대에서 그렇듯 가족 네트워크의 관계적 측면에서 자신의 일부를 정의 한다(부모, 형제자매, 동반자, 조부모로서). 접촉 빈도의 변화, 사랑하는 사 람의 질병이나 상실과 같이 종종 일어나는 가족 환경의 변화는 노년층 에게 위기를 초래할 수 있다. 따라서 동반자, 형제자매, 자녀, 그리고 확대가족을 포함한 가족 관계 맥락 내에서 노인들을 고려하는 것이 중 요하다. 그러나 많은 서비스는 한 개인만을 염두에 두고 제공되며, 서 비스를 제공하는 사람들 역시 가족 구성원들과 거의 또는 전혀 접촉하 지 않을 수 있다.

저자 중 한 명이 진행했던 교육에 참가한 한 사회복지사는, 최근 아동가족 담당팀에서 노인 담당팀으로 옮긴 후 충격받은 일에 관해 이 야기하였다. 그에 따르면, 아동을 위한 서비스는 보다 많은 가족 및 사 회적 네트워크라는 맥락에 확고히 기반하여 생각하는 경향이 있는 반 면, 노인들은 그들의 가족이나 친구들로부터 고립되어 분리된 개인으 로 간주하는 것이 보다 일반적이라는 것이다. 확실히, 어른은 아동과는 다른 권리와 욕구를 갖고 있지만, 관계 네트워크와 가족 간 연결은 노인들에게도 중요하다.

　노인의 가족 구성원들을 서비스 제공자, 즉 '돌봄제공자(carer)' 역할로만 인식한다면 그들이 사랑하는 사람과 함께한다는 다른 관계적 측면을 어둡게 만들 수 있다. 이러한 상황에 처한 많은 사람들은 '돌봄제공자'로 이름 붙여지는 것이 먼저이고, '딸'이나 '남편'은 나중이라는 점에 충격받았다고 말한다. 연구를 위해 웨일스에서 인터뷰했던 한 여성의 말에 따르면, '저는 저를 돌봄제공자로 보지 않아요. 저는 저를 아버지의 딸로 봅니다. 제가 어렸을 때 아버지가 나를 돌봐 주셨으니까, 이제는 제가 보답할 때가 아닌가요?'(Blood et al., 2016b, p.26).

　나이가 들어 자신을 충분히 돌볼 수 없게 된 사랑하는 누군가를 돌보는 것은 인류 역사 전반에 걸친 가족생활의 자연적 순환의 일부였다. 파트너나 성인 자녀의 지원을 받는 많은 사람들은 과거 가족의 유년기나 아픈 기간 동안 그들을 돌본 적이 있을 것이다. 가족 또는 동반자적 관계 내에서 보살핌을 주고받는 것은 상호 과정이며, 시간이 지남에 따라 방향이 변한다. 하지만, 돌보는 역할을 맡는 것은 스트레스 및 부담의 원인이 될 수 있다는 것은 잘 알려져 있다. 돌봄제공자들이 정신적, 육체적 어려움을 경험할 확률이 훨씬 높고, 돌봄은 삶의 모든 측면에 영향을 미칠 수 있다. 돌봄 스트레스는 1차 및 2차 스트레스원으로 나뉜다(Pearlin, Mullan, and Semple, 1990). 1차 스트레스원에는 세탁, 환복 및 개인 관리, 정서적 지지 제공 등과 같은 돌보는 행동들이 포함된다. 2차 스트레스원에는 재정, 고용 및 사회적 관계를 포함한 일상생활의 다른 측면에 미치는 영향이 포함된다.

　가족들이 서로 보살펴 주는 데에는 여러 이유가 있다. 위의 인용문에서처럼, 많은 가족 구성원들은 사랑하기 때문에 사랑하는 사람을 돌보기로 결심한다. 사랑하는 사람을 사랑하는 감정 때문에 또는 그 사람의 보살핌을 받았기 때문에 그들을 돌보는 것은 그들이 부모로서, 자녀로서 또는 파트너로서 공유했던 사랑의 자연스러운 확장으로 보인다. 어떤 사람들은 영적, 종교적 또는 문화적 신념이나 기대 때문에 보살핌을 제공한다. 가족의 돌봄 역할에 대한 반응은 돌봄을 제공하려는 동기와 관련된다는 근거가 있다. Brodaty와 Donkin(2009)은 의무감, 죄책감 또는 사회적 기대로 동기 부여된 보호자들이 그들의 역할에 더 분개할 가능성이 크다는 것을 발견했다. 돌봄에 대한 긍정적인 이유를 발견한 사람들은 부담감을 덜 표현하고, 필요할 때 사회적 지원에 더 접근할 가능성이 크다.

소외 집단에 속한 보호자(예: 인종, 성별, 소득 또는 사회적 지위로 인해)는 차별에 직면할 수 있으며, 주류기관(mainstream) 서비스 지원을 요청하는 것이 더 어려울 수 있다. Moriarty, Manthorpe와 Cornes(2015)는 사랑하는 사람들에게 돌봄을 제공하지만 자신을 '돌봄제공자(carers)'로 규정하지 않는 많은 사람들은, 자신에게 지원이 필요하거나 받을 자격이 없다고 생각할 수 있기 때문에 지원을 요청하지 않을 수도 있다는 점을 우리에게 상기시켜준다.

돌봄과 가족 관계

질병으로 인해 노인을 돌보는 가족은 다른 가족들보다 갈등을 경험할 가능성이 더 크다. 노인의 질병이나 보살핌에 대한 요구는 강한 감정을 불러일으키고, 다른 가족 구성원들에게 그들의 취약함을 상기시키는 경향이 있다. 더 나은 삶 프로그램(Better Life Program)의 한 참가자는 다음과 같이 말했다. '사람들은 나이가 드는 것을 다르다고 생각하기를 좋아합니다. 자신의 죽음을 피할 수 없다는 것을 상기시키는 것을 좋아하지는 않습니다'(Blood, 2013, p.17).

나이 든 가족을 돌보는 것은 불가피한 자신의 죽음을 떠오르게 하고, 사랑하는 사람의 일상적인 요구에 대처함으로써 관련된 모든 애착 전략들을 불러일으킬 수 있다. 또한 가족 내에 오랫동안 존재해 왔을지도 모르는 지속된 긴장과 경쟁도 불러일으킬 수 있다. 갈등은 재산이나 상속의 분배, 지각된 편애에 대한 의견 불일치에 기반할 수 있다. 가정폭력과 성적 학대, 불륜, 혼외 자녀에 관한 오랜 가족 비밀이 있을 수 있는데, 이는 침묵으로 남아 있을 수 있지만 노인 간병 문제처럼 드러난 갈등에 숨겨진 차원과 복잡성을 더한다.

1991년의 한 연구에서 간병 역할을 맡은 보호자 40%가 다른 가족 구성원과 갈등을 경험하고 있는 것으로 밝혀졌는데, 이는 간병 책임의 영향으로 인해 발생하는 것으로 보였다(Strawbridge and Wallhagen, 1991). 분쟁의 주요 원인은 각 형제자매들이 부모에게 얼마나 많은 지원을 제공할지에 대한 의견 차이 때문이었다. 분쟁의 다른 원인은 부모의 건강 문제의 심각성에 대한 견해차, 다른 형제자매들이 부모와 상호작용하는 방법에 대한 견해차, 부모가 노인주거복지시설(residential care home)에 들어가야 하는지 그리고 어떻게 자금을 지원해야 하는지에 대한 의견차이다.

이러한 발견은 호주 뉴사우스웨일스(New South Wales), 후견권 심사위원회(Guardianship Tribunal)에서 심의된 50건의 가족 분쟁 사례를 조사한 Peisah, Brodaty 그리고 Quadrio(2006)에 의해 뒷받침되었으며, 이는 모두 치매 환자와 관련이 있었다. 이러한 갈등은 너무도 견고하여 재판소에 회부되어야 했기 때문에, 가족 갈등의 대다수를 대표하는 것은 아니다. 그럼에도 불구하고 여기에서 많은 것을 배울 수 있다. 대부분의 갈등은 형제자매 간 갈등이었으며, 대다수는 돈, 간병 제공, 치매가 있는 사람의 거주지에 대한 견해차를 포함하였다. 갈등의 또 다른 빈번한 원인은 진단에 대한 의견 불일치였는데, 일반적인 패턴은 치매 진단을 받은 사람이 특정 가족 구성원과 연합하여 진단에 이의를 제기하면서, 다른 가족 구성원을 지배적이고 통제적이라고 비난하는 것이다.

형제자매 간의 갈등의 대부분은 한 형제자매가 주 양육자 역할을 하면서 부적절한 돌봄을 제공하고, 부모의 돈을 가져가며, 다른 가족 구성원들과 의사소통하지 않는다는 이유로 다른 형제자매에게 비난을 받는 것과 관련되었다. 연구자들은 '의존하는 부모가 있는 것은 형제자매들이 가장 훌륭하게 잘 돌보는 자녀가 되기 위한 경쟁의 기회를 제공했다'고 결론지었다(Peisah et al., 2006, p.489).

물론, 이 긴장은 양방향으로 영향을 미칠 수 있다. Barnwood Trust의 연구에서, 우리는 어머니를 부양하기 위해 직장을 포기하고 어머니와 함께 사는 한 여성을 인터뷰했다. 그렇게 하지 않았다면, 어머니는 치매로 인해 노인의료복지시설로 옮겨야 했을 것이다(Blood, Copeman, and Pannell, 2016a). 그 여성은 연구자들에게 자신이 직장을 포기했음에도 불구하고, 어머니 집에서 무료로 살 수 없다고 믿는 오빠 때문에 집세를 내야 할 것으로 예상된다고 말했다.

가족 내 애착 패턴

가족은 정서 시스템이다. 가족 내에서 개인은 서로에 대한 관계, 역할 및 기대의 복잡한 망으로 연결된다. 고령의 가족 구성원이 지원을 필요로 하기 시작하면, 새로운 상호작용 방식이 논의되어야 할 것이다. 역할이 수정되고 권력이 세대 간에 수평적으로 또는 형제자매 간에 수직적으로 이동할 수 있다. 익숙한 패턴과 역할이 위협받을 수 있고, 가족 구성원이 서로에 대해 낯설고 익숙하지 않은 방식으로 행동해야 한다. 가족의 역할 수행 방식에 대한 공통된 기대인 가족 대본을 다시 작성해야 할 수도 있다(Byng-Hall, 1995). 이러한 변화는 가족이 처한 사회적, 문화적, 종교적 맥락과 노화, 질병 및 성 역할에 대한 신념에 의해서도 알려지게 될 것이다.

유연하고, 자신의 생각과 감정을 전달할 수 있는 가족은 어려움에 대처하기 위해 적응할 가능성이 가장 높다. 이들은 B 유형 안전 애착을 기반으로 하여, 예측가능하고 조율된 방식으로 서로를 돌볼 수 있고, 의사결정을 하는 데 있어 자신의 생각과 감정을 유연하게 사용할 수 있는 가족 구성원일 가능성이 크다.

가족 내 애착 관계는 보통 복잡하다. 형제자매 간에는 형제자매가 부모와 서로에 대해, 서로 다른 애착 전략을 사용하는 것이 매우 일반적이다. Dallos와 Vetere(2009)는 의사소통 패턴의 관점에서 애착 전략, 즉 어떤 주제에 대해 누구와 어떤 방식으로 이야기할 수 있는지를 통제하는 규칙에 대해 논의한다.

예를 들어, B 유형 안전 패턴을 가지고 있다면 가족들은 긍정적인 감정과 부정적인 감정을 모두 표현하도록 격려 받을 것이고, 말한 것을 반영하고 해결책을 논의할 수 있는 다른 가족 구성원에 의해 감정은 경청되고 타당화될 것이다.

A 유형 애착 전략을 사용하는 가족은 특정 주제나 테마가 제한될 수 있으며, 감정을 인정하기 어려울 수 있다. 대화는 계획, 당번 및 일정과 같은 실질적인 문제에 초점을 두게 될 수 있다.

C 유형 전략을 사용하는 가족에서는, 매우 자유롭게 감정이 전달될 수 있으며 각 사람들이 이야기를 들려주려는 경쟁으로 확대될 수 있다. 이것은 생각과 성찰이 어려운 감정적인 표현에 의해 지배되는 대화로 이어질 수 있다.

Minuchin의 가족 패턴의 전반적인 범주는 애착 패턴과 광범위하게 일치한다. '적응적인(adaptable)' 가족은 안전한 B 유형 패턴과 동일하고, '분리된(disengaged)' 가족은 A 유형 패턴과, '밀착된(enmeshed)' 가족은 C 유형 패턴과 동일하다(Minuchin, 1974). 이러한 문제에 대처하기 위해 가족을 지원하는 역할을 하는 사람들로서 우리는 애착이론에 대한 지식을 활용하여, 가족이 그들의 감정과 생각을 반영할 수 있을 만큼 충분히 안전하게 지닐 수 있도록 도울 수 있다. 이를 수행하는 방법에 대한 자세한 내용은 이 장의 마지막 섹션과 9장, 활용도구 4를 참조하기 바란다.

가족 내 상호작용 패턴

가족 내에서 행동은 결코 일방통행이 아니다. 각 사람은 서로 영향을 주고받는다. 가족 상호작용은 직선이 아닌 고리와 나선을 형성한다. 가족 치료사인 John Burnham은 자녀의 행동(아스퍼거 증후군이 있든 없든)에 대해 어떻게 생각해야 하는지에 대한 딜레마에 직면해 있는,

가족 내 상호작용 패턴에 대해 저술하였다(Burnham, 2016). 가족들은 이것이 가장 중요한 질문이라고 생각했고, 그 질문에 정확하게 답하는 것이 가족으로서 더 나은 기능을 할 수 있도록 도와줄 것이라고 생각했다. 우리는 이 예를 적용하여 어머니의 치매 가능성에 의해 영향을 받는 가족과 연관 지어 보았다.

마르셀라의 이야기

마르셀라는 76세이고, 트레이시와 시몬이라는 두 자녀가 있다. 그녀는 딸 트레이시와 두 손자녀와 함께 살고 있고, 매주 시몬을 만난다. 트레이시와 시몬은 마르셀라가 때때로 자녀인 자신들과 손자녀의 이름이나 물건의 단어를 기억하지 못한다는 것을 알아챘다. 트레이시는 어머니에게 진단을 받기 위해 의사에게 가자고 제안하지만, 마르셀라는 이 제안에 화를 내면서 트레이시가 자신을 침해하고 어린애 취급한다고 비난한다. 말다툼 이후, 트레이시는 어머니에게 덜 관대해졌고, 마르셀라가 단어를 잊어버리거나 순간적으로 혼동할 때는 이를 지적하면서 더 엄격하게 대하게 되었다.

트레이시는 절친한 친구인 수잔과 어머니에 대해 이야기하고 있다. 그녀는 어머니와의 관계가 가끔 긴장되는 것을 알게 되었으며, 더 나은 관계가 되기를 바란다고 한다. 트레이시는 어머니가 치매에 걸렸는지 안 걸렸는지를 아는 것이, 트레이시 자신이 더 잘 대처할 수 있도록 도와줄 것이기 때문에 정말 도움이 될 거라고 말한다. 수잔은 그것이 어떤 차이를 만드는지 묻는다. 트레이시는 만약 어머니가 치매에 걸렸다면, 어머니가 무언가를 기억할 수 없을 때 인내하는 것이 더 쉬울 거라고 답한다. 수잔은 트레이시가 어머니에게 더 참을성을 보이면 어떤 차이가 발생하는지 물었고, 그녀는 자신이 인내심을 가질 때 어머니가 더 차분해지고 더 잘 기억할 수 있다고 답한다. 이어, 트레이시는 어머니가 '나아진 (improved)' 것으로 보고 치매에 걸리지 않았다는 결론을 내리면, 어머니의 기억이 '나빠진(worsen)' 것처럼 보일 때 참지 못하고 더욱 비판적이게 된다고 말한다. 어머니와의 의사소통 패턴에 대해 수잔과 이야기 나누면서, 트레이시는 어머니의 행동과 대처 능력에 차이를 만들었던 것은, 어머니가 혼동할 때 어머니에게 반응하는 자신의 방식이었다는 것을 깨닫는다. 트레이시는 어머니의 혼동이 치매 때문인지 아닌지보다는 어머니와 어떤 관계를 맺을 것인지가 중요하다는 것을 깨닫고 여기에 집중하기로 결정한다. 이러한 가족 상호작용 패턴에 대해 생각하는 한 가지 방법은 '이상한 고리(strange loop)' 모델을 사용하는 것이다(Cronen, Johnson, and Lannaman, 1982).

그림 3.1은 마르셀라와 트레이시가 서로 영향을 미치는 방식으로 행동하는 것을 보여준다. 마르셀라의 건망증이 먼저이든, 트레이시의 비판이 먼저이든, 패턴이 시작되는 위치와 관계없이 패턴은 동일하다. 이 모델은 한 사람이 아니라 전체 패턴에 집중함으로써 비난을 줄이는 데 도움이 된다. 정말로 중요한 것은 치매 진단의 문제가 아니라, 트레이시가 어머니와 어떤 종류의 관계를 갖기를 원하는지에 대한 질문이라는 것을 그녀가 이해하는 데 이 패턴을 알아차리는 것이 도움이 되었다. 이 모델은 또한 강점을 기반으로 한다. 즉, 트레이시가 마르셀라를 진정시키고 달래고 더 많이 기억할 수 있도록 돕는 기술과 능력을 이미 가지고 있음을 인식하는 데 도움이 될 수 있다. '어머니가 치매에 걸렸는가?'에서 '나는 어머니와 어떤 관계를 원하는가?'로 질문을 바꾸면, 더 많은 가능성이 열린다. 트레이시는 그녀가 이미 어머니를 사랑하고 인내할 수 있음을 떠올릴

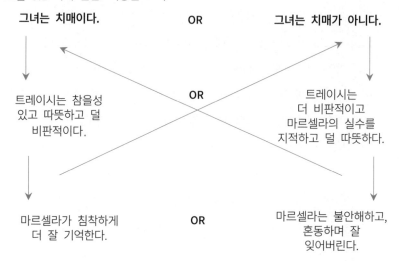

그림 3.1 치매 진단: 이상한 고리

그녀는 치매이다.　　　OR　　　**그녀는 치매가 아니다.**

트레이시는 참을성
있고 따뜻하고 덜
비판적이다.

OR

트레이시는
더 비판적이고
마르셀라의 실수를
지적하고 덜 따뜻하다.

마르셀라가 침착하게
더 잘 기억한다.

OR

마르셀라는 불안해하고,
혼동하며 잘
잊어버린다.

수 있게 된다. 물론, 이것은 확실성을 제공할 수 있는 진단의 중요성과 치료 및 지원 가능성을 무시하려는 것이 아니다. 그러나 진단뿐만 아니라 관계에 초점을 맞추는 것은 트레이시가 지금-여기에서 두 사람 간 상호작용에 있어 어머니와의 관계가 어떻게 되기를 원하는지 고려하는 데 도움이 될 수 있다.

이번 예에서는 가족 관계에 이 모델을 적용하였다. 그러나 우리는 상호작용 패턴과 우리가 서로에게 영향을 미치는 방식에 초점을 맞추기 위해, 급여를 받는 간병인과 노인 간의 관계를 고려하는 접근을 사용할 수도 있다.

애착과 돌봄

이 분야의 많은 연구는 치매에 걸린 사람을 돌보는 것의 영향에 초점을 두었다. 2014년, 알츠하이머 협회는 치매에 걸린 60% 이상의 사람들이 가정에서 가족 구성원들에 의해, 가장 흔하게는 파트너나 딸에게 보살핌을 받는다고 한다(Prince et al., 2014). 사랑하는 사람을 보살피는 일은 관계에 대해 새롭고 잠재적으로 보상이 되는 측면을 발전시키는 기회를 제공할 수 있지만, 동시에 서로에게 긴장감을 주거나 어려움을 갖게 할 수 있다. 치매에 걸린 가족을 돌보는 것은 간병 역할을 맡은 사람의 육체적, 정신적 건강 그리고 재정에도 영향을 미칠 수 있다. 간병하는 보호자 중 48%는 장기 질병 또는 장애 진단을 받았다(NHS Digital, 2017).

정서적 영향은 정량화하기가 더 어려울 수 있다. 치매 환자와 보호자는 종종 상실감, 즉 정체성 상실, 치매 진단 이전에 경험했던 관계의 상실을 보고한다. 보호자는 '모호한 상실'을 경험할 수 있다. 이는 질병의 인지적 및 신체적 영향으로 인해 사랑하는 사람이 존재하는 동시에 부재하다는 느낌이다(Boss, 1999). 치매가 있는 사람은 다층적인 상실감(multi-layered sense of loss)을 경험할 수 있다. 우리는 기억 상실에 수반되는 방향 감각의 상실 및 좌절과 함께, 적어도 어느 정도는 '돌봄이 필요한 사람'이 되는 데 수반되는 부담을 과소평가해서는 안 된다.

치매의 발병은 자아 정체성에 대한 위협과 타인과의 연결감에 대한 영향으로 인해 치매 환자와 가족의 애착 전략을 활성화시킬 수 있다. 치매가 있는 사람들은 종종 자신의 삶에 대한 이야기를 완전히 기억할 수 없다는 방향 감각 상실의 영향과 사랑하는 사람을 알아볼 수 없다는 두려움에 대해서도 이야기한다. 질병의 영향에 대한 두려움은 질병 자체만큼이나 큰 영향을 미칠 수 있다. 치매의 발병은 또한 진단을 받은 사람의 주변 사람들에게도 두려움을 유발할 수 있다. '우리 엄마는 여전히 우리 엄마일까?', '남편이 더는 나를 알아보지 못한다면?'

이러한 위협은 관련된 사람들의 애착 전략을 활성화하여 자신을 보호하고 기본적인 정서 욕구를 충족시키기 위해 생각(A 유형)이나 감정(C 유형)에 의존하게 할 수 있다. 이제 우리는 성인 자녀와 부모 사이에서 그리고 커플 관계에서 작동할 수 있는 다양한 애착 패턴을 고려할 것이다.

치매에 걸린 부모와 성인 자녀 간 돌봄관계에서의 애착

이 섹션은 상당한 양의 연구가 있었던 영역이기 때문에, 치매에 걸린 부모와 성인 자녀 간 관계의 본질에 초점을 두었다. 그러나 애착 패턴은 보편적이며, 질병의 위협으로 인해 애착 시스템이 활성화되는 경우라면 치매가 없는 노인과 성인 자녀 사이의 애착 패턴도 유사한 방식으로 작동할 수 있다는 점을 고려해야 한다.

치매에 걸린 부모와 성인 자녀 간 돌봄관계의 특성은 질병이 발병하기 전에 경험한 애착 관계의 특성에 의해 영향을 받는다는 것을 시사하는 많은 증거가 있다. 물론, 이것은 애착 전략이 유일하게 중요한 요소라는 의미는 아니다. 재정적 안정, 다른 지원 네트워크, 주거 상황 및 사회적 맥락과 같은 문제도 치매에 대처하고 적응해 나가는 데 있어 중요한 역할을 할 것이다.

애착 전략이 치매가 있는 부모와 자녀 간의 관계에 어떻게 영향을 미칠 수 있는지 자세히 알아보기 위해 Howard Steele과 그의 동료들은 17명의 어머니와 딸을 연구했다(Steele, Phibbs, and Woods, 2004). 어머니들은 모두 치매가 있었고 딸들은 모두 어머니의 간병인 역할을 했다. 그들은 성인 애착 인터뷰(the Adult Attachment Interview, 피면접자와 애착 대상 간의 애착 관계에 대한 매우 정확한 그림을 제공하는 반구조화된 인터뷰)를 사용하여 딸들을 면접하였다. 이어 모녀는 1시간의 이별 끝에 재회했으며, 연구진은 어머니들이 딸들을 맞이하는 방식에 주목했다. 그들은 어머니의 표정과 몸짓, 눈 맞춤과 서로의 반응을 통해 보이는 두 사람 간의 전반적인 정서적 연결에 주의를 기울여 딸과 재회한 어머니가 얼마나 기뻐하는 것처럼 보이는지를 평가하였다.

연구 결과, 성인 애착 인터뷰 시 어머니와의 관계에서 B 유형 안전 전략을 활용하는 것으로 밝혀진 딸의 어머니는, 재결합 시 딸을 반기고 기쁨으로 맞이하는 경우가 더 많은 것으로 평가되었다. 성인 애착 인터뷰를 진행하는 동안 해결되지 않은 슬픔과 상실을 표현하거나 어머니와의 관계에서 불안전한 A 유형 또는 C 유형 전략을 활용하는 것으로 평가된 딸은, 재결합 시 어머니로부터 훨씬 덜 긍정적인 인사를 받았다. 연구자들은 이 결과가 치매의 특성과는 무관한 것으로 나타났기 때문에, 어머니의 치매 중증도는 중요한 요인이 아니라고 결론내렸다.

또 다른 연구에서는 부모를 돌보던 자녀에게서 애착 유형이 돌봄 제공의 어려움과 심리적 스트레스를 예측하는 유일한 주요 변인이라는 것을 발견했다(Hazan and Shaver, 1990). 부모와의 상호작용에서 B 유형 전략을 활용한 성인 자녀는 돌봄제공 후 느끼는 스트레스가 덜하고, 돌봄제공자 역할로 인한 '부담(burdened)'도 덜 느낀다고 보고하였다. 안전 B 유형 전략의 활용은 돌봄을 제공하는 자녀가 돌봄의 심리적 영향으로부터 거리를 두는 것과 치매에 걸린 부모가 자녀 앞에서 기쁨을 보여주는 것, 두 결과 모두를 낳은 것으로 보인다. 물론, 이 둘 사이에는 관련성이 있다. 부모가 보여주는 기쁨은 성인 자녀가 돌봄제공자로서의 역할에서 의미를 찾고, 그것에 대해 더 긍정적인 느낌을 갖도록 도와줄 수 있다. 이러한 결과는 부모와 자녀가 애착 욕구를 표현하는 것이 안전하다는 관계 이력(history)을 공유한다면, 부모가 조율되고 예측가능한 방식으로 그러한 욕구를 충족시킬 수 있다고 기대할 가능성이 훨씬 더 커진다는 것을 보여준다.

Chen과 동료들의 연구는 치매에 걸린 부모와 관련하여 B 유형, 안전 애착 전략을 활용하는 성인 자녀가 보다 민감하게 그들 부모를 더 잘 돌볼 수 있다고 하였다(Chen et al., 2013). 예를 들어, 만약 부모가 혼란스러워하거나 좌절스러워한다면, B 유형 전략을 활용하는 아들딸은 그들 부모의 행동에 대해 더 숙고할 수 있고 그 질병이 부모에게 영향을 미칠 수 있는 방식을 이해할 수 있을 것이다. 그들은 그 행동을 합리적으로 판단하여 감정적으로 반응하거나 부모를 거부하는 대신 지속적으로 위안, 지원, 격려를 제공할 수 있다. 결국, 치매에 걸린 부모들은 그들 자녀의 침착함에 영향을 받아 고통이 가중될 가능성이 줄어들게 되고, 따라서 고통의 증가도 예방할 수 있다.

또한 Chen의 연구는 부모가 스트레스를 유발하는 방식으로 행동할 때, B 유형 전략을 사용하지 않는 자녀들이 적대적이거나 비판적으로 반응할 가능성이 더 높다는 것을 제안한다. 연구자들은 이것을 '표현된 감정(expressed emotion)'이라고 부른다. 양측이 서로에 의해 영향을 주고받기 때문에, 높은 수준의 표현된 감정은 보살핌을 제공하는 보호자와 보살핌을 받는 노인의 높은 심리적 고통과 관련이 있다.

A 유형 전략을 활용하는 사람의 감정 표현

안젤라는 치매 진단을 받은 어머니 마리나를 돌본다. 마리나는 샤워하는 것을 매우 고통스러운 일로 여겨, 종종 씻는 것을 도와주려는 안젤라의 시도에 저항한다. 안젤라는 자신의 감정을 인식하는 데 어려움이 있어, 그녀의 친구가 어머니의 병에 어떻게 대처하고 있는지 물었을 때 그저 괜찮다고 답한다. 어느 날, 마리나는 샤워하는 것을 거부하고선 소변을 눠버렸다. 안젤라는 분노와 좌절의 물결에 압도당했고, 어머니에게 소리를 질렀다. 이후, 안젤라는 몹시 부끄러웠고, 둘 다 울고 말았다.

안젤라는 A 유형 전략을 활용했기 때문에 강한 감정을 억누르는 경향이 있었다. 그녀는 자신의 분노가 쌓여가고 있다는 것을 인식할 수 없었다. 친구에게 안젤라가 괜찮다고 말했을 때, 의식적으로 거짓말을 하거나 정보를 숨긴 것이 아니다. 그녀는 단지 자신의 몸과 분노의 징후에 접촉할 수 없었을 뿐이다. 어머니가 소변을 눠버렸을 때, 안젤라는 분노 폭발을 느꼈고 어머니에게 심하게 퍼부었다. 이 분노는 A 유형 전략을 통해 터지는 '부적 정서의 침투'라고 볼 수 있다(2장 참조). 그녀와 어머니는 둘 다 매우 충격을 받았고, 안젤라는 깊은 부끄러움을 느꼈다.

C 유형 전략을 활용하는 사람의 감정 표현

코너의 어머니인 엘러너는 노인의료복지시설에 있으며 치매 진단을 받았다. 방문 초반에, 코너가 어머니에게 매우 신경을 쓰는 경향이 있고 손자녀와 요양시설에서의 경험에 대해 어머니와 이야기 나누기 위해 열심히 노력하는 모습을 직원이 목격한다. 하지만 일정한 패턴이 나타났다. 엘러너가 한 주 동안 있었던 세부 사항을 기억하지 못하거나 그녀의 손자녀들에 관한 사실을 기억하지 못할 때, 코너는 화를 내거나 비판적으로 되는 점이다. 비판적인 어조로 '엄마, 엄마는 정말 노력하지 않아요. 지난주에 얘기했잖아요. 제가 적어 드렸어요...'라고 말하는 것을 들을 수 있다. 그러면 엘러너는 괴로워하고 불안정해지며 때로는 울기도 한다. 이때, 직원은 개입하여 엘러너에게 휴식이 필요하다고 제안한다.

코너는 간병하는 직원들에게 화를 내기도 하고, 가끔 어머니의 간병에 대해 비판하기도 하고, 요양시설에 얼마나 돈이 많이 드는지 상기시켜 주기도 한다. 관리자가 그의 불평에 관해 이야기했을 때, 코너는 울면서 그가 어머니를 방문하는 것이 얼마나 어려운 일인지 아무도 헤아려 주는 사람이 없다고 말한다. 이후, 직원들은 그와의 불편한 관계로 인해 거리를 유지하려고 노력한다. 그는 이것을 알아차리고, 결국 환영받지 못한다고 느껴 더 감정적으로 반응한다.

코너는 그의 어머니와의 관계에서 C 유형 전략을 사용하고 있다. 그는 어머니가 가끔은 그에게 적절히 반응할 수 있고 그의 애착 욕구를 충족시켜줄 수 있지만, 다른 때에는 그러한 능력이 떨어진다는 점을 수용하는 것이 굉장히 어렵다는 사실을 깨달았다. 이 사실은 그의 C 유형 애착 전략을 활성화시켰고, 그가 좌절감을 느낄 때면 어머니에게 분노를 과도하게 표출하였다. 무의식적으로, 그의 분노의 표현은 어머니가 그에게 집중하게 하여 친밀성과 연결성에 대한 그의 애착 욕구를 충족시켜주고 있다. 그러나 어머니가 매번 이렇게 할 수 있는 것은 아니기 때문에, 이는 다시 그의 좌절로 이어지게 된다. 직원이 개입할 때 그는 자신의 취약성을 과장하는 경향이 있는데, 자신은 오해를 받고 있다고 하면서 할 수 있는 최선을 다했다고 설명하고 되레 직원들이 하는 일을 비판한다. 그는 압도적인 감정 그리고 어머니의 치매가 그에게 미치는 정서적 영향에 사로잡혀 있다. 이는 그가 어머니와 잘 소통할 수 있는 최선의 방법과 연결감을 공유하는 방법에 대해 배우기 어렵다는 것을 의미한다.

이 장의 후반부에서, 우리는 애착에 기반한 방식으로 가족 및 보호자와 협력하는 최선의 방안을 고민해 볼 것이다.

돌봄관계에서의 커플 간 애착

우리는 다시 치매 진단을 받은 커플의 경험에 초점을 맞추고자 한다. 이는 상당한 양의 연구가 있는 영역이기 때문이다. 이전과 마찬가지로, 애착 및 강점에 기반한 방식으로 커플을 지원하는 방법에 대한 다양한 지식은, 나이가 들면서 다른 여러 도전을 겪고 있는 커플에게 일반화될 수 있다고 가정할만한 충분한 근거가 있다.

치매 진단은 파트너나 배우자와의 관계에 큰 위협이 된다. 치매 환자의 파트너들은 그들의 삶과 관계의 다른 측면(예: 동지애, 정서적/성적 친밀감, 정신적 자극, 그리고 걱정거리를 나눌 누군가를 갖는 것 등)에서 손실을 경험한다고 말한다. 치매와 함께하는 삶에 적응하는 도전은 매우 현실적이지만, 치매 진단의 영향은 커플마다 다를 것이다.

크리스 로버츠 – '나는 치매가 있지만, 치매가 아직 나를 차지하지는 않았습니다'

크리스 로버츠는 50세의 나이에 치매 진단을 받았고, 그의 아내인 제인 구드릭은 그 진단이 가족에게 미친 영향에 대해 공개적으로 말했다. 예를 들어, 2016년 6월 그들은 BBC 파노라마 프로그램의 출연자로 영상일지를 녹화했다. 그들의 철학은 긍정적인 태도를 유지하고, 치매가 가로막는 모든 장애물을 극복하기 위해 다섯 명의 자녀들과 함께 한 팀을 이루어 일하는 것이다. 예를 들어, Chris가 주전자 뚜껑을 열 수 없어 물을 끊이지 못하게 되자, 그들은 버튼식 주전자를 샀다. 그들은 2017년 10월 베를린에서 열린 제27회 알츠하이머 유럽 회의에서 합동 연설을 하는 동안 그들의 대처 전략에 대해 이야기했고, 전문가들에게 가족의 강점을 재확인하는 것의 중요성과 희망의 가치를 기억하라고 촉구했다. 크리스는 이렇게 말하면서 연설을 끝냈다. '저는 아직 저입니다. 저는 치매로 죽지 않았고, 같이 살고 있으며 가족들도 마찬가지입니다. 저는 치매에 걸렸지만, 치매가 아직 나를 차지하지는 않았습니다.'[1]

Perren과 동료들은 둘 중 한 명이 치매 진단을 받은 커플의 애착 패턴을 조사했다(Perren et al., 2007). 그들은 간병하는 파트너의 애착 전략이, 치매가 있는 파트너의 디스트레스 행동 수준과 간병하는 파트너의 웰빙 모두에 영향을 미친다는 것을 발견했다. 주요 발견은 A 유형 전략을 활용하는 보호자와 치매가 있는 그들 파트너의 동요 및 공격성 표현 간에 관련이 있다는 것이다. 이것은 돌봄의 상호적인 특성이 중요함을 강조한다. 돌봄을 제공하는 보호자가 정서적 친밀감에 덜 편안할수록, 치매가 있는 그들의 파트너가 더 괴로워하는 것으로 보인다. 아마도 보호자로부터 위안과 안전을 얻으려는 시도가 좌절되어 실망하기 때문일 것이다. 이것은 관계 내 두 사람 모두에게 도전이 된다. 같은 연구에서, A 유형 전략을 사용하는 보호자는 자신의 간병 역할에 잘 대처하고 있다고 보고할 가능성이 낮은 것으로 나타났다.

Wadham과 동료들은 커플 중 한 사람이 치매에 걸렸을 경우 미

---

1 연설 영상은 www.youtube.com/watch?v=_EK6LtGC3jM 에서 시청할 수 있다. '27AEC — Chris Roberts and Jayne Goodrick (UK): The impact of dementia on the whole family'

치는 영향에 대한 리뷰연구를 수행하였다(Wadham et al., 2016). 이들은 커플이 중요하게 여기는 네 가지 주요 영역을 발견했다.

1. 일체감(Togetherness): 커플은 치매가 개인과 커플 모두에 영향을 미친다고 느꼈다. 많은 커플들이 '함께'라는 느낌을 유지하기 위해 애쓰는 것에 대해 이야기했고, 그들은 종종 치매를 함께 대항하여 연합해야 하는 외부의 힘으로 보았다. 커플들은 함께 대응해 나가기 위해 적응이 필요하다고 말했지만, 그들의 전반적인 관계 과정에서 서로에게 의지했던 시절이 있었고, 의존의 패턴은 상호적이었으며 시간이 지나면서 변해 왔다는 것을 깨달았다.

2. 균형을 깨고 재정의하기(Upsetting and redefining the balance): 치매에 걸린 사람은 일상적인 모든 작업을 수행하기 어려웠고, 그중 일부는 파트너에게 맡겨졌다. 몇몇 커플들은 이러한 전환을 계획했고, 또 다른 커플들은 문제가 발생하면 더 민감하게 반응하고 대응했다. 일부 파트너들은 정원 가꾸기, 가계 재정 관리 또는 요리와 같은 새로운 작업을 수행하는 방법을 배우는 것을 즐기는 한편, 다른 파트너들은 그것을 원망했다. 이러한 변화는 두 사람 모두에게 복합적인 감정을 불러일으켰고, 자기 자신 및 관계를 정의하는 방식을 변경했다.

3. 치매의 영향으로부터 파트너 보호하기(Shielding one's partner from the effects of dementia): 치매에 걸린 사람은 자신의 파트너를 보호하고 이들에게 부가되는 추가 부담이 최소화되기를 원했다. 한편, 파트너들은 종종 치매를 앓는 상대가 가능한 한 독립적인 상태를 유지하도록 돕고, 직설적이지 않고 온화하

게 그들을 이끌어서 치매의 충격을 완전히 인식하는 것으로부터 그들을 보호하기를 원했다. 그리고 그들이 독립심을 유지하도록 하였다.

4. 탄력성(Resilience): 커플은 함께 즐길 수 있는 것에 집중하려고 노력했다. 많은 사람들이 자신이 잃어버린 것을 인식하면서 슬픔을 표현했다. 어떤 커플들은 분노와 좌절로 인해 관계가 상처 입게 되었다고 했고, 또 다른 커플들은 질병으로 인해 삶이 달라졌지만 여전히 커플로서 함께하는 측면을 즐길 수 있다고 말했다.

이 리뷰연구에서, 커플은 치매에 다르게 반응한다는 것을 발견했다. 어떤 사람들에게는 커플됨의 본질적인 측면에 초점을 맞추도록 이끌었고, 반면 다른 사람들에게는 관계에 제한과 긴장을 가져왔다.

이 연구는 대개 서비스들이 치매 환자의 신체적, 인지적 건강을 모니터링하는 것에 초점을 두지만, 커플이 함께한다는 느낌을 유지할 수 있는 능력이 그들의 웰빙에 유의한 영향을 미칠 것이기 때문에, 이를 염두에 두는 것이 유익함을 상기시킨다.

'가까워지기' 프로그램

Damian Murphy는 치매로 인해 영향받고 있는 커플을 지원하는 '가까워지기(Getting Along)'라는 4회기 프로그램을 개발했다. 이 프로그램은 과거, 현재 및 미래의 커플 관계를 반영하고, 치매 진단이 그들의 정체감에 어떤 영향을 미쳤는지를 고려하며, 커플이 다루기 어려워하는 이슈들에 대해 숙고하는 내용으로 이루어져 있다.[2]

강점 기반 접근 - 남아 있는 것 보살피기

Justine McGovern은 치매에 걸린 사람들과 그들 파트너의 생생한 경험을 검토하면서 치매를 개인의 문제가 아니라 가족의 문제로 보는 것이 가장 적합하다고 하였다(McGovern, 2015). 그녀는 Rolland의 가족 및 질병 이론(Rolland, 1994)을 바탕으로 질병이 거의 다른 가족 구성원과 마찬가지로 가족 체계의 일부가 되며, 따라서 우리가 치매 환자를 위한 최선의 지원 방법을 고민할 때 온 가족을 염두에 두어야 한다고 제안한다. 그녀는 신체적, 인지적 능력 수준을 모니터링하는 것은 상실 및 쇠퇴의 영역, 그리고 치매에 걸린 사람이 더 이상 할 수 없는 일에 초점을 두는 것이라고 하였다. McGovern 교수는 치매로 인해 영향받는 커플이 강점 기반 접근을 채택하고 공유된 연결, 즉 '우리성(we-ness)'에 초점을 둘 때 더 잘 대처하는 경향이 있다고 주장한다. 그녀는 커플과 그들을 돕는 사람들에게 잃어버린 것보다 남아 있는 것을 찾도록 격려한다(예: 커플이 여전히 누릴 수 있는 정서적 연결은 무엇인가?). 여기에는 대화나 계획을 공유하는 것 같은 인지적인 부분에서, 현재에 머물며 정서적 조율의 순간을 누리는 것과 같이 보다 정서적인 문제로의 전환이 포함될 수 있다. 이것은 커플이 느낄 수 있는 상실감이나 슬픔을 과소평가하기 위한 것이 아니라, 치매 진단으로 인한 어려움에 커플이 가장 잘 대처할 수 있는 방법에 대한 아이디어를 제공하기 위한 것이다.

---

2 프로그램에 대한 5분 영상보기 www.youtube.com/watch?v=gEe9NbCq2Pg
'The Getting Along© Programme ― Support for Couples'

McGovern은 재미난 경험을 함께 나누기로 결정한 아트와 캐리의 예를 든다. 치매가 있는 캐리는 극장에서 팝콘을 먹는 것과 영화가 그 순간에 불러일으키는 감정을 느끼는 것을 즐기지만, 두 사람은 그녀가 영화를 기억하지 못할 수도 있고 나중에 줄거리를 설명할 수도 없다는 것을 알고 있다. 아트는 영화의 감성적 내용에 대한 캐리의 연결과 영화관에서 팝콘을 먹으면서 함께 나누는 만족스러운 순간을 공유하는 데 중점을 둔다.

McGovern은 치매로 인해 영향받는 커플을 지원하는 사람들이, 현재의 순간에 머무는 것이나 가까움과 친밀감을 높이기 위해 비언어적 기술을 사용하는 것(예: 만지기, 머리 빗기, 핸드크림 또는 바디로션 바르기, 손잡기, 단어를 접촉으로 바꾸기)과 같은 비인지적 접근을 통해 '우리성(we-ness)'을 키울 수 있도록 커플을 지원하는 방법을 배워야 한다고 권장한다. 이처럼 강점에 기반을 둔 관계적 접근은 커플이 서로 긍정적인 연결성을 지속하는 데 도움이 될 것이며, 희망을 유지하고 웰빙을 촉진하는 것을 도울 것이다. 일상의 창의성에 관한 4장에 포함된 유용한 아이디어 중 일부는 커플과 가족을 위해 이 장에서 유용할 수 있다.

'우리성(we-ness)'을 기념하는 훌륭한 예가 워싱턴 포스트에 보도되었다(Klein, 2018). 치매에 걸린 마이클 조이스는 38년간 함께 결혼생활을 해온 아내 린다 조이스에게 청혼했다. 린다 조이스는 그들이 이미 결혼했다는 것을 상기시키기보다는, 그의 프러포즈를 받아들였고, 친구들, 가족과 함께 호숫가에서 예식을 준비했다. 한 친구가 예식의 진행을 맡았고, 그들이 가장 좋아하는 곡이 연주되었다. 린다 조이스는 마이클 조이스의 프러포즈를 자신에 대한 깊은 사랑의 표현으로 해석하기로 했고, 그 기념식은 그들이 공유하는 정서적 연결을 축하하는 행사였다.

긍정적인 돌봄 경험과 관련된 요소는 무엇일까?

Yu와 동료들은 연구를 통해 긍정적인 돌봄 경험을 보고하는 보호자들이 말하는 네 가지 중요한 주제들을 확인하였다(Yu, Chen, and Wang, 2018).

1. 개인적 성취감과 만족감: 이는 치매에 걸린 사람이 평온함을 느끼도록 돕거나 활동에서 즐거움을 얻는 방법과 같이, 치매에 걸린 사람의 웰빙을 증진하는 데 도움이 되는 기술을 개발할 때 발생한다. 서로 영향을 주고받기 때문에, 간병하는 보호자가 치매에 걸린 사람과 관계를 맺는 방식이 환자의 웰빙을 개선시키고, 차례로 자신의 웰빙도 향상되는 것을 볼 때 만족감을 느낀다.

2. 관계에서의 상호 간 감정: 이는 치매에 걸린 사람과 그 순간에 함께 있고, 공유된 연결에서 기쁨을 느끼는 일로부터 발생한다. 그것은 또한 커플의 삶의 이야기를 성찰하고, 지원과 보살핌이 상호 호혜적이었던 때를 기억함으로써 뒷받침된다.

3. 가족 응집력과 기능성의 증가: 일부 간병하는 보호자는 가족 전체 체계에 치매가 미치는 영향을 중요하게 여기며, 대처를 위해 그들의 관계에 또 다른 차원을 추가하여 가족 구성원이 서로를 지원한다.

4. 개인적인 성장과 삶의 목적: 일부 간병하는 보호자들은 치매에 걸린 사람을 돌보는 경험으로 인해 그들의 우선순위를 재평가하고, 관계에 더 집중하며, 간병을 통해 인내심과 연민을 발달시키는 성장이 있었다고 하였다.

파트너가 돌봄의 긍정적인 측면에 초점을 맞추는 데 도움이 되는 요소는 무엇일까?

치매에 걸린 가족을 돌보는 모든 사람이 돌봄의 긍정적인 면을 쉽게 인식할 수 있는 것은 아니다. Yu와 동료들의 연구에서 돌봄의 긍정적인 측면에 집중할 수 있는 세 가지 공통요인을 확인했다.

1. 자기 긍정(Self-affirmation): 돌봄의 어려움에 대처할 수 있고, 다가올 어려움에도 대처할 수 있다는 자신감과 준비되어 있다는 느낌. 이는 또한 다른 사람들로부터 인정과 정서적 지원을 받는 사회적 긍정과도 관련이 있다.

2. 자기 조절(Self-regulation): 자신의 역할에 대해 긍정적으로 느낀 보호자들은 인지적 전략을 활용하여 강한 감정에 대처할 수 있었다. 이는 그들의 관계 이력(history) 전체에 걸쳐 보살핌을 주고받는 상호성을 상기해 보는 것과 현재 자신의 돌봄 역할에 대한 의미를 찾는 것을 포함한다. 진단을 수용하고, 잃어버린 것보다 남은 것에 집중하는 것도 도움이 되는 것으로 밝혀졌다.

3. 관계의 맥락(The context of the relationship): 치매 발병 전, 자신의 파트너와 매우 밀접하게 연결되어 있다고 느낀 사람들은 새로운 현실에 더 잘 적응할 수 있었고, 관계적 측면을 계속 누릴 수 있었다. 또한 연구자들은 긍정적인 종교적 믿음을 갖는 것이 그들의 돌봄 역할을 받아들이는 데 도움을 준다는 것을 발견했다.

이 세 가지 주제는 애착 및 강점을 기반으로 한 상담과 잘 연결된다. 자기 긍정은 강점 기반 접근 방식('과거에도 잘 대처했고 미래에도 대처할 수 있을 것'이라는 신념), 사회관계망으로부터의 지지를 활용하는 것과 확실히 연결되어 있다. 자기 조절은 어려움에 대한 즉각적인 정서적 반응을 알아차리고 진정시키는 것, 그리고 대처 전략으로 인지를 활용하는 것의 중요성을 일깨워준다. 이는 마음의 성찰 기능을 활용하여 유아의 의사소통의 의미를 인식하고, 생각과 감정을 모두 사용하여 침착하게 반응할 수 있는 민감하고 잘 조율된 보호자의 양육 스타일과 유사하다. 마지막으로, 관계의 맥락은 서로에 대해 안전한 B 유형 애착 전략을 가진 사람들에게는 대처 전략을 고민하고 학습하는 능력이 있기 때문에, 치매와 같은 질병에 의해 야기되는 어려움에 더 잘 대처할 수 있을 것이라고 확신한다.

애착 및 강점 기반 접근을 활용하여 가족을 지원하기 위한 유용한 아이디어

노인을 돌보는 데 어려움을 겪고 있는 가족들은 전문 가족 상담사에게 의뢰할 수 있다. 그러나 이것은 대부분 이용하기 어렵고, 가족과 함께 일하는 종사자들은 대부분 전문 치료사가 아니다. 이 목록은 가족 지원 업무에 종사하는 대다수 범위에 맞도록 구성된 몇 가지 아이디어와 접근 방식을 제공한다.

- 무엇이 위협인가? 가족이 가장 걱정하는 것이 무엇인지 생각해 보도록 도울 수 있는가? 이는 가족 구성원들 사이에 차이가 있을 수 있고, 걱정을 말로 표현하도록 돕는 것은 불안을 줄일 수

있을 뿐 아니라 애착 체계가 활성화될 가능성을 줄이는 데도 도움이 될 수 있다. 6장에서 조이스와 두 아들에 관한 예시는 형제자매와 부모가 함께 자신들의 두려움에 대해 이야기하도록 돕는 방법의 예를 제시한다.

- 당신은 안전감을 형성하는 것을 도울 수 있는가? 일단 가족이 두려움과 걱정을 표현했을 때, 정보나 확신을 제공할 수 있는가? 가족 구성원들이 자신의 두려움을 인정받았다고 느끼면, 그들은 자신의 생각과 감정을 돌아보고 균형 잡힌 방식으로 의사소통할 수 있을 것이다. 이러한 의사소통은 2장에서 논의되었던 예측가능성과 조율, 두 가지 개념에 기초한다. 예측가능하고 일관되게(당신이 하겠다고 말한 것을 하는 것), 그리고 조율되거나 정서적으로 민감해지도록 노력하는 것이 매우 중요하다. 또한 이는 가족 구성원들이 미래에 대한 자신의 두려움을 나누고 적절한 시기에 계획을 세우도록 돕는 것을 포함할 수도 있다.

- 강점 기반 접근 방식을 활용하라. Yu와 동료들의 연구는 가족 구성원들에게 권한을 부여하는 것(empowering)의 중요성을 일깨워준다. 사랑하는 사람을 돌보는 데 필요한 기술을 구성원들이 이미 가지고 있다는 것을 인식하도록 도와라. 잘 된 경우의 예를 함께 나누고, 긍정적인 결과를 가져온 데 도움이 된 일을 구성원들이 인식하도록 도와라. 당신이 전문가 역할을 할 생각을 해 볼 수도 있을 것이다. 이는 특히 가족이 당신에게 전문적인 조언을 구할 때 유용할 수 있다. 그러나 가족은 사랑하는 사람을 돌보는 데 전문가가 될 필요가 있고, 그들의 강점을 활용하도록 동기 부여하는 것이 도움이 될 수 있다.

- 중립을 지키도록 노력하라. 이는 어떤 의견도 갖지 않거나 수동적이거나 전문가로서의 견해를 공유하지 않는다는 의미가 아니다. 특히, 조언해달라는 요청을 받았을 때 다른 사람들이나 가족들에게 도움이 되는 팁을 공유하는 것은 매우 유용하다. 더욱이, 누군가가 학대당하고 있거나 그러한 위험에 처한 것으로 보인다면, 더 자세히 살펴보고 필요한 조치를 취하는 것이 당신의 의무이다. 여기서 중립이란 편들지 않는 것을 의미한다. 한 가족 구성원이 희생되는 것을 발견하는 것은 매우 쉬울 수 있다. 예를 들어, 일주일에 세 번 어머니를 찾아오는 아들이, 일 년에 세 번 방문하는 딸보다 더 긍정적으로 보일 수 있다. 그러나 우리는 가족의 역사나 개인의 동기를 충분히 알 수는 없다. 이때 만약, 우리가 한 가족 구성원의 편을 들거나 더 가깝게 다가가면서 다른 가족 구성원들은 멀리한다면 우리는 가족에게 덜 유용할 것이다. 왜냐하면 우리는 갇힌 채 상황을 변화시킬 수 없다는 느낌을 강화할 수 있기 때문이다. 가족이 희망을 잃지 않고 상황이 달라질 여지가 있음을 고려하도록 돕는 것이 우리의 역할이다. 노인을 전문으로 하는 심리학자 겸 가족 치료사인 Alison Roper-Hall은 이 지점을 '변화를 위한 기동성(manoeuvrability for change)'을 유지하는 것이라 말한다 (Roper-Hall, 2008, p.495).
- 가족이 의미를 찾도록 도와라. 돌봄에 대한 긍정적인 태도를 가진 가족 구성원은, 당면한 과제에 더 잘 대처하는 것으로 나타났다. 1장에서 '탄력성(resilience)'의 핵심 요소로 강조한 '의미 만들기(meaning making)'와 관련된다. 이는 여러 장에 걸쳐 있는

관계에 관한 한 챕터로서 돌봄에 대해 생각하는 것을 의미할 수도 있고, 보살핌을 받는 사람이 다른 역할을 수행했던 때(가족을 돌보는 것 등 포함)를 기억하는 것을 의미할 수도 있다. 가계도를 사용하거나 연로한 가족 구성원의 삶의 이야기를 들려주는 것이 이에 도움이 될 수 있다.

- 가족이 남아 있는 것에 집중하도록 도와라. 앞서 언급한 바와 같이, Justine McGovern은 한 파트너가 치매에 걸렸을 때, 기념할 수 있는 정서적 연결을 설명하기 위해 '우리성(we-ness)'이라는 용어를 사용한다. 나이가 들거나 질병으로 인지 능력이 저하되더라도 대부분의 경우 감정을 경험하고 표현하는 능력은 그대로 유지된다. 당신은 가족 구성원이 사랑을 표현할 수 있는 비인지적인 방법을 찾도록 도울 수 있는가?

- 실질적인 지원을 제공하라. 고령의 가족 구성원을 돌볼 수 있는 가족의 능력은 사회적 맥락의 영향을 받는다. 그들이 받을 자격이 되는 모든 혜택을 받고 있는지 확인하도록 도울 수 있는가? 영국에서는 매년 수백만 파운드의 급여가 청구되지 않고 있다. 비슷한 상황에 처한 다른 가족들과 연결하거나 자선단체 또는 지역 돌봄 기관에 지원을 요청하도록 도울 수 있는가?

- 자신의 반응에 대해 생각해보라. 어떤 가족에게는 끌리고 다른 가족에게는 멀어지는 강한 정서적 반응을 보이는 자신을 발견한다면, 그러한 감정의 근원을 생각해보는 것이 도움이 될 수 있다. 주제, 이야기 또는 사람이 무의식적으로 자신의 삶에서 무언가를 떠올리게 하는 것일 수 있다. 이는 정상적인 과정이지만, 당신이 조용히 생각하고 감정을 성찰할 수 있는 시간을 찾

는 데 도움이 될 수도 있다.

- 가족의 사회적 맥락에 대해 가능한 모든 것을 배워라. 인종, 문화, 종교, 계급 등의 측면에서 자신과 차이가 있는 가족과 함께한다면, 그들이 세상을 어떻게 보는지 더 많이 배우는 데 도움이 될 것이다.

- 잘못되었다면, 복구하도록 노력하라. 가족과의 관계가 단절되었다고 느낀다면, 사과하고 복구하는 것을 시도할 수 있다. 만약 가족이 화를 내거나 말이 없어지는 태도를 보이면서 당신과 관계 맺는 방식을 바꾼다면, 당신은 이를 알아차릴 수 있을 것이다. 우리 모두는 인간이 잘못하는 것을 알고 있고, 으레 그것을 예상한다. 우리가 예상하지 못하는 것은 설명과 사과, 그리고 다시는 이런 일이 일어나지 않도록 하기 위한 계획을 포함하는 훌륭한 회복이다. 조율된 회복(attuned repair)에 대한 자세한 내용은 5장에서 다룬다.

Chapter 04

돌봄이 있는 양질의 삶

잉글랜드와 웨일즈에는 약 30만 명의 노인들이 요양원에 거주하고 있다(ONS, 2014). 우리는 건강 및 사회돌봄 영역에 하나의 장을 할애했는데, 그 이유는 그 크기며, 모델의 특성, 그리고 변화가 필요하다는 합의 때문이었다. 그러나 이 절에서 제시할 몇몇 자료들은 본인 집이나 돌봄이 제공되는 시설에서 더 많은 지원을 필요로 하는 노인들을 돌보고 있는 사람들에게 적합할 것이다.

이 장에서 우리는 돌봄을 받는 사람의 정서적, 사회적, 심리적 욕구를 고려하지 않고서는 좋은 돌봄을 제공할 수 없다고 주장한다. 이 장에서 우리는 강점 기반 실무가 어떻게 일상생활과 요양원의 실무 전체에 뿌리를 내리면서 노인들이 기여를 하면서도 독립적인 생활을 유지할 수 있는지, 각 직원들이 이 부분에서 어떤 역할을 수행할 수 있는지를 설명할 것이다. '활동'은 조직된 짧은 여행과 간헐적인 행사에 관한 것뿐만 아니라, 하루 종일 다른 노인들과 연계하는 실무를 포함해야 한다. 이것이 어떻게 진행될 수 있는지 많은 사례들을 제시할 예정이다. 이 장에서 우리는 노인들의 생애사를 이해하기 위한 기법, 감각적인 접근을 통해 노인들의 애착 욕구를 충족시키기 위한 기법, 그리고 개인적인 돌봄을 제공하는 범위 안에서 노인에 대한 지식을 적용하는 기법을 살펴볼 것이다.

요양원에서 일하는 사람이라면 누구든 이러한 실무적인 생각을 자신의 일과 관계에 소개할 수 있다. 그러나 이러한 접근을 전체 요양원에서 뿌리를 내리고 유지시키기 위해서는 뛰어난 관리능력이 요구된다. John Kennedy(2014)는 그의 저서 '요양원 조사'에서 영국 내 요양원들이 운영되는 방식에는 구조적인 문제들이 매우 많다고 주장했다. 요양원은 주로 사립으로 운영이 되는데, 지나치게 통제를 받으면서도 재정적으로 열악한 상태에 있고, 신체적인 질환과 치매를 가지고 있는 노인들을 돌보고 있지만, 요양원에서 일하는 많은 직원들은 최소 임금 이상의 보수를 받지 못하고 있다. Kennedy는 일주일간 거주형 간호서비스를 제공하는 데 소요되는 평균 비용이 일주일 치 평균 민박 비용보다 훨씬 더 저렴하다는 것을 확인했다.

이 교재는 정책이 아닌 실무에 초점을 맞추고 있다. 여기서 우리의 목표는 어떻게 변화가 직원, 관리자, 자원봉사자, 노인 및 그 가족을 통해 밑바닥부터 시작될 수 있는지 실용적이면서도 이론에 기반한 사례들을 제공하는 것이다. 그러나 이런 변화를 현재의 제도 안에 뿌리내리는 것이 얼마나 어려운지 인식하지 못하는 것, 그리고 정책의 변화를 위해 로비가 중요하다는 것을 인지하지 못하는 것은 분명 태만하고 순진한 일이 될 것이다.

이러한 제약에도 불구하고, 요양원에는 일을 잘 수행하고 있는 관리자와 직원들이 있다. 우리는 이 장에서 다음과 같은 강점 기반 질문들을 탐색할 예정이다.

- 요양원에 거주하는 노인들에게 '돌봄이 있는 양질의 삶'은 무엇을 의미하는가?
- 강점과 애착에 기반한 접근을 요양원에 적용한다는 것은 무엇을 의미하는가?
- '돌봄이 있는 양질의 삶'을 향상시키기 위해 요양원 직원들이 구체적으로 무엇을 하고 있고 할 수 있는가?
- 제한된 자원으로 운영되는 제도와 맥락 안에서 그들은 이것을 어떻게 관리하고 있는가?

요양원에 거주하는 노인들에게 '돌봄이 있는 양질의 삶'은 무엇을 의미하는가?

우리는 2014/2015 시즌에 글로스터셔 요양원에서 노인 거주자들의 목소리를 듣는 연구에 착수했다(Blood and Litherland, 2015). 우리는 전국에 있는 12개의 요양원을 돌아다니면서 88명의 노인들을 면담했는데, 많은 분들이 인지적인 장애와 의사소통 장애를 가지고 있었다. 우리가 요청받은 것은, 노인들의 관점에서 무엇이 '돌봄이 있는 양질의 삶'인지 살펴보라는 것이었고, 우리는 이 결과를 요양원 질적 평가 자치위원회에 보고해야 했다. 이 연구는 경찰 및 범죄국으로부터 재정지원을 받았기 때문에, 우리의 관심은 요양원에 거주하고 있는 사람들이 안전하다고(또는 안전하지 않다고) 느끼게 만드는 것이 무엇인지, 노인들이 얼마나 외부 지역사회 및 네트워크와 연계되어 있다고 느끼는지에 있었다.

우리와 이야기를 나눴던 많은 노인들, 심지어 좋은 요양원에 있는 것이 행운이라고 우리에게 이야기했던 노인들조차 몹시 '가정'을 그리워했다. 상당수의 노인들이 감옥이라는 언어와 이미지를 사용하고 있었다. 즉, 노인들은 '탈출'을 이야기했고, '자신의 뜻과는 반대로 이곳에 머물러야 하며' '갇혀 있다'고 말했다. 노인들은 직원들을 '그들' '우리'라는 용어로 불렀다.

감옥 같이 느끼는 장소와 집처럼 느끼는 장소 사이에는 어떤 차이점이 있는 것일까? 우리가 했던 면접을 통해 추측해 보면 많은 요인들이 존재하는 것 같다. 내가 선택해서 이곳에 있다는 느낌(또는 적어도 그 결정에 관여했다는 느낌), 직원들은 나를 이해하고 (단지 중요한 요법에 나를 억지로 껴 맞추려고 하는 것이 아니라) 내가 하고 싶은 것을 하도록 지원하고 있다는 느낌이 더 중요한 것처럼 보였다.

요양원 노인들의 진술

직원들은 모두 친절해요. 형식적인 것들로 인해 편안함이 사라진 느낌. 이것저것을 하고 있긴 하죠. 그들과 말을 하려면, 뭔가를 하려면 조금 더 시간이 있어야 할 것 같아요. 압박이 심해요.
집에 있을 땐 원할 때 원하는 것을 할 수 있죠. 여기서는 뭘 하려면 허락을 구해야 합니다.

(Blood and Litherland, 2015, p.54)

웨일즈의 노인 담당 국장인 Sarah Rochira는 요양원에서 생활하고 있는 노인들의 삶의 질과 돌봄의 질을 조사했다. 그녀는 다음과 같은 사실에 놀랐다.

요양원은 시설로서의 특징을 가지고 있다. 따라서 돌봄을 제공함에 있어서 과제 중심적인 접근을 하게 되는데, 한 개인의 욕구에 초점을 두기보다는 스케줄, 과정 및 체크리스트에 집중하게 된다.

(웨일즈의 노인국장, 2014, p.7)

글로스터셔에서 연구를 수행하면서 만났던 많은 노인들은 현재 자신의 삶뿐 아니라 요양원에서의 삶에 대해서도 많은 기대를 하고 있지 않았다.

지금까지 아름다운 삶을 살아왔어요. 그래서 크게 불평할 수 없죠. 행복하다는 말은 저에겐 큰 것 같습니다. 제가 정말로 행복하다고 말하지는 못할 거예요. 하지만 당신은 다르게 볼 수 있다고 생각해요.

(Blood and Litherland, 2015, p.54)

우리가 인터뷰했던 사람들이 다양한 태도와 선호, 성격 및 생활양식을 가지고 있었지만, 여섯 가지의 우선순위를 가지고 있는 것으로 나타났다. 이는 요양원에 거주하는 사람들을 대상으로 진행된 다른 질적 연구(예: Bowers et al., 2009; Williamson, 2010; Blood, 2013; Bigger Boat, 2014)에서 나타난 주요 메시지와 맥을 같이 하는 것처럼 보인다. 공통된 주요 메시지는 다음과 같다.

- 안전하다고 느끼기: 사람들마다 이것이 다른 것을 의미할 수 있다 (이 점에 관해서는 아래에서 더 자세히 다룰 예정이다).

- 관계를 유지하고 발전시키기: 가족과 친구들을 방문하고 접촉하는 것, 직원들과의 관계(그리고 직원들이 제공하는 정서적 지원), 다른 거주자들과의 관계
- 통제감, 쓸모 있다는 느낌: 일상에서 선택할 수 있고, 집에서 일어나고 있는 일에 대해 발언권을 가지고 있으며, 작은 일이나 역할을 통해 관여하는 것
- 의미 있는 작업이 되는 활동: 유연하면서도 자발적으로 할 수 있는 개인 활동뿐 아니라 시끌벅적한 집단 작업 또는 계획된 활동
- 도움을 받아 집 밖으로 나가서 지역사회와 연계하기: 좀 더 큰 미니버스를 타고 짧은 여행을 하는 것을 감사하게 여기지만, 정기적으로 신선한 공기를 마시고, 동네 가게나 공원, 미용실에 방문하며, 젊은 사람들과 어울리거나, 비슷한 흥미를 가지고 있는 사람들을 만나는 것은 매우 가치 있는 일이다.

요양원에 거주하는 사람들을 안전하다고 느끼게 하는 것은 무엇일까?

많은 두려움과 불안이 요양원을 둘러싸고 있다. 자신의 집에 거주하는 노인들을 면접했을 때, 요양원에 가게 될 거라는 생각만으로도 상당한 두려움을 느낀다는 것을 알 수 있었다. 그곳에서 보고되는 학대와 방임으로 인해, 가족들은 그들이 사랑하는 사람의 복지에 대해 불안해하고, 그들이 선택하고 지불하는 서비스의 질을 염려하게 된다. 글로스터셔에 거주하는 분들과 대화를 나눴을 때, 우리는 '안전하다고 느낀다'는 것이 사람들마다 매우 다른 것을 의미할 수 있음을 알고 충격을 받았다. 예를 들면 다음과 같은 것들이다.

- 좋은 직원: 어떤 분이 말했듯이, '직원들은 아주아주 좋아요. 그들이 안전하다고 느끼게 하죠.' 부분적으로 이것은 직원들이 전문적이라는 것인데, 직원들이 무엇을 하고 있는지 알고 있고, 비밀을 준수한다는 것을 의미한다. 다른 한편으로 이것은 직원들과 좋은 관계를 유지하는 것과 관련이 있는데, 노인들이 점차 직원들을 알고 신뢰한다는 것을 의미한다. 다른 거주자들은 신뢰하지 못하는 사람들에게 의존하고 있기 때문에 안전하지 않다고 느끼고 있었고, 안전하다는 것은 '그들과 잘 지내고 나에게 기대되는 것을 하는 것'을 의미했다.

- 좋은 관리자: 집에 문제가 있을 때 관리자를 찾아갈 수 있다고 확신하는 것, 그리고 관리자가 자신을 진지하게 대하고 존중하는 것을 의미한다. 어떤 사람은 요양원에서 근무하는 모든 직원들의 역량이 '매우 특별한' 관리자 때문이라고 말했다. '맨 꼭대기에서 오는 것 아니겠어요?' 우리는 좋은 관리란 어떤 모습이고, 좋은 관리가 꽃을 피우고 유지되기 위해서는 무엇이 필요한지 이 장 마지막 부분과 8장에서 상세히 다룰 예정이다.

- 신체적 안전: 많은 사람들이 이것을 언급했는데, 범죄를 경험했거나 범죄를 걱정하는 사람들, 그리고 낙상을 경험한 사람들이 특히 이것을 언급했다. 그러나 외부 사람들이 안으로 들어오지 못하게 하는 것만큼이나 그들이 밖으로 나갈 수 있는 것 또한 중요했다. 몇몇 노인들은 그들의 의지와는 반대로 우리에 갇혀 있다고 말했는데, 나갈 수 있다면 나갈 거라고 말했다.

- 통제감: 어떤 사람들은 하고 싶은 것이 있을 때 할 수 있는 것이 안전한 것이라고 말했는데, 잠자리에 들거나 침대에 누워 있고

싶을 때 그럴 수 있는 것이라고 말했다. 많은 사람들은 '허용'되는지 또는 그렇지 않은지에 관해 이야기를 했고, 어떤 사람들은 그들이 제기한 제안이나 불평이 실행되지 않을 것이라고 생각했다. '저는 너무 늙어서 발언권이 없어요. 어쨌든 그 사람들이 귀 기울이지 않을 겁니다.'

- 평온한 환경: 이 또한 안전감을 느끼게 하는 데 도움이 된다. 사람들은 소음 수준, 다른 거주자들의 행동 또는 다른 사람들이 자신에 관해 이야기를 하거나 친절하지 않다고 느꼈을 때 공동 구역이 안전하지 않게 느껴졌다.

- 치매를 갖고 있는 사람들에게: 우리는 낯설고 혼란스러운 환경에서 '닻을 내리고 정박해 있다'고 느끼는 것이 얼마나 중요한지 듣고 또 목격했다. 어떤 분은 이전부터 자신을 알고 있는 사람과 이야기를 나눌 때 안전하다고 말했다. 어떤 가족은 자신의 동생이 작고 아늑하면서 익숙한 장소에 있고, 직원들이 시간을 들여 열정적으로 자신의 동생이 어디에 있는지, 이곳에 어떻게 오게 되었는지, 그리고 주변에 있는 사람들이 누구인지 계속해서 확인시켜 줄 때 동생이 안전하게 느낀다고 말했다.

지역사회 및 '외부 세상'과의 연결

요양원과 지역사회 간 연계를 보여주는 몇 가지 사례가 있다.

- 어떤 요양원에서는 '수를 놓으면서 수다를 떠는' 모임을 정기적으로 운영하고 있었는데, 요양원에 거주하는 분들뿐 아니라 인근 지역에 살고 있는 노인들 또한 참여하고 있었다.

- 몇몇 요양원에서는 지역에 있는 학교나 대학과 연계하고 있었는데, 그곳에서 우리는 자원봉사자로서 요양원 거주자들과 시간을 보내면서 노인들의 삶을 배우고 있는 젊은 사람들을 만날 수 있었다.
- 몇몇 요양원과 거주자들은 지역에 있는 교회나 종교시설과 긴밀한 연계를 맺고 있었는데, 성직자들이 요양원에 방문해서 종교 행사를 진행하고 있었다. 심지어 우리는 지역 교회에서 정기적으로 오르간을 연주하고 있는 요양원 거주자를 만났다.

그러나 요양원 거주자들이 외부 세계와 접촉하는 정도는 많은 차이가 있었다. 가족이나 직원들이 거의 매일 밖으로 데리고 나가는 거주자들이 있는가 하면, 혼자서 정원이나 주변 지역을 산보하는 사람들도 있었다. 어떤 사람들은 언제 마지막으로 거주지를 벗어났는지 기억하지 못하기도 했다.

[슬프게도, 면접이 끝나갈 무렵, 전망이 없는 작은 방 주위를 둘러보면서] 이게 전부예요.

그냥 이 안에 갇혀 있는 거죠. 하루하루.

불행하게도 이제는 더 이상 산보를 나갈 수 없어요. 그냥 이곳 주변을 걸어 다니는 정도죠. 여기 밖을 벗어날 수는 없어요. 죽기 전까지 여기 있는 거죠.

(Blood and Litherland, 2015, pp.33-35)

요양원 인권에 관한 몇 가지 성찰

자유보호박탈(Deprivation of Liberty Safeguards: DoLS)에 관한 판례나 지침을 다루는 것은 이 책의 범위를 벗어난다(Social Care Institute for Excellence, 2017).[1] 그러나 '돌봄이 있는 양질의 삶'을 생각할 때, 특히 거주자들이 밖에 나가 다른 사람들과 연계할 수 있는 기회를 생각해 볼 때, 기관이 운영되는 바로 그 방식 때문에 거주자들의 권리, 즉 자유 및 사생활에 관한 권리가 침해될 수 있는 방식에 대한 인식을 증진시키는 것이 필요하다.

아래 제시한 두 개의 사례에서 거주자들에게 정신적인 능력이 있다는 것이 분명하다. 거주자들에게 치매가 있지만 종종 정신적인 능력을 가지고 있는 시점이 있다는 점에 관해서는 많은 회색지대가 존재한다(정신 능력에 관한 법령을 요약한 6장을 참조할 것). 그러나 거주자들의 자유를 박탈하라는 법원 명령이 공식적으로 시행된 적은 없다.

> ### 요양원에서의 인권: 두 개의 사례
>
> 매기는 시력을 많이 상실했고 요양원에 거주하고 있다. 몇 달 전 매기는 직원이 방 밖 복도에 둔 박스에 걸려 넘어져 부상을 입었다. 직원들은 직원이 동반되지 않은 상태에서는 매기가 방을 떠나서는 안 된다고 말했다. 방을 나가고 싶을 경우 매기는 초인종을 눌러야 했다. 매기는 직원들이 얼마나 바쁜지 알고 있었기 때문에, 급하거나 특별한 용무가 없을 때는 직원을 불러서 밖에 데리고 나가 달라고 요청하고 싶지 않았다. 직원

---

1 요양원에서의 DoLS 활용에 대한 전반적인 사항은 다음 웹사이트를 참조하기 바람. www.scie.org.uk/mca/dols/practice/care−home

들이 와서 밖에 나가자고 제안하는 경우는 극히 드물었고, 따라서 매기는 대부분의 시간을 혼자 방에서 앉아 갇혀 있다고 느꼈다.

존은 요양원 직원들에 대해 매우 긍정적으로 생각하고 있다. 직원들은 그를 매우 특별하게 대우하고 있기 때문에, 존은 '배를 흔들지' 않으려고 조심하고 있다. 존은 혼자 도서관에 가서 책을 가져오는 것을 즐겨하고 있고, 반대편에 있는 가게에 가서 단 것을 사는 것을 좋아한다. 존은 혼자서 이런 일을 하는 것이 안전하다고 느낀다. 그러나 요양원에서는 항상 요양원 정문을 닫고 있었고, 직원이 동행하지 않거나 직원들이 알고 있는 '책임 있는' 누군가가 동반하지 않으면 거주자들을 밖으로 내보내지 않고 있었다. 존은 치매에 걸린 사람들을 안전하게 하려고 이런 정책이 시행되고 있다고 말했다. 요양원에서는 거주자에 따라 다른 정책을 시행하는 것을 좋아하지 않는다고 말했다. 그러나 어제는 직원이 부족했는데, 존을 데리고 나갈 직원이 없어서 오후 5시까지 기다린 다음에 나갈 수 있었다.

'좋은 의도에도 불구하고 의심스러운 실무'라는 저술에서 Backhouse와 동료들(2017)은 네 군데 요양원에 근무하고 있는 직원들이 치매 관련 행동(공격, 성적 억제, 큰 소리로 호출 등) 때문에 발생하는 위험에 어떻게 반응하는지 상세히 살펴보았다. 연구자들은 직원들이 공통적으로 거주자의 안전을 위해 다수의 전략, 예를 들어 감시, 거주자 배치, 제한 및 강제적인 돌봄을 사용하는 것을 발견했다. 비록 직원들은 최선을 다하려는 의도가 있었지만, Backhouse는 직원들이 자유와 안전에 대한 도덕적 딜레마 상황에 처해 있다고 설명했다. 이러한 조치들이 그 상황에서는 정당화될 수 있지만, 너무도 쉽게 일상화되면서 예방을 위한 일이 될 수 있고, 따라서 인권이 침해되는 문화를 초래할 수 있다.

적은 수의 직원(보수가 적고 훈련 또한 미흡한 경우가 종종 있음)으로 치매가 진행된 많은 사람들을 돌보는 일은 분명 해결하기 쉽지 않은 문제다. 우리는 이 장에서 언급할 몇 가지 가치와 이론 및 실무적인 아이디어들이 기존과는 다른 대안적인 방법들을 촉진하고 지원하기를 기대해본다. 치매에 걸린 사람들의 정서적 욕구를 이해하고 고려하면서, 동시에 관리자들의 효과적인 지원을 통해, 문제시되는 행동의 기능을 이해할 수 있고, 많은 문제들을 예방할 수 있는 대안적인 방법들을 찾을 수 있기를 기대한다.

강점 기반 실무에 관한 7가지 원칙을 요양원에 어떻게 적용할 수 있을까?

1. 협력과 자기결정

시설에 거주하면서 타인에게 의존하는 것은 요양원 거주자들에게는 본질적으로 힘의 불균형이라는 문제를 초래하게 된다. 거주자들이 가지고 있는 욕구와 바람, 보유한 자원 내에서 요양원을 원활히 운영하기 위해 수립한 절차와 규칙 및 과정, 그리고 시설에 부과된 외부의 요구 사이에는 늘 어느 정도의 긴장이 존재하기 마련이다. 이런 환경에서는 항상 자기결정이 균형 있게 요구되고, 타협이 필요하다. 거주자들이 정원이나 인근 지역을 걷고 싶어 하지만, 직원들의 지원 가능 여부로 인해 산책은 특정한 경우에만 가능하게 된다.

강점에 기반해서 실무를 진행한다고 하더라도 이러한 기본적인 긴장감을 제거하지는 못한다. 그럼에도 불구하고 직원들이 솔직하고 개방적이면서 거주자들과 쌍방향의 의사소통을 이어가면서 타협점을 찾을 수는 있을 것이다. 가령 거주자와 정기적으로 만나 거주자의 우선순위 및 무엇을 하고 싶어 하는지 확인하고, 어떻게 이를 달성할 수 있을지 함께 생각해 볼 수 있다. 가족이나 자원봉사자, 심지어 요양원의 다른 거주자가 특정 거주자가 정원 주변을 걷도록 도와줄 수 있을까? 정원에 혼자 앉아 있게 하고, 다시 안으로 들어가고 싶을 때는 초인종을 누르게 할 수는 없을까? 우리가 수행한 연구에 따르면, 대부분의 거주자들은 직원들이 느끼는 부담을 매우 잘 알고 있고, 따라서 이러한 요구들을 추가하지 않으려고 한다. 결국 자신의 방에 갇혀 지낸 매기의 사례에서처럼, 거주자들이 무언가 원할 때는 곧바로 직원들에게 요청한다고 가정하는 것은 바람직해 보이지 않는다.

2. 가장 중요한 것은 관계다.

좋은 요양원에서는 직원들이 거주자 및 그 가족을 알아가는 데 시간을 들이고 그것에 대한 허락을 구하며 지원한다. 그들은 고립된 거주자에게 가서 함께 앉아 축구경기를 관람하거나, 고통 가운데 있는 사람의 손을 잡아주는 것이 때로는 문서작업을 하거나 침대를 정리하는 일보다 훨씬 더 중요하다는 것을 잘 알고 있다.

강점 기반 실무에서는 자연스러운 관계망을 발전시키고 이를 지원하려고 한다. 여기에는 관심사가 비슷한 두 명 이상의 거주자들을 모집하는 것, 지역사회에 관심사가 비슷한 사람들과 거주자를 연결시킬 수 있는 방법을 고민해보는 것 등이 포함된다. 또는 페이스북을 이용해서 거주자가 멀리 떨어져 있는 친척들과 연락하도록 조력하는 것, 관계를 회복시키거나 향상시키고 싶은 사람에게 정서적인 지원을 제공하는 것 등이 포함될 수 있다(이 점에 관해서는 5장에서 더 자세히 다룰 예정임).

3. 모든 사람들은 강점을 가지고 있고, 기여할 수 있는 무언가를 가지고 있다.

어떤 사람이 요양원으로 들어올 때, 요양원에서 그 사람에게 제공해줄 것이 거의 없고 다만 그 사람은 누군가에게 절대적으로 의존해야 한다고 너무 쉽게 가정한다. Scourfield(2007)는 '어떤 사람이 요양원에 들어오면, 그 사람이 가지고 있는 장애나 질병이 전부이고, 따라서 개인적인 돌봄이나 일상생활에서의 편안함 이외에는 전혀 관심을 기울이지 않는다고 가정한다'라고 주장했다(Scourfield, 2007, p.1136).

그러나 좋은 시설에서는 한 사람의 삶과 역사, 지식, 기술 및 열정 등을 파악하고, 관여와 자극, 그리고 이 사람이 기여할 수 있는 기회를 증진시킬 수 있는 방법들을 탐색한다. 9장 활용도구 6에서는, 삶의 이야기가 어떻게 요양시설에서 잘 활용될 수 있는지 살펴볼 예정이다. 우리는 이 장 마지막 부분에서 거주자들을 알아가고 연계하는 데 활용할 수 있는 다양한 아이디어를 제안하고자 한다.

몇몇 요양원에서는 '가정 모델'을 채택하고 있다. 보통 이 모델은 작은 가정 또는 8명에서 10명 정도의 사람들로 구성된 가정들이 있는 시설에서 가장 효과적이다. 이러한 가정에서는 노인들이 가능한 한 자주 음식 준비에 참여하라고 격려와 지원을 받는데, 빵에 버터를 바르는 일, 강낭콩 껍질을 벗기는 일, 식탁을 차리는 일, 화초에 물을 주고, 물고기에게 먹이를 주는 일 등을 한다.

Atul Gawande(2014)는 빌 토마스라는 사람에 관한 이야기를 했는데, 이 사람은 거주자들의 반이 신체적인 장애를 가지고 있고 4/5가 일종의 치매를 갖고 있는 요양원인 뉴욕주 체이스 기념관 요양원의 원장으로 임명된 사람이었다. 빌은 요양원에 퍼져있던 세 가지 전염병인 권태, 외로움, 무기력을 접한 후 이사회를 설득해서 보조금을 받아 새로운 무언가를 시도하려고 했다.

빌은 두 마리의 개와 네 마리의 고양이, 그리고 수백 마리의 새를 데려와서 요양원에서 살게 했고, 실내에는 수백 개의 식물과 달걀을 낳는 몇 마리의 암탉과 토끼, 채소와 꽃이 사는 정원을 조성했을 뿐 아니라 직원들을 위해서는 직장 내 보육시설과 방과후 프로그램을 운영했다. 큰 혼란과 위기가 뒤따랐는데, 직원들은 둘로 갈라졌다. 우리는 기관을 운영하는 것인가 아니면 가정을 제공하는 것인가?

그런데 거주자들은 활기를 띠기 시작했다. '말하는 것이 불가능하다고 생각했던 사람들이 말하기 시작했다'(Gawande, 2014, p.124). 완전히 의기소침해서 침대에만 누워 있던 사람들이 사무실에 와서는 개를 데리고 산책을 나가겠다고 말했다. 거주자들은 잉꼬앵무새들을 입양해서 이름을 붙여 주었다. 이후 2년에 걸쳐 처방약은 반으로 줄어들었고, 사망은 15% 정도 줄었다. 동물들이 거주자에게 미친 영향을 되돌아보면서 Gawande는 다음과 같이 결론을 내렸다. '동물들은 권태가 있던 곳에 자발성을 불어넣었다. 동물들은 외로움이 만연한 장소에 동료애를 제공했다. 무기력이 있었던 곳에, 다른 존재를 돌볼 기회를 제공했다'(Gawande, 2014, p.125).

다른 요양원들에게는 이런 시도가 지나치게 급진적일 수 있다. 그러나 이런 시도는 비록 우리에게 누군가의 돌봄을 받고 싶은 욕구가 크게 자리하고 있지만, 우리가 계속해서 역할을 맡고 책임을 지는 것이 얼마나 중요한지, 그리고 누군가 또는 어떤 것을 돌보는 것이 어떤 영향을 미치는지 다시 한번 생각하게 한다.

4. 그 사람에 대한 호기심을 유지한다.

1장에서 예를 들었던 메리는 직원들이 샤워를 시켜주려고 했을 때 매우 힘들어했는데, 이 사례는 노인들이 돌봄을 받는 상황에서 종종 보이는 이해하기 어려운 행동을 이해하려고 시도하는 것, 최소한 공감하려고 노력하는 것이 얼마나 중요한지 상기시켜 준다. 노인들이 보이는 행동을 단순히 통제해야 할 치매 증상이라고 치부하는 것이 아니라, 돌봄을 받는 사람과 그 사람의 행동이 어떤 기능을 하고 있는지 계속해서 호기심을 유지하면, 간단한 방법을 사용하더라도 사람들이 안전감을 느끼고 편안해하기 때문에, 물리력을 사용하거나 격리 또는 약물을 사용하지 않게 된다. 이러한 접근은 직원뿐 아니라 다른 거주자들을 위해 훨씬 더 평온하고 안전하며 즐거운 삶을 제공한다.

5. 희망

최악의 경우 요양원은 '사람들이 죽음을 기다리는 곳'으로 묘사된다. 그러나 희망으로 가득 찬 요양원에는(수백 마리의 잉꼬앵무새가 살고 있는 체이스 기념 요양원이 이 범주에 포함될 수 있다) 삶의 마지막 순간까지 최대한으로 사는 것이 중요하다는 강한 믿음이 존재한다. 심하게 몸이 불편해서 방을 떠나지 못하는 사람들이라고 해서 포기하고 잊히는 것이 아니다. 직원들은 신체적인 접촉, 음악, 향기(아래에 예를 든 'snoezelen'을 참조할 것)를 사용해서 말로 의사소통하는 것을 힘들어하는 사람들과 연계한다.

6. 위험을 감수하는 것에 대한 허락

이 주제는 요양원에게 특히 힘든 주제다. 친척들(가끔은 노인 자신)은 요양원이 '가장 안전한 선택'이라고 믿기 때문에 요양원을 택한다. Lopez 등(2013)은 가족들이 갖고 있는 가장 큰 염려는 환자의 자율성과 같은 더 높은 수준의 이슈보다는 기본적인 돌봄을 제공해주고 환자의 안전을 확보하는 것임을 확인했다.

한편 몇몇 지역에서는 보호업무를 하는 팀이나 미디어에서 사건이 터지기를 기다리고 있다는 인식이 있었다. 그러나 우리가 본 것처럼, 많은 노인들에게 있어서 '안전하다고 느낀다'는 것은 신체적인 위해를 예방하는 것뿐 아니라 위험을 감수할 자유를 가지고 있다는 것과 관련이 있다. 그것은 외부 사람들이 안으로 들어올 수 없는 것뿐 아니라 밖으로 나갈 수 있는 것과 관련이 있다.

Owen 등(2012)은 어떤 요양원 관리자를 언급했다. 그 관리자는 누구의 도움 없이 계단을 내려가기를 원하는 노인을 지원하기로 결정했는데, 가능한 위험에 관해 상의하고 문서화했으며, 그 위험을 인지한 상태에서 긍정적인 결정을 내리도록 도움을 주었다. 슬프게도 그 노인은 계단에서 넘어져 사망했다. 이 관리자는 죽음에 대해 깊은 상실과 죄책감을 경험했지만, 이러한 개인적인 감정들을 다루면서 동시에 이 과정에서 얻은 교훈과 성찰을 확인할 수 있는 방법이나 지원을 조직이나 기관으로부터 전혀 받지 못했다. 관리자는 이 일로 마치 온 세상이 무너져 내리는 것 같은 느낌을 경험했다. 다양한 전문가들이 법에서 요구하고 있는 것들을 바탕으로 개입했고, 관리자를 신뢰하지 않는다는 관점에서 조사를 진행했다. 관리자의 즉각적인 반응은, 요양원에서 고삐를 바짝 죄는 것이었다. 즉, 관리자는 직원들에게 요양원에 거주하는 노인들의 활동과 관련해서 발생할 수 있는 모든 위험을 최소화하라고 지시했다.

'긍정적인 위험 감수'에 관해서는 6장에서 더 자세히 다룰 예정이다.

7. 탄력성을 키운다.

위원회의 시각에서, 그리고 정책적인 관점에서는 일단 노인이 요양시설로 이주하면 '자율성 증진'은 실패한 것으로 간주된다. 그러나 이 장에서 설명한 것처럼, 최고의 요양원에서는 거주자들의 탄력성을 키우는 데 오랜 시간을 소비한다. 노인들을 움직이게 하거나 다시 움직일 수 있도록 도움을 준다. 또는 노인들과 살아온 이야기를 하면서 평온함을 느끼게 하고, 다른 관점에서 생각하고 앞으로 나아갈 수 있도록 도와준다.

1장에서 언급했던 탄력성 바퀴(9장에서는 도구 1로 제시됨)는 노인들이 요양원으로 이주하면서 극적으로 줄어들 수 있는데, 많은 영역이 불필요하게 느껴질 수 있다. 이는 과거와 현재 및 미래의 자원을 찾고 평가하고 강화하기 위해, 노인 및 가족과 함께 다시 탄력성을 바라보는 것이 훨씬 더 중요할 수 있음을 시사한다.

좋은 요양시설은 어떻게 양질의 삶을 조성할까?

애착이론은 어떻게 요양시설에서의 실무에 정보를 제공할 수 있는가?

우리는 요양원 직원들이 노인을 대상으로 심도 있는 치료를 할 기회나 기술 또는 의무를 가질 것으로 기대하지 않는다. 애착이론은 우리가 '꽉 막혀 있다'고 느끼는 몇몇 사람들과 일을 할 때 통찰과 새로운 아이디어를 제공해준다. 비록 직원들이 서로 다른 유형의 애착 전략을 상세하게 알고 있는 것은 아니지만, 아래에서 제시하는 주요 포인트를 알게 되면 거주자들을 위해 좀 더 정서적으로 안전한 환경을 조성하는 것에 대한 이해를 확장할 수 있을 것이다.

- 요양시설로 이주하고 거주하면서 다른 사람들로부터 돌봄을 받는 것, 그리고 새로운 사람들과 어울려 산다는 것(많은 사람들이 이상하게 행동할 수도 있고 아프기도 하다)이 치매를 갖고 있는 사람들에게는 특히 위협적이고 스트레스가 될 수 있음을 인식한다.
- 사람들은 이전 삶의 경험과 관계를 통해 형성한 방식으로 현재의 위협에 무의식적으로, 자동적으로 반응한다는 것을 이해한다.
- 이런 행동들이 우리의 삶을 어렵게 만들려는 의도를 가지고 의식적으로 행해진 것이 아님을 이해한다. 그런 행동들은 그 사람이 안전하고 편하며, 타인들과 연결되어 있다고 느끼기 위해 하는 최선의 시도인 것이다.
- 고통에 처한 사람이 위협에 반응하는 방식에 영향을 미친 과거 삶의 경험들을 충분히 이해하는 것은 어려운 일이다. 하지만, 우리는 그들이 좀 더 안전하다고 느끼면서 예상할 수 있는 세상을 만드는 데 도움이 되는 방식들을 이해할 수 있다.

간호사이자 건강관리사인 Jane Price와 팀 동료들은 'snoezelen'이라는 감각적(sensory) 접근을 사용하고 있는데, 특별히 치매를 가지고 있는 사람들의 안전, 편안함, 근접성 및 예측가능성에 대한 욕구를 충족시키는 데 도움이 되는 것으로 알려져 있다. 이 팀은 치매가 상당히 진전된 사람들에게는 요양시설이 혼란스럽고 위협적인 장소로 인식될 수 있음을 잘 알고 있다. 언어적인 의사소통은 힘들어질 수 있고, 돌봄을 제공하는 직원들을 알아보지 못하는 경우도 있으며, 씻는 행위와 그 목적에 대해서도 혼란스러워할 수 있다. 한편, 직원들은 바쁘기 때문에, 가급적 빨리 개인적으로 돌보는 업무를 마치는 데 초점을 맞출 수 있다. 이것은 고통과 불안, 공격적인 행동을 초래할 수 있는데, 이렇게 되면 모든 사람들이 스트레스를 느끼는 환경이 조성된다.

'snoezelen' 접근에는 거주자들이 '감각 정체성 카드(sensorial identity cards)'를 이해하고 제작하는 과정이 포함되어 있다. 이는 안녕과 안전 및 기쁨의 감정을 자극하기 위해 침실이나 화장실에 감각적인 분위기를 조성하는 것이다. 우리는 각자 자신만의 '감각 정체성 카드'를 가지고 있는데, 삶의 경험을 통해 우리의 정서 기억 속에 무의식적으로 저장되어 있다. 긍정적인 기억들은 음악, 딸랑거리는 종소리, 빗소리 또는 흐르는 물과 같은 소리와 연결되어 있거나, 아니면 향기, 감촉 또는 촉각과 연결되어 있을 수 있다. 이러한 감각들이 자극될 때 즐거운 기억이 소환될 수 있는데, 안전하다고 느끼게 해주고, 우리가 소중히 여기는 사람 및 장소와 연결되어 있다고 느끼게 한다.

요양원의 보조간호사인 코린 서전트는 스노젤렌 접근을 사용해서 요양원에 거주하는 노인을 씻기겠다고 결정했다. 이 노인은 씻는 것을 거부했고 샤워를 도와주려는 직원에게 화를 내기 시작했다. 코린은 노인의 가족을 개입시켰는데, 노인의 아내를 통해 노인이 전통적인 프랑스 음악을 즐겼고, 추위를 타고, 늘 라벤더 향을 좋아했다는 사실을 알게 되었다. 그의 아내는 남편이 사람들에게 인기가 있지만 집에서는 함께 살기 힘든 사람이라고 코린에게 말해 주었다.

직원들은 그가 가장 좋아하는 음악과 색깔, 향기를 찾기 위해 그와 작업을 했다. 코린은 욕실의 온도에 세심하게 신경을 썼고 따뜻한 수건을 준비해 두었다. 코린은 라벤더 오일을 방에 뿌렸고 CD 플레이어에 음악을 틀어놓았다. 파랗고, 연한 녹색을 띤, 그리고 흰색 조명들을 투영하는 프로젝터를 사용해서 평화로운 분위기를 조성했는데, 코린은 가능한 노인 스스로, 자신의 속도에 맞게 샤워를 하도록 격려했다.

이 노인은 코린에게 자신의 집에는 라벤더 봉지가 있었다고 말했고, 샤워를 마친 후 편안해하면서 자신이 삶에서 경험했던 사건들을 이야기하기 시작했다. 코린은 그가 어떻게 반응하는지 매번 무엇을 즐겨하는지 관찰했는데, 이후 다른 직원들이 같은 분위기를 다시 조성하는 데 도움이 될 수 있는 것이라면 무엇이든 기록했다. 노인에게 샤워는 기분 좋은 경험이 되었고, 직원들은 그와 시간을 보내는 것을 즐기면서 그를 더 잘 알아가게 되었다.

요양원에서는 다양한 상황에서 스노젤렌을 사용하고 있는데, 스트레스를 받고 있는 거주자들을 진정시키기 위한 목적으로, 삶의 마지막 순간에, 만성적인 고통을 경감시키기 위해, 또는 '지금-여기'를 즐기기 위한 목적으로 사용되고 있다. 요양원 매니저인 Jane Price는 치매나 다른 유사한 상태에 있는 사람들을 목욕시키는 동안 스노젤렌 접근의 영향을 조사한 연구를 이제 막 종료했다. 연구 결과, 스노젤렌을 사용했을 때 공격적인 행동이 줄어들었고(신경정신의학적인 도구를 사용함), 따라서 약물 사용 또한 줄어들었다.

활동들을 재고하기

관련 연구들은 요양시설에서 생활하고 있는 노인 대다수가 할 일이 충분치 않고, 공동 거주지에서 생활하고 있음에도 불구하고 고립되어 있다고 일관되게 보고하고 있다. 노르웨이에서 진행한 연구(Slettebo, 2008)는 요양시설에서 생활하는 사람들이 '안전하지만 외로운' 경험을 하고 있다고 보고하였다. 비록 연구에 참여한 대부분의 사람들이 가정에서 생활할 때보다 훨씬 더 안전하다고 느끼고 있었지만, 많은 노인들은 고립되고 외로우며, 가족과 친구들로부터뿐만 아니라 지역사회로부터, 그리고 시간이 많지 않아 그들과 관계를 맺지 못하는 직원들로부터도 단절되어 있다고 느끼고 있었다.

Smith 등(2017)은 영국에 있는 주거형 보호시설에 살고 있는 노인 중 3/4이 활동 및 일과 관련해서 충족되지 않은 욕구가 있다고 주장했다(Smith et al., 2017). 이렇게 충족되지 않은 욕구들은 거주자 5명당 한 명에게서 매우 심각했는데, 이로 인해 신체적으로나 정신적으로 부정적인 결과가 나타날 가능성이 높았다(Smith et al., 2017). Bigger Boat(2014)는 다음과 같이 설명했다.

> 의미 있는 활동을 하거나 사람들과 관계를 형성하는 것보다는 청결함(침대에서 일어나서 씻고 옷을 입는 것)이 우선시되었다. 사람들은 치장을 했지만 무료함을 느꼈다. 전혀 가치 없는 일로 하루가 준비되어 있다면, 그날에 누군가를 준비시키는 것이 무슨 소용이 있을까?
>
> (Bigger Boat, 2014, p.12)

요양시설에 직원이나 다른 자원들이 부족하면 도움이 되지 않는다는 것은 분명하다. 그러나 Smith와 동료들(2017)이 요양원 직원, 거주자, 친척들을 면접했을 때 다른 요인들이 작동하고 있다는 것을 발견했다.

- 연구자들은 사람들 사이에서 널리 퍼져있는 가정(assumptions)을 들을 수 있었다. 그것은 노년기에는 신체적인 능력과 정신적인 능력이 감소하면서 자연스럽게 활동 또한 줄어든다는 것이었다. 그러나 우리들이 혼자서 음식을 먹을 수 있는 능력이 줄어든다면 요양원 직원들이 우리를 굶게 내버려두지 않을 것이다. 식사 시간에 직원들이 우리에게 더 많은 지원을 제공하거나 우리가 식사할 수 있는 다른 방법들을 강구할 것이다.
- 가족들은 기본적인 돌봄과 안전을 우선시했다. 우리는 요양원에 거주하는 노인들의 친척들을 만났는데, 그들은 요양원을 방문했을 때 그곳에 있는 어머니가 보석을 차고 있는지 머리 손질은 되어 있는지를 확인했고, 그렇지 않을 경우 어머니가 제공받고 있는 돌봄의 질에 대해 염려했다.
- 기본적인 욕구를 최우선시하기 때문에 일상이 구조화되는 경향이 있다(큰 요양원에서는 특히 그렇다). 직원들은 모든 사람이 일어났는지, 씻겼는지, 옷을 입혔는지, 음식을 먹였는지, 화장실에는 다녀왔는지에 초점을 맞추고 있고, 반면 게임을 하거나 그림을 그리거나, 심지어 적당히 대화를 나누는 것에는 시간을 거의 할애하지 않는다. 활동 담당 직원을 요양원에 두는 것이 훌륭한 자원이 될 수 있지만, Smith가 강조한 것처럼, 요양원에 활동과 의미 있는 직업을 포함시키는 것은 일상의 한 부분이 아니라 독

특하고 특별한 무언가로 간주된다. 따라서 추가로 직원을 두고 요양원에서의 활동을 조율하는 일을 담당하게 해야 한다(Smith et al., 2017, p.15).

이런 환경에서 강점에 기반을 두고 관계를 바탕으로 실무를 하는 것은 자칫 케이크에 놓인 체리가 될 위험이 있다. 즉, 일반 요양원이나 시설에서는 늘 가능하지 않은 고급 엑스트라가 될 가능성이 있다. 한 개인을 진정으로 관여시키는 방법을 찾는 일은 활동 코디네이터의 책임이 될 것이다. 하지만 이것도 코디네이터가 매일매일 발생하는 과제와 위기 상황에 대처하는 업무에서 제외된다면 가능한 일이다.

이 장에서 전하고 싶은 주요 메시지는, 우리가 시설에서 다른 방식의 돌봄을 계속해서 제공하려면, 이러한 돌봄이 매일의 일상에 돌보는 실무에 녹아 있어야 한다. 또한 라운지와 복도에서 노인들을 마주치고 그들이 씻고 먹는 것을 도와줄 때, 노인들과 관계를 맺는 방식에도 녹아 있어야 한다.

일상에서의 창의성

노인들이 예술 활동에 참여하면 여러모로 도움이 된다는 증거들이 많은데, 예를 들면 다음과 같다.

- 성취감을 불러일으킴으로써 자신감과 자존감이 향상된다.
- 노인으로서 새롭고 긍정적인 정체성을 받아들이고 표현하도록 돕는다.
- 삶에서 경험하는 상실에 대해 탄력성을 증진시킨다.

- 인지 기능이 향상되고 신체 활동이 증가한다.
- 새로운 관계를 형성하고, 동료, 가족, 직원들과의 기존 관계가 강화된다(Mental Health Foundation, 2011).

전국돌봄포럼이 2011년 실시한 설문 결과, 설문에 응답한 많은 요양원에서 예술에 기반한 활동이 정례화되어 있었다. 활동의 예로는 그림 및 공예, 영상 동아리, 연극, 음악에 기반한 운동 등이 포함되어 있었다. 이것은 분명 좋은 소식이다. 그런데, 설문조사 결과 활동의 10%만이 거주자들에 의해 시작된 것으로 나타났는데, 그리 놀라운 일도 아니다. Cutler, Kelly와 Silver(2011, p.7)가 회고했듯, '누가 활동을 결정하는가?' '누가 그것들을 예술이라고 정의하는가?'

강점 기반 실무는 어떻게 요양원에 거주하고 있는 노인들을 도와서 그들의 주도성과 통제감을 향상시킬 수 있을지 생각해보도록 도전한다. 여러 증거들이 말하고 있듯, 예술 활동에 참여하는 것이 한 가지 방법이 될 수 있다. 그러나 거주자들이 즐거움을 느끼기까지 수동적으로 기다리고 예술 활동에 동원되거나 조직되는 문화를 탈피해서, 창의성이 모든 곳에 존재하면서 거주자와 직원 모두에게 속하는 문화로 변하게 하려면 어떻게 해야 할까?

'6천 4백만 명의 예술가'는 창의성을 통해 영국에 거주하는 모든 사람들의 잠재성을 깨우기 위해 펼친 전국적인 캠페인이다.[2] 이 캠페인에서는 '예술은 예술가가 하는 것이다' '어떤 사람들은 매우 창의적이지

---

2 좀 더 정보가 필요하거나 그들의 현재 또는 이후 '챌린지'에 참여하고자 한다면 다음 웹사이트를 찾아보시오. http://dothinkshare.com 그들은 5분에서 10분 정도면 완수할 있는 매일매일의 챌린지를 이메일로 보내준다. 요양원에 있는 사람들은 한 달 동안 매일매일의 챌린지를 해 볼 수 있다.

않다' '예술을 잘하지 못하는 사람들이 있다' 등 널리 퍼진 인식에 도전한다. 캠페인의 공동 주창자인 Jo Hunter는 '우리가 창의성을 유연하게 바라보면, 더 큰 주체의식을 발견하게 된다. 다른 방식으로 세상을 바라보게 된다. 규칙을 뛰어넘을 수 있게 된다'라고 주장했다.

창의성은 노인과 이들을 돌보는 사람들에게는 강력한(종종 빠르고 자유로운) 방식을 제공할 수 있는데, 부정적인 태도와 무력감을 깨는 데 도움이 된다. McGovern(2015)은 치매로 인해 영향받고 있는 부부와 가족들이 함께 그림을 그리거나 영화를 보는 '공유된 순간'(무엇을 잃었는지가 아니라 무엇이 남아 있는지에 초점을 둔다)에 어떻게 서로 다시 연계될 수 있는지 설명했다. 창의적인 순간에는 치매를 가지고 있는 사람들과 그렇지 않은 사람들이 다시 한번 동등해질 수 있고 좀 더 깊은 수준에서 연계될 수가 있다.

Hunter는 우리와 함께 한 면접에서, 요양시설에서 근무하는 사람들이 참고할 만한 '일상에서 창의성'을 향상시킬 수 있는 많은 방법들을 제안했다.

- 대단한 것을 하려고 시도하지 않는다! 매일 5분에서 10분간 할 수 있는 창의적인 일들을 찾아본다.
- 직장이나 그 밖의 장면에서 스스로 해 본다.
- 잘하려고 노력하지 않는다. 결과의 질이 아니라 과정의 질이 중요하다.
- 잘하지 못한다고 생각되는 일을 해 본다.
- 정해진 성과가 없는 일을 해보고 어떤 결과가 나왔는지 확인해 본다.

- 다음과 같이 간단한 접근을 따라 해 본다. 해 보고, 생각하고, 공유한다. 즉, 창의적인 것을 해보고, 그런 다음 생각하고(성찰하고 관찰한다. 어떤 느낌이었나? 무엇을 발견했나?), 마지막으로 생각해 본 것과 성과를 다른 누군가와 또는 집단과 공유한다.
- 이것을 요양원이나 다른 서비스 환경에 구현하는 방법들을 찾아본다. 식사 시간 시작 또는 말미에 또는 다른 사람이 옷을 입도록 도와줄 때 또는 잠자리에 들도록 도와줄 때, 창의적인 일을 함께 해 본다. 정기적인 팀 미팅을 시작하면서 또는 게시판이나 소셜미디어를 사용해서 당신의 생각과 성과를 공유한다.

아래에 혼자, 일대일로 또는 집단에서 해볼 수 있는 작은 도전 몇 가지를 제시했다.

- 창문에서 바라본 풍경을 그려본다.
- 월요일에 관한 시를 써 본다.
- 방에 있는 것들을 사용해서 조각품을 만들어 본다.
- 어디로 향할지 정하지 않은 채 산책을 나가 본다.
- 소지품을 배열해서 하나의 패턴을 만들어 본다. 조개껍질이나 단추, 메달 등도 사용해 본다.
- 평소와는 다른 순서로, 다른 장소에서, 그리고 다른 시간대에 무언가를 시도한다.
- 집과 이웃 주변에 있는 장소나 사물, 광경(사람은 아님)을 대상으로 흑백사진을 찍고 전시해 본다.

- 다른 사람이 옷 입는 것을 도와줄 때 그 사람과 말 잇기 게임을 해 본다.
- 밖에서 5분 동안 조용히 앉아 있고, 모든 감각을 사용해서 관찰해 본다.

그런 다음 '생각하고'(어떤 느낌이 드는지 성찰해 본다), 경험을 다른 사람들과 '공유한다'.

일상에서의 창의성은 요양시설 내 작은 부분이 될 수 있고, 이를 통해 활동, 연계 및 자발성이 증진될 수 있다.

절친 접근(Best Friends Approach)[3]은 활동이 30초 정도로 짧을 수 있고, 감각을 자극하고 사람과 연결시키며, 기억을 소환해서, 재미를 느낄 수 있는 기회를 제공한다고 주장한다. 활동은 개인에게 맞춰져야 하고, 사람들을 (어린아이처럼 취급하기보다는) 성인으로 존중해야 한다. 활동의 예는 다음과 같다.

- 창문에서 새나 꽃을 손으로 가리키기, 옷에 있는 밝은색을 가리키기
- 의견이나 충고 또는 도움을 요청하기(예: 차 수건 접기, 새로 산 넥타이에 대한 코멘트, 요리법에 대한 충고)
- 자녀, 손자, 반려동물 사진 보여주기
- 신체 활동, 예를 들어 풍선을 불거나, 라디오나 TV에서 나오는

---

3 무료 절친 유인물을 변형한 '30초 내에 할 수 있는 30가지 활동'과 '활동을 위한 절친 접근' 둘 다 아래에서 다운로드할 수 있다.
http://bestfriendapproach.com/products/handouts

음악에 맞춰 누군가와 즉흥적으로 춤추기, 신선한 공기를 마시기 위해 밖으로 나가기
- 신체 접촉—껴안기, 다른 사람과 악수하기, 다른 사람을 손으로 마사지해주기. 이때 사람마다 편하게 느끼는 신체적인 접촉이 다를 수 있는데, 이점을 존중해야 한다(Best Friends Approach to Alzheimer's Dementia Care, 2018).

직업치료사 대학에서 요양원 직원들을 위해 인쇄물을 포함한 도구 키트를 제작했다(Royal College of Occupational Therapists, 2013). 여기에는 거주자들이 흥미를 느끼는 것들을 탐색할 수 있도록 다양한 아이디어가 담겨 있는데, '상자를 샅샅이 뒤지시오' '보물상자'라는 표시와 함께 공동으로 사용하는 장소에 진열해 놓는다(보물상자는 눈에 띄는 색깔로 페인트칠한 서랍이 있는 상자거나 서랍을 반쯤 열어 놓고 관심을 끌어 찾아보도록 유도한다). 이러한 활동은 감각을 자극할 수 있고(예: 서로 다른 질감의 헝겊, 향기 나는 핸드크림, 윤이 나는 조약돌이나 마음을 달래는 염주), 추억을 소환할 수도 있다(예: 오래된 가족의 물건, 사진첩, 조개, 전나무 방울). 직원들은 노인들이 언제 물건을 만지거나 바라보는지 주시해서 대화를 나누는 것이 좋다('그것을 보면 무엇이 떠오르나요?' '손으로 만지면 어떤 느낌이 드나요?').

또한 치매를 겪고 있는 사람들을 위해 '기억 상자'나 '위로 상자'를 함께 배치해 둘 수 있다. 여기에는 노인 및 가족들과 함께 해 본 자서전 작업에서 본 적이 있는 사진이나 기념품이 담겨 있을 수 있다(자서전 작업은 9장 활용도구 6을 참조하시오). 이때 3장에서 소개하고 9장 활용도구 4에 포함된 가계도가 유용할 수 있다.

독립성 키우기

Sarah Rochira는 웨일즈의 요양시설을 살펴본 후 다음과 같이 결론을 내렸다.

요양원 문화가 의존 모형에 기반해서 형성되는 경우가 종종 있는데, 이 모형에서는 사람들이 돌봄을 받아야 한다고 가정한다. 이 접근은 신체적 위축을 예방하지 못하고, 독립성을 유지하지도 회복시키지도 못한다.

(웨일즈 노인국, 2014, p.8)

Sarah는 사람들이 걷도록 지원하는 것보다는 휠체어에 태우거나 승강기로 이동시키는 것이 훨씬 더 빠르기 때문에 그렇게 한다고 들었다. 많은 요양원에서 이렇게 하고 있지만, 모두 다 그런 것은 아니다. Hakins 등(2017)은 두 군데의 요양원을 비교했다. 한 곳에서는 사람들이 가급적 혼자 걸어서 식당에 가도록 많은 자원을 활용하고 있는 반면, 다른 곳에서는 효율성을 극대화하기 위해 휠체어를 타고 식당으로 이동했다. 첫 번째 요양원에 거주하는 노인들은 보행기에 덜 의존했고, 더 활동적이었으며, 여름에는 밖에 나가라고 요청을 받았고, 가사일에 참여하고 있었다. 반면, 두 번째 요양원에서는 노인들이 하루의 대부분을 앉은 채로 보내고 있었다. 누구나 인지할 수 있듯, 얻는 것이 있다면 희생해야 하는 부분도 있다. 즉, 이 방식으로 사람들을 움직일 수 있게 하려면 많은 시간이 소요되는데, 이것을 우선시하는 요양원에서는 '우리는 계속해서 그들을 움직이게 만드는 방법을 찾아야만 해'라는 주문이 요양원의 문화와 제도, 의사소통 전체에 걸쳐 작동해야 한다.

조지의 이야기: '당신은 근사한 차 한 잔을 능가할 수 없어'

조지는 요양원 매니저에게 더 이상 자신이나 다른 사람을 위해 차를 만들 수 없어서 좌절감을 느낀다고 말했다. 매니저는 이 점을 식당 직원들에게 이야기했으나, 직원들은 거주자들이 부엌에 접근하는 것을 염려했고, 직원들이 음식을 준비할 때 '방해가 되거나' 다른 시간대에도 감독을 받지 않은 상태에서 노인들이 부엌에 있는 것을 염려했다. 조지의 딸은 요양원을 정기적으로 방문했는데, 조지가 부엌에 가는 것에 대해 확신이 서지 않았다. 조지가 화상을 입을지 모른다고 걱정했고, 너무도 사소한 일을 가지고 조지가 소란을 피우고 있다는 느낌이 들었다. '아빠, 차를 나르는 카트는 늘 주변에 있어요. 그러니까 직원들이 컵을 가져오는 것을 기다리기만 하면 돼요.'

그러나 매니저는 이것이 조지에게 중요하다는 것을 알고 있었다. 조지는 차 마시는 것을 매우 좋아하는 사람이었고, '당신은 근사한 차 한 잔을 능가할 수 없어'라는 생각을 가지고 있었다. 조지는 과거에 아내와 손님들에게 차를 만들어 주는 것을 늘 즐겼다는 것을 기분 좋은 기억으로 간직하고 차를 대접하는 것은 그가 다른 사람들을 돌보고 감사함을 표현하는 방식이었다. 조지에게 차를 만들 수 있느냐 없느냐는, 마치 자신이 집에 있다고 느끼는지 아니면 감옥에 있다고 느끼는지를 결정하는 문제였다.

매니저는 외부 전문가의 의견과 조언이 필요하다고 판단했는데, 부분적으로는 조지의 가족과 요양원 직원들을 설득하기 위해 필요했고, 또 한편으로는 이것을 시행하는데 가장 안전한 방법을 찾기 위해, 그리고 위험을 관리할 수 있는지 스스로 확신하기 위해 외부 조언이 필요했다. 매니저는 직업치료사를 초청해서 조지를 만나게 했고, 조지가 차를 만들 수 있도록 도움을 줄 수 있는지, 그렇다면 어떻게 조력할 수 있는지 등에 관해 조언을 구했다.

직업치료사는 조지가 새로운 장치를 시험해 보도록 도와주었는데, 예를 들어 주전자에는 코드가 없었고 끓는 물을 따를 때 주전자의 무게는 지탱되었다. 이로 인해 조지가 균형을 잃거나 손 떨림 때문에 화상을 입을 위험은 줄어들었다. 직업치료사, 매니저, 조지는 차를 만들 수 있는 작은 공간이 방 어느 곳에 위치할 수 있는지 살펴보았다. 그들은 콘센트와 전선의 위치, 조명을 확인했고, 조지가 차를 만들었을 때 어디로 또 어떻게 차를 날라야 할지 고민했다. 가구들을 재배치하고 4만 원 정도의 비용을 지불해서 조지가 차를 만들 수 있는 수단을 만들었고, 직업치료사는 만족스러워하면서 잘 사용하라고 조지를 격려해주었다.

조지의 딸과 요양원 직원들은 이 과정을 지켜보면서 안도했고, 이제 조지는 자신이 원할 때 차를 만들 수 있게 되었다. 더 중요한 것은, 조지가 방문객들에게 차를 만들어 줄 수 있기 때문에, 가끔 직원과 다른 거주자들을 초청해서 함께 차를 마시게 되었다. 이 일로 조지는 다른 사람들을 돌보는 역할과 방식을 갖게 되었고, 그의 방은 차와 담소를 위해 방문하는 장소가 되었다.

지도력

John Kennedy는 '우수하다'고 평가를 받은 영국 내 1%의 요양원의 비결을 밝혀내고자 했다(Kennedy, 2016). 그는 이 요양원들이 성공을 거둘 수 있었던 데는 세 가지 요소가 있다고 결론 내렸다.

- 양질의 지원을 받으면서 존중받는 뛰어난 매니저가 있음
- 일을 잘 해내는 데 필요한 자원이 풍부하고 자원이 서비스에 투자되고 있음
- 기관의 가치와 정신이 뚜렷하고, 이러한 가치가 이사회로부터 요양원 직원들에게 효과적으로 전달되고 있음

그러나 이 영역은 여전히 가야 할 길이 멀다.

- Kennedy가 다른 곳에서 추산한 내용으로, 영국 내 노인들을 위한 요양시설의 절반은 규제 테스트를 통과하지 못하고 있다 (Residential Forum, 2017).
- 요양원 매니저의 교체율은 20%에 이른다(Skills for Care, 2016).
- Warmington, Alfridi와 Foreman(2014)은 요양원에서 슈퍼비전이 주로 일을 체크하는 방식으로 진행되기 때문에 양질의 서비스가 제공되고 있는지를 확인할 수 없고, 따라서 요양원 직원들은 노인을 위해 제공되는 서비스를 향상시키는 데 슈퍼비전이 크게 도움이 되지 않는다고 느끼고 있었다.
- 웨일즈의 노인국(2014)은 요양원 매니저들 사이에서 점증하는 요구 및 기대를 고려했을 때 이들을 효과적으로 지원하는 것이 필요함을 확인했다.

우리는 8장에서 좋은 슈퍼비전은 어떤 모습이어야 할지 상세히 논할 예정이고, 이 점에 있어서 매니저들을 지원할 다양한 방법들을 제안할 것이다.

그러나 이것이 지속적으로 달성되기 위해서는, 요양원 지도자들이 그들을 고용한 회사와 그들을 감독하고 통제하는 제도로부터 광범위한 지원을 받는 것이 필요하다. Kennedy는 매니저들이 번창하고 생존할 수 있는 조건을 좋은 요양시설에서는 어떻게 조성하는지를 설명했는데, 매니저를 감사하고 체크하지만, 확신과 신뢰를 토대로 그런 일을 수행한다(Residential Forum, 2017). 이런 기관에서는 제도와 문서작업이 관계에 기반한 돌봄과 창의성을 방해하는 것이 아니라 오히려 지원해야 함을 인지하고 있다.

'요양원 리더십 프로그램(My Home Life Leadership Programme)'은 지역에 있는 요양원 매니저들을 초청해서 강점 기반 질문들을 던지면서 시작하는데, 가령 이미 잘 작동하고 있는 것은 무엇이고, 어떻게 더 잘할 수 있을지, 그리고 이 방향으로 나아가려면 무엇을 할 수 있는지 등을 묻는다. 이 프로그램에서는 요양원 매니저들과 해당 지역 감사팀 사이에 대화를 도모하고, 돌봄과 성과를 증진시키기 위한 실무 공동체를 조성하려고 시도한다. 이 프로그램은 직원과 거주자 및 그 가족들이 공유하는 공동의 비전을 확립하는 것을 중시하는데, 당사자들에게 더 많은 힘과 책임을 부여해서 주도적으로 문제를 해결하고자 한다.

프로그램에 참여한 요양원 매니저들은 다음과 같은 후기를 남겼다.

모든 것이 도미노 효과를 가지고 있었고, 사람들은 더욱 편안해했으며, 직원과 거주자들은 주도적으로 행동했고, 어떤 일을 시도할 때 더 안전하다고 느꼈으며, 거주자들은 경청되고 존중받는다고 느꼈다. 뭐가 변했는지 가리키는 것이 힘이 들 정도였다.

(Owen et al., 2012, p.53)

한 매니저는 요양원에 있는 노인들이 어떻게 해서 요양원 안에서 더 큰 책임을 지게 되었는지 이야기했다(화분에 물 주기, 꽃꽂이하기, 물고기 먹이 주기). 그것은 마치 관계 기반 접근이 직원들을 하인처럼 다루고 명령하는 것이 아니라, 노인들로 하여금 더 관여하고 있고 요양원과 더 가까워졌다고 느끼게 하는 것 같았다.

(Owen et al., 2012, pp.53－54)

Chapter 05

연계와 흥미 유지하기

들어가며

이 장에서 우리는 외로움에 관해 생각해 볼 것이다. 무엇이 외로움을 초래하고 악화시킬 수 있는지, 노인들이 그들의 연계와 관심을 유지하도록 돕기 위해 어떻게 강점에 기반한/애착을 고려한 접근을 사용할 수 있는지 논할 것이다.

현재의 건강, 사회복지, 주택 환경에서는 노인들의 관계망과 관련해서 예방적인 일에 관여하는 전문가들은 극소수에 불과하다. 이런 현상이 잉글랜드에서는 실제로 발생하고 있고, 영국의 나머지 지역에서는 조금은 덜한 것처럼 보인다. 그러나 어떤 지역에서는 새로운 역할이 등장했는데, 예를 들어 지역 안내사(community navigator), 연계자(connector), 친구(befriender), 관계 처방자(social prescriber), 지역 코디네이터(local area coordinator) 등이 있다. 이러한 일자리는 주로 지역사회에서 자원봉사의 형태로 존재하는데, 몇몇은 지자체에서 임명하거나 대형주택조합에서 고용하기도 한다.

우리는 이 장에서 다룰 내용들이 작지만 이제 막 등장하고 있는 영역 그 이상의 반향을 불러일으키기를 희망한다. 종종 외로움은 노인들이 법적인 서비스의 문을 두드릴 때 수반되는(심지어 기저에 있는) 문제다. 외로움을 간과할 경우 병원 회전문의 속도를 더 빠르게 할 수 있다. 우리는 이 장에서 법적인 서비스를 접촉하는 지점에 있는 사람들을 대할 때 보다 전인적이고 창의적으로 반응하는 데 도움이 되는 사례와 도구 및 아이디어들을 제시하고자 한다. 이러한 자료들이 생각할 거리들을 제공하기를 희망하는데, 이를 통해 광범위한 '장소 기반' 비전이 촉진되고, 도움이 필요한 사람들을 공중 보건, 여가, 도서관 및 문화 영역에 있는 자원과 연계시킬 수 있다. 마지막으로, 이런 실용적인 생각들이 노인들을 돕고 있는 가족이나 친구들에게도 유용하기를 희망한다.

외로움: 개관

서구 사회 노인들에게 외로움은 큰 도전이다.

영국에서는 점점 더 많은 수의 노인들이 혼자 살아가고 있다. 75세 이상의 노인 중 반 이상이 혼자 살고 있는데, 지난 20년 동안 24% 정도 증가한 것이다(ONS, 2017b). 어떤 사람들은 자녀를 가져 본 적이 없고(Institute for Public Policy Research, 2014, p.14), 자녀로부터 멀리 떨어진 곳에 살고 있는 경우도 있다.

평균적으로 우리는 더 오래 살고 있지만, 건강상의 문제와 축소된 이동, 다른 손상을 가지고 오래 살고 있다. 80세 이상의 노인 중 2/3가 장애를 가지고 있다(Age UK, 2018, p.7).

한편, 지역사회에서의 삶은 지난 몇 세대 동안 변화를 목격했다. 도시지역 주민들의 구성이 바뀌고 있고(빈곤한 지역에서는 더욱 그러하다),

젊은 세대는 농촌지역을 떠나고 있다. 많은 가정에서 맞벌이를 하고 있으며, 기술의 발달은 사람들이 관계를 맺고 쇼핑하고 은행일을 하는 방식을 변화시켰다. 이런 변화들이 몇몇 소수민족 공동체에서는 다소 다른 양상으로 나타날 수 있다. 그러나 가정하는 것은 위험할 수 있다. 어떤 BAME(흑인, 아시아 및 소수민족) 노인들은 다세대 가정에서 살고 있지만, 모든 경우가 그런 것은 아니다. 또한 젊은 가족구성원들과 함께 살고 있는 사람들에게도 깊은 외로움이 숨어 있을 수 있다. 언어와 문화, 그리고 이민 역사는 세대 간 장벽으로 작용할 수 있다(Khan, 2014). 어떤 남아시아 이주민들은 자녀가 직장을 위해 멀리 이주했을 때, 그리고 영국과 모국에서 지인들이 사망하기 시작하면서 외로움을 경험하고 있다.

영국에서 노인들을 대상으로 진행된 질적 연구에서도 이웃과의 관계 변화가 주요 주제로 확인되었다(Blood et al., 2016b). Buffel은 영국과 벨기에의 낙후된 도시지역에서 노인들을 면접했는데, 많은 노인들이 이전 공동체 정신이 사라졌다고 말했다. 어떤 여성 노인은 이런 현상을 다음과 같이 요약해서 말해 줬다. '저는 이곳에서 마치 이방인이 된 것 같습니다'(Buffel, Phillipson, and Scharf, 2013, p.97).

사회 변화 중 그 어느 것도 노인의 외로움을 필연적으로 만드는 것은 아니다. '공동체' 인식이 많은 지역에서 감소하고는 있지만, 다른 공동체들(예를 들어 신앙공동체)은 살아남았거나 새롭게 등장하고 있다(온라인 공동체). 공동체 환경이 변화한다는 것은, 노인들이 양질의 삶을 영위하도록 돕기 위해서는 이들의 신체 건강 및 돌봄에 관한 욕구뿐 아니라 사회적/정서적 욕구 또한 고려할 필요가 있음을 의미한다. 외로움은 우울 및 인지적 쇠퇴 가능성을 증가시킬 뿐 아니라, 관상동맥성

심장질환, 뇌졸중(Valtorta et al., 2016), 고혈압(Hawkley et al., 2010)의 위험성을 증가시킨다. 사회적으로 고립되는 것은 하루에 담배 15개비를 피우는 것만큼이나 건강에 해롭다(Holt-Lunstad et al., 2010).

외로운 사람 파악하기

'외로움 종료를 위한 캠페인'(유용한 정보들을 연쇄적으로 발간함[1])에서는 다음과 같은 정의를 제안했다. '외로움'이란 현재 자신이 가지고 있는 사회적 접촉의 양과 질, 그리고 본인이 원하는 양과 질 사이의 간극이 발생할 때 경험하는 주관적이고 부정적인 감정으로 정의할 수 있다(Goodman, Adams, and Swift, 2015, p.1).

다시 말해, 사람들로 둘러싸여 있지만 일정한 깊이의 관계나 친밀함이 결여될 수 있고, 반면 혼자서 많은 시간을 보내지만 외롭다고 느끼지 않을 수 있다는 것이다. 예를 들어, 웨일즈에서 노인을 대상으로 연구를 진행했을 때 어떤 노인이 다음과 같이 말했다.

전에 정원의 담 너머로 이야기를 나누곤 했던 이웃이 있었는데, 누구한 테서도 간섭받고 싶지 않아 했어요. 제가 3세대 대학(University of Third Age)에 관해 관심을 끌려고 노력해 봤지만, 그 사람은 '아, 아닙 니다, 아니에요!'라고 말했어요. 제가 아는 한 그 사람은 어떤 누구와도 만나지 않았어요. 그저 자신의 정원에만 관심을 가졌고, 맥주를 마시는

---

1 외로움과 관련된 다양한 사실과 영화, 지침 및 사례연구물, 그리고 외로움을 예 방하고 대처하기 위한 자료는 다음 웹사이트에서 찾아볼 수 있다. www.campaigntoendloneliness.org

것이 그의 전부였어요. 완벽하게 행복한 사람이었어요.

(Blood et al., 2016b, p.18)

　　외로움은 매우 개인적이고 맥락적이어서, 서로 다른 시기에 왔다
가 사라질 수 있고, 위 사례에서 언급한 것처럼 어떤 사람에게는 외로
움인 것이 다른 사람에게는 행복일 수 있다. 이는 외로움의 위협요인,
예를 들어 최근 경험한 사별, 치매, 혼자 사는 것 등은 서비스를 계획
하고 고안하는 사람들에게 정보를 제공할 수 있지만, 노인 개인을 지원
하는 사람들에게는 그 유용성이 덜하다는 것을 의미한다. 한 사람이 현
재 경험하는 '세상'을 이해하기 위해 잠깐의 시간을 할애하는 것을 대
체할 수 있는 것은 없다-그들이 누구와 만나는지, 무엇을 하는지, 어
디에 가는지, 그리고 이러한 일상이 그들이 생각하는 '이상적인 세상'과
얼마나 근접한지.

　　'나의 세상'(9장, 활용도구 5)은 한 사람의 현재 세계를 구성하고 있는
인물, 관심사, 장소, 반려동물 등을 배치하는 데 사용되는 간단한 도구
다. 이 시각적인 도구는 개인의 포부와 목표를 이야기하는 데 사용될 수
있다. 그들에게 가장 중요한 것은 무엇인가? 어떻게 달라지고 싶은가?

　　물론, 외로운 사람들이 모두 노인인 것은 아니고, 또 모든 노인들이
외로운 것도 아니다. 그러나 De Jong Gierveld와 Van Tilburg(2010,
p.121)가 지적한 것처럼, 외로움을 결정하는 몇몇 요인들, 예를 들어 배
우자나 친구의 죽음, 나빠지는 건강과 재정적 압박 등은 삶의 후반기에
발생하는 사건이나 과도기적인 시기와 직접적으로 관련이 있다.

　　따라서 노인들은 외로움에 특히 취약할 수 있고, 삶의 후반부에 경
험하기 때문에 이들의 외로움은 그 원인과 특징이 다소 다를 수 있다.

'외로움 종료를 위한 캠페인'에서는 전문적인 시설에서 노인을 만나는 사람들이 노인의 외로움을 파악하는 데 사용할 수 있는 간단한 도구를 개발했다. 여기서는 평가나 대화 시 사용할 수 있도록 원래 설문 형태로 개발했던 진술문을 질문의 형태로 변형해서 제시한다.

- 당신은 현재 친구들과의 관계에 어느 정도로 만족하는가? (그렇다면 왜 그런가?)
- 당신이 원하는 만큼 그 관계가 만족스러운가?
- 언제든 도움을 요청할 만큼 편하게 느끼는 사람이 있는가? (그들이 누구인가? 이것을 방해하는 것이 있다면 무엇인가?) 이 질문을 좀 더 확장해서, 누구와 있을 때 안심하는가, 위기에 처할 때 누구에게 도움을 요청하는가? 당신은 누구를 돕는가? 등으로 사용할 수 있다. ('외로움 종료를 위한 캠페인 검사도구'에서 수정함, '외로움 종료를 위한 캠페인', 2015)

물론 좀 더 자연스럽게 대화식으로 바꾸고 싶을 수도 있는데, 중요한 것은 긍정적인 어휘를 사용하는 것이다. (특히 남성을 대상으로) 외로움과 관련해서 많은 낙인이 존재할 수 있는데, 남성에게 외로움을 느끼냐고 질문했을 때 자신을 드러내기보다는 오히려 마음을 닫을 가능성도 있다. 이러한 질문을 하기 위해서는 그전에 그 사람과 어느 정도 라포를 형성할 필요가 있다.

외로움 이해하기

외로움에 처한 사람들을 돕기 위해서는 그 사람의 외로움을 이해하는 것이 중요하다(Jopling, 2015). 어떤 노인들은 사별 또는 거주지 이전으로 인해 친밀하게 교제를 나누던 관계를 잃어버렸다. 다른 노인들은 관계를 맺고 싶은 사람들과 함께 있지만, 방해하는 요인이 있을 수 있다. 그러한 요인에는 이동 수단이 마땅치 않거나, 먼 거리에 살고 있거나, 배우자를 돌봐야 해서, 돈이 없어서, 청력에 문제가 있어서, 감정 조절이나 기억 또는 의사소통이 염려되어, 또는 배우자 사망 이후 다른 사람들과 관계를 맺는 것이 적합하지 않다고 생각해서 등등이 있다. '남편이 사망했을 때 많은 친구가 사라졌어요. 특히 어떤 부부는 제가 모든 일을 혼자 해야 하니까 그게 낯설게 느껴졌나 봐요. 잊히는 거죠'(Blood et al., 2016b, p.22).

이런 장애물 중 어떤 것들은 현실적인 문제일 수 있다. 따라서 이동 수단을 마련할 수 있다면 또는 보청기를 고치면 기존의 친구들과 관계를 유지할 수 있고 새로운 사람들을 만날 수 있다. 그러나 외로움을 느끼는 사람에게 놓인 많은 장애물은 심리적이고 정서적인 것들이다. 여기에는 거절당하거나 낙인이 찍힐지도 모른다는 불안감도 있고, 해소되지 않는 관계에서의 긴장과 갈등, 또는 배우자 없이도 사람들을 사귈 수 있다는 자신감의 부족 등이 포함된다.

표 5.1에 외로움의 원인을 구분해서 제시했는데, '내적인' '관계적인' '구조적인' 원인을 사례와 함께 제시하였다.

표 5.1 외로움의 원인

내적인 원인	관계적인 원인	구조적인 원인
자기신념/자신감 정체성(예: 과부) 우울 불안 낙인: 치매, 외로움 그 자체	관계 부족 관계의 유형 및 질 기존 관계를 회복하고 유지하는 것	이동 수단 차별: 연령, 인종, 동성애혐오 등 가난 접근의 용이함 자원 관련 정보에 대한 접근 언어 공동체-농촌/거주자들이 자주 바뀌는 도시지역 범죄와 반사회적 행동에 관한 두려움

때때로 한 사람의 외로움은 내적, 관계적, 구조적인 요인들을 복합적으로 포함하고 있다. 이런 요인들은 서로 상호작용을 한다. 예를 들어, 자신감이나 우울의 문제가 관계의 질에 영향을 미칠 수 있고, 또 반대 방향으로도 영향을 미친다. 가난은 우리의 정체성을 위협할 수 있는데, 가령 이전에는 주로 돈을 내거나 도움을 주는 입장에 있었다면 더욱 그렇다. 대중이 이용하는 시설에 우리가 접근하지 못한다면 낙인이 찍혔다는 생각이 증가할 수 있다. 외로움에 대한 이 모든 원인을 개인적인 것으로 생각하려는 경향이 있다. 외로움의 원인을 세 개 범주로 구분하면, 외로움에는 다른 원인들이 있고 따라서 다른 종류의 해결책(개인, 공동체, 사회적 수준의 해결책)이 있음을 인정하는 데 도움이 될 수 있다.

치매가 있는 사람: 단어를 까먹을까 봐 걱정돼 사람들과 이야기하는 것을 피하게 돼요.

(Imogen Blood & Associates/Innovations in Dementia, 미출판, p.23)

패트릭(남자동성애자): '총각'으로 평범한 삶을 살려고 노력했죠. 사람들은 저에게 '너무 수줍어해!'라고 말하곤 했죠. 그냥 성생활을 차단했어요. 사람들하고 농담을 나누곤 하는데, 동성애자들을 반대하는 이야기를 하곤 했죠. 그런데 그게 지금은 슬프네요.

(Knocker, 2012, p.5)

이웃 사람들을 많이 몰라요. 제가 아시아인이고 이슬람 신도여서 더 힘든 것 같아요.

(Blood, Copeman, and Pannell, 2016b, p.19)

지난번에 동네 극장에 갔는데, 화장실에 손잡이가 없는 겁니다. 그래서 꼼짝없이 앉아 있었는데 당황스러웠어요. 계단을 오르면서 난간을 잡았는데 전선 같은 거였어요. 의자는 너무 낮아서 통로를 따라 걸으면서 잡을 수 있는 것이 없었죠. 그건 진짜 자신감에 관한 것이거든요. 넘어질지도 모른다거나 화장실에 가지 못할 수도 있을 거다, 가도 갇혀 있을 거라고 생각하게 되면 자신감을 잃게 돼요. 밖에 나가면 내가 필요할 때 가장 가까운 화장실이 어디에 있을지 늘 생각하게 됩니다.

(Blood, Copeman, and Pannell, 2016b, p.39)

노인들을 주변적인 존재로 만드는 것은 나이뿐 아니라 인종차별주의, 장애차별주의, 그리고 동성애혐오도 마찬가지다. 그러나 위에 제시된 사례들은, 살면서 처음으로 장애에 적응해야만 하는 노인들에게, 젊은 인종적 소수자들에 비해 언어가 더 장애물이 될 수 있는 나이 든 인종적 소수자들에게 다른 종류의 장애물이 존재할 수 있음을 상기시켜 준다.

실무 기반 접근을 활용해서 외로운 노인들을 지원하기

이 절에서는 1장에서 제안했던 7가지 원칙으로 돌아가서, 강점 기반 접근을 통해 외로움에 맞서는 것이 무엇을 의미하는지 생각해보고자 한다.

1. 협력과 자기결정

외로움은 다분히 주관적인 경험이기 때문에, 외로움에 대한 개입은 단순히 누군가에게 할 수 있는 그 무엇이 아니다. 정기적으로 모임이 진행되는 점심 클럽에 누군가를 보낼 수는 있다. 이로 인해 사회적 접촉이 증가할 수 있지만 주관적으로 느끼는 외로움은 줄어들 수도 그렇지 않을 수도 있다. 또한 사회적인 접촉이 증가할 경우 그 관계가 자신이 이상적으로 생각하는 관계에 미치지 못한다고 느끼는 정도가 줄어들 수도 커질 수도 있다. 사실, 모임을 통해 더욱 외롭다고 느낄 수도 있다.

협력을 통해 적절한 접근을 찾고 시행할 때에만 외로움을 느끼는 사람을 도울 수 있다.

2005년 Cattan과 동료들은(Cattan et al., 2005) 노인 대상 외로움 개입에 대한 기존의 평가들을 검토했는데, 자존감과 자기통제감을 향상시키는 것과 외로움이 감소되는 것 간에는 관계가 있다는 점에 주목하였다. 연구자들은 자기존중감과 자기통제감을 향상시키는 개입이 장기적으로는 외로움을 감소시키는 데 효과적이라는 것을 발견했다. 이를 통해 추론할 수 있는 것은, 노인과의 관계 그 자체 그리고 노인의 외로움에 접근하는 방식이 지속적인 변화를 위해 필요하다는 것이다. 우리가 아니라 노인이 자신의 삶에 전문가라고 간주한다면, 그 결과로 노인의 자존감이 향상되고, 이는 다시 외로움을 감소시키는 방식으로 작동할 수 있다.

협력은 실무자와 노인 간 일대일 관계 이상의 수준에 적용될 수 있다. 자기결정은 집단, 가족, 관계망 또는 지역사회 수준에서 이루어질 수 있다. 예를 들어, 이웃 수준에서 외로움을 타개하기 위한 수많은 접근들이 존재한다(예: Joseph Rowntree 재단). 자산 기반 지역사회 개발 (Asset-based community development: ABCD)은 개인의 고립을 감소시키고 집단적으로 목소리를 낼 수 있는 기회를 만들기 위한 목적으로, 개인, 협회 및 기관의 기술과 관심 및 연계망을 연합한다(IDeA, 2010).

2. 가장 중요한 것은 관계다.

외로움은 전부 관계에 관한 것이고, 우리가 그것을 어떻게 인식하느냐와 관련이 있다. 흥미로운 점은, 노인들의 관계를 유지하도록 돕는 방식 또는 관계에 다시 불을 지피도록 돕는 방식과 관련해서는 연구와 실무 간에 간극이 존재하는 것 같다. 일차적인 초점은 노인이 새로운 관계를 형성할 수 있는 기회를 제공하는 데 맞춰져 있다. 기존의 관계를 지원하기 위한 서비스를 제공할 경우 초점은 실제적으로 도움이 되는 것, 예를 들어 이동 수단이나 과학기술에 맞춰져 있다. 실질적으로 도움이 되는 것은, Skype나 이메일 또는 페이스북을 개설하거나, 노인들이 사용할 수 있도록 전화기를 제공하고, 보청기 문제를 해결하도록 돕고, 무료 버스카드나 대중교통 지도를 제공하는 것이다. 그러나 노인들의 관계가 껄끄러워졌거나 깨졌거나 아니면 원하는 만큼 잘되지 않을 경우, 그 관계가 정서적으로나 심리적으로 회복되기 위해 어떻게 지원할 수 있을지에 관해서는 이해도나 실제적인 지침이 부족한 실정이다.

관계 회복하기

웨일즈에서 진행한 노인 대상 연구에서(Blood et al., 2016b), 경우에 따라서는 수십 년 동안 가족들과 소원한 관계를 유지한 노인들이 많다는 것을 알고 매우 놀랐다. 어떤 노인들은 나이가 들면서 이러한 상실을 더 강하게 느끼고 있었다. 애착이론을 통해 금이 간 관계를 조명해서 '조율된 회복'을 달성할 수 있는데, 두 당사자가 상처를 치료함으로써 다시 관계를 맺고 새로운 관계를 형성할 수 있다.

- 사이가 틀어지는 것은 보통 욕구가 충족되지 않았을 때 발생하는데, 한 명 또는 두 사람이 존중받지 못하거나 가치를 인정받지 못하고, 상대방이 귀 기울여 듣지 않는다고 생각하거나 상황이 공정하지 못하다고 느낀다.
- 사이가 틀어져서 발생한 정서적 각성은 두 사람이 관계 회복을 고려할 만큼 안전하다고 느끼는 지점까지 줄어들어야 한다.
- 종종 상대방의 신호를 잘못 읽는 경우가 있는데 이는 지극히 정상적이다. 자신의 감정을 다른 사람에게 투사하거나 어떤 일을 개인적으로 해석하는 것은 흔하게 발생한다. 그러나 가끔 우리는 우리 자신의 이야기 속에 갇힌다.
- 관계를 복구하는 것의 목표는 안정(equilibrium)을 회복하는 데 있다. 각자의 이야기에 귀 기울이고, 이야기들을 비교하고, 공통의 이야기에 동의해야 한다. 두 사람 모두 관계에 생긴 금에 기여했을 가능성이 매우 높기 때문에, 그것이 상대방의 잘못이라고 고집할 경우에는 안정을 달성하지 못할 가능성이 크다.

이 점을 기억하면서 다음에 제시된 조언들을 참고하면 관계 복구를 준비하는 사람을 도울 수 있을 것이다.

- 불화에 대한 그들의 이야기와 감정을 타당화한다.
- 다른 이야기 또는 추가적인 이야기를 할 수 있도록 돕는다.
  그 당시 상대방은 어떤 느낌이었을 거라 생각하시나요? 지금은 그분이 어떻게 느낄 거라 생각하시나요?
- 중재자의 역할을 하겠다고 제안한다.
  상황이 어떤지 제가 연락해보면 어떨까요?
- 동기강화상담 기법을 사용해서(9장 도구 7) 그 사람의 양가감정과 두려움을 표현하도록 돕는다. 이때 어떻게 하면 그런 감정에 접촉하도록 도울 수 있을지, 그렇게 하도록 동기화하는 데 도움이 되는 것이 무엇일지 생각해본다.

3. 모든 사람들은 강점을 가지고 있고, 기여할 수 있는 무언가를 가지고 있다.

Cattan 등(2005)의 연구에서의 주요 발견 중 하나는, (다른 어떤 연령대에서도 마찬가지이지만) 노인들은 이자간 또는 다자간 관계에서 서로 주고받는 것의 필요성을 강조했다는 것이다. 이런 이유 때문인지 Cattan과 동료들은 일대일 개입이나 일반적인 집단과 비교해서 공통점이 많은 집단을 대상으로 외로움에 개입했을 때가 더 효과적이라는 것을 발견했다.

외로움을 타개하기 위한 최선의 출발점은 그 사람의 관심사, 열정, 강점에 초점을 두는 것이다. Helen Bown은 Barnwood 자선단체에서 관리자로 일하고 있는데, 이 단체는 사회적으로 고립된 사람들을 만나 이들이 지역사회와 연계될 수 있도록 돕고 있다. 그녀의 설명에 따르면, 초반에 노인의 집에서 모임을 갖고 시간을 보내면 두 사람 간에 신뢰가 쌓이고, 또한 노인의 관심사가 어디에 있는지를 눈여겨봄으로써 노인이 이웃에서 할 수 있는 활동을 파악하고 사람들과 연계시키는 기회를 찾을 수 있다.

마조리의 이야기

마조리는 아들의 죽음 이후에 극도로 고립되면서 우울해졌다. 그녀는 완전히 자신만의 세계로 철수한 것처럼 보였다. 메리가 몇 번 방문한 후 마조리는 메리를 집안으로 들였고, 몇 번 더 방문한 이후에는 메리에게 말을 했다. 어느 날 메리가 앉아 차를 마시고 있었는데, 마조리가 강아지가 그려져 있는 점퍼를 입고 있는 것을 발견했다. 메리는 그 강아지에 관해 이야기했고, 본인의 강아지인 웨즐리에 대해 말해주었다. 메리가 지난 수년 동안 함께 했던 강아지들에 관해 이야기를 해주자 마조리가 생기를 띠는 것처럼 보였다.

그다음 방문했을 때 메리는 웨즐리의 사진을 몇 개 가지고 와서 마조리에게 보여주었고, 마조리가 웨즐리를 만나고 싶은지 물어보았다. 두 사람은 다음번 방문 시 메리가 웨즐리를 데리고 오는 것에 동의했다. 웨즐리를 데리고 몇 번 방문한 다음, 메리는 웨즐리를 데리고 근처에 있는 공원에 가서 짧게 산책하자고 제안을 했다. 그들은 산책을 나갔고, 이후 매번 산책을 나갈 때마다 산책하는 시간을 조금씩 늘려갔다. 가끔은 강아지를 데리고 나온 다른 사람들을 만나게 되었고, 웨즐리가 다른 강아지들과 노는 동안 두 사람은 이웃들과 이야기를 나눴다. 이후 몇 달 동안 두 사람은 진을 만났는데, 진은 마조리 집 건너편에 살면서 시릴이라는 강아지를 데리고 나왔다.

하루는 진이 무릎을 교체하는 수술이 잡혀 있다고 말했다. 메리와 마조리는 수술 후 걷지 못하는 6주 동안 진이 시릴을 산책시킬 계획이 있는지 물어보았다. 진은 이것에 대해 매우 염려하고 있었는데, 자신의 아들이 점심시간에 와서 시릴을 데리고 밖에 나갈 수 있으면 좋겠지만 얼마나 바쁜지 알기 때문에 아직까지 아들에게 말을 꺼내지 않고 있었다. 메리는 주변에 돈을 받고 강아지를 산책시켜주는 사람들이 있다는 것을 알고 있었지만, 정기적으로 이 서비스에 돈을 지불할 수 없는 상황이었다. 마조리는 즉석에서 자신이 시릴을 산책시키겠다고 자원했는데, 메리에게 확신을 주기 위해 자신이 처음 두 번 정도 산책을 데리고 나가도 될지 물어보았다. 모든 사람이 이 계획에 대해 동의했다.

두 여인은 진이 수술을 받은 후 6주 동안 날씨와 상관없이 매일 진의 집에 왔고, 점점 더 우정을 쌓아갔다. 진이 걸을 준비가 되었다고 느꼈을 때, 두 사람은 시릴을 데리고 밖에 나갔고, 마조리는 진이 기댈 수 있도록 어깨를 빌려주었다(문자 그대로!). 마조리가 자연스럽게 우정을 쌓아가는 것이 분명해지면서, 그리고 마조리가 일어나서 밖에 나갈 이유가 생기면서, 메리의 방문은 점차 줄어들었다. 첫 번째 방문 이후 1년이 지난 시점에서 마조리는 1년 전 문간에서 처음 이야기를 나눴던 여인과는 매우 다른 사람처럼 보였다.

마조리의 경우, 강아지에 관한 공통된 관심사가 자연스럽게 우정과 이웃과의 연결로 이어졌다. 그러나 가끔은 관계가 촉진될 필요가 있다. 관심사가 비슷한 누군가를 소개받고 싶은지 조심스럽게 물어볼 필요가 있다. 동의할 경우 카페와 같이 자연스러운 장소에서 만남을 주선할 수 있다. 이쪽에서 일하는 사람들은 공예나 기타 연주 등 비슷한 관심사를 가진 사람들을 소개해왔다. 이렇게 소개받는다고 해서 지속적인 우정으로 이어질 것을 기대하거나 압력을 받지는 않지만, 매우 고립된 사람에게는 이러한 만남이 좋은 출발점이 될 수 있고, 특히 어떤 집단에 새내기로 들어가는 것보다는 덜 위협적이다.

James Woodward는 '목전의 것 이상을 보기'라는 사설에서, 이제막 시설로 이주해온 어떤 여성 노인이 책을 푸는 것을 도왔던 경험을이야기했다(Woodward 2015). 이는 그 여성 노인에게 중요한 것을 이해하고, 그녀의 관심사와 삶의 경험에 관해 이야기를 나눌 수 있는 기회였다.

사람들이 기여할 수 있거나 자원봉사할 수 있는 기회를 만드는것, 예를 들어 공예집단의 첫 모임을 준비하는 것, 커피 모임을 위해케이크를 만드는 것, 다른 사람의 말동무가 되어 주는 것 등은 어떤 사람들에게는 좋은 '입문'이 될 수 있다. 다른 사람들을 돕기 위해 자신의기술과 시간을 할애할 경우 자존감이 향상되는데, 이는 참여자나 수혜자로서는 경험하지 못하는 것이다(특히 외로움을 극복하기 위해 특정 개입에 참여하는 사람들은 경험하기 어렵다).

4. 그 사람에 관해 호기심을 유지한다.

지금까지 살펴본 것처럼, 외로움은 매우 복잡한 사적인 경험이다.외로움은 왔다가 사라지는 감정이다. 외로움을 초래하는 것, 외로움을줄이는 데 도움이 되는 것은 사람마다 다를 수 있다.

우리는 2장에서 로즈가 세제를 쌓아두는 것은 타인과의 접촉을 증가시키려는 최선의 시도였음을 알게 되었다. 로즈가 지역에서 공동으로 운영하는 카페에서 자원봉사를 함으로써 자신의 사회적인 욕구를 충족하기 시작하면서, 로즈는 자신의 세제들을 놓을 수 있었고 다른 사람들과 연계되는 방법들을 찾을 수 있었다. 우리는 직전 절에서 강아지에 대한 마조리의 사랑이 어떻게 자신의 삶에 다시 불을 지피고 진과의 우정을 촉발시켰는지 살펴보았다.

이상의 이야기 속에서 노인들을 지원하는 데(물론 모든 연령대에 해당될 수 있음) 도움이 될 만한 정보들이 있지만, 좋은 삶을 위한 열쇠는 다분히 개인적이다. 모든 사람에게 맞는 크기는 존재하지 않는다. 그러나 기여하고 싶은 우리의 공통된 욕구, 위로 및 친밀함에 대한 욕구에 기초한 원칙들은 존재한다.

애착이론은 우리가 도무지 뭘 해야 할지 모를 것 같은 사람들을 지원하는 데 있어서 효과적인 방법들을 이해하고 찾는 데 도움이 된다. B 유형의 전략을 사용하는 사람들은 일단 어느 정도 신뢰가 형성되면 자신의 외로움을 인식할 가능성이 있고, 외로움의 원인에 관해서도 이야기할 수 있으며, 또한 외로움을 해소하기 위한 그들만의 전략을 개발할 수가 있다. 보통 그들이 타인으로부터 필요한 것은 반응해 주는 것, 정보와 아이디어, 그리고 격려인데, 물론 이것은 그들이 경험하고 있는 외로움이 어느 정도로 구조적 요인(예: 빈곤, 차별, 지역적인 고립 및 이동수단의 결여 등)에 의해 형성되었느냐에 달라진다.

A 유형의 전략을 사용하는 사람들은 종종 자기의존적인 전략을 발전시켜 왔다. 이들은 완전히 철수할 가능성이 있는데, 일상에서도 사람들과 어울리거나 감정을 드러내는 일이 많지 않다. 그래서 이들은 왜 우리가 사람들과 다시 연계해야 하는지 질문할 수 있다. 그러나 이러한

전략은 '문제가 되는' 행동들을 초래할 수 있고, 매우 현실적인 문제들을 야기할 수 있다. 예를 들어, A 유형 전략을 사용하는 사람은 근접성 (proximity)에 대한 욕구를 충족시키기 위해 사물에 집착할 수 있는데, 물건을 쌓아두거나 엄격한 순서나 절차에 고착될 수가 있다. 이런 사람들은 건강에 위기가 찾아오거나 나이가 들면서 건강상의 문제가 발생할 가능성이 증가할 경우 다른 사람들의 주의를 끌게 된다. 갑자기 또는 점진적으로, 스스로에게 의존하는 것이 더 이상 가능하지 않게 된다. 돌봐주는 사람들이 집으로 찾아와서 이들을 도와줘야 하거나 병원이나 요양원 같은 곳에서 시간을 보내야 한다.

비록 외로움이라고 표현하지는 않지만, 외로움은 이러한 전략들을 사용하는 사람들의 기저에 있는 문제일 가능성이 있다. 과거에 상처나 외상을 입었다면, 또는 감정을 표현했지만 다른 사람들로부터 거부되거나 부정적인 반응을 목격했다면, 타인을 불신하게 되고, 자신의 감정을 인식하는 능력이 감소했을 가능성이 크다. 이런 사람들을 관계에 관여하도록 도와줄 때는, 매우 점진적으로 이들과 신뢰를 쌓으려고 노력하고, 시간을 가지면서 사람들과 만나는 것에 관심이 있는지를 살필 필요가 있다. 이것이 메리가 마조리를 도울 때 사용했던 방법이다. 처음부터 그들의 관계나 감정에 관해 이야기하라고 요청하거나 그들을 세상으로부터 멀어지게 했던 사건에 관해 이야기해보라고 요청하는 것은, 오히려 이들이 세상으로부터 더 철수하는 요인이 될 수 있다.

C 유형 전략을 사용하는 사람들은 자신의 외로움을 자세히 설명하는 것을 힘들어한다는 점에서는 비슷하다. 어떤 사람들은 외로움을 화로 표현할 수 있는데, 자주 직원들에게 전화를 걸어 불평하고 화가 난 메시지를 남겨놓거나, 매우 감정적이 되면서 스스로를 해치겠다고

위협할 수도 있다. 다른 사람들이 관심을 기울이면 이내 그들을 밀어내고, 다른 서비스로 옮겨가기도 한다. 바로 이것이 1장에서 만났던 제이콥이 자신의 외로움에 대처할 때 사용한 전략이다. C 유형 전략을 사용하는 사람들은 매우 많은 사람들과 피상적인 수준에서 관계를 형성하는데, 친밀감이나 깊이가 결여되어 있는 경우가 많다. 이는 사람들이 나이를 먹어가면서 더욱 문제가 된다. 이동이 제한되고 소득 또한 줄어들기 때문에, 다른 장소에서 다른 사람들과 많은 관계를 맺는 것이 힘들어진다. 실질적인 지원이나 다른 형태의 도움을 얻기 위해 매우 피상적인 관계를 맺는 것은 훨씬 더 어려울 수 있다.

C 유형의 전략을 사용하는 사람들이 자신의 외로움을 표현하고 해결하도록 도와주기 위해서는 우리가 무엇을 제공할 수 있고 또 제공할 수 없는지를 명확히 해야 하고, 도움을 주기 위해 소환된 타인 및 기관들과 조율하는 것이 중요하다. 그렇지 않을 경우, C 유형 전략을 사용하는 사람들은 결국 서비스에 기초한 삶을 발전시킬 위험에 처한다. 즉, 이들은 한 전문가에서 다른 전문가로 옮겨 다니면서 서로 다른 서비스를 받으려 할 것이다. 이들이 스스로 생각하고 계획하면서 세상을 배치하고 통제하도록 지원하면 순전히 정서적인 반응 그 이상을 할 수 있게 도와줄 수 있다.

5. 희망

희망은 '원하는 목표가 달성될 수 있고, 이러한 목표를 달성하기 위한 다양한 통로가 있다는 믿음'으로 정의되어 왔다(Brooks, 2012).

외로움이 주관적인 상태인 점을 고려했을 때, 희망이 외로움으로부터 사람들을 보호한다는 것은 그리 놀라운 발견이 아니다(Feldman et al., 2016). 만일 우리가 외로움의 탈출구를 발견할 수 있다면, 그리고 외로움을 영구적인 상태가 아니라 순간적이고 상황적인 상태로 바라보기 시작한다면, 우리는 외로움의 탈출구를 찾아내 빠져나올 수가 있다.

관계 변화에 대한 희망을 잃어버린 사람들에게 동기강화상담은 이 상황을 바꿀 수 있는 도구들을 제공해 줄 수 있다. 사람들이 삶에서 원하는 변화를 달성하는 데 이 기법들을 사용할 수 있다(9장 활용도구 7을 참조).

6. 위험을 감수하는 것에 대한 허락

우리는 위험을 고려하는 데 6장을 할애했다. 6장에서 우리는 전문가와 가족들이 위험을 회피하는 것을 도전하는 데 초점을 맞췄다. 어떤 경우 노인들은 두려움과 불안으로 인해 회피하는 것을 선택한다. 범죄에 대한 두려움, 낙상에 대한 두려움, 특히 날씨가 안 좋고 길을 잃을지도 모른다는 두려움은 모두 근거가 있는 두려움이고, 어두워졌거나 길이 미끄러울 때 혼자 밖에 나가지 않겠다고 결정하는 것은 모두 합리적인 결정이다. 그러나 이러한 두려움은 지나칠 수도 있는데, 어떤 노인들은 일반화된 불안을 말한다.

> 더 걱정해요. 미래를 걱정하지는 않아요. 어리석게도 아주 사소한 일들을 걱정해요. 말하기는 어려운데, 제가 점점 더 느려지고 있어요. 그래서인지 예전에 하던 일들도 이제는 할 수가 없어요. 그게 걱정이 되기도 하지만, 사실 걱정할 게 전혀 없기도 해요.
>
> (Blood et al., 2016b, p.21)

사람들이 무엇을 걱정하는지 이야기하도록 격려하고, 밖에 나가 활동하는 것의 잠재적인 이익이 무엇인지도 함께 다루는 것이 도움이 된다. 이런 대화를 통해, 위험을 감소시키고 더 안전하게 느끼도록 만드는 실제적인 조치들에 관해 이야기해 볼 수 있다. 가끔 사람들은 '이 나이에' 뭔가를 해서는 안 된다는 사회적인 압력을 느끼는데, 위험을 무릅쓰는 것을 허락하는 것만으로도 이들을 자유롭게 만들 수 있다. 종종 사람들이 어찌해야 할지 갈등하는 경우가 있는데, 동기강화상담에서 활용하는 기법들이 도움이 될 수 있다.

우리는 전문가로서 이 일을 효과적으로 수행하기 위해 전통적인 역할을 넘어설 필요가 있다. 메리는 자신의 강아지를 데리고 마조리 집에 갔고, 함께 밖으로 산책을 나갔다. 매우 자연스러운 인간적인 반응으로 보이는 것들이, 사실 많은 기관에서는 건강 및 안전 관련 정책, 전문가 윤리강령 및 위험과 관련된 정책을 깨는 것일 수 있다. 이것이 갖는 시사점에 대해서는 6장과 8장에서 더 다룰 예정이다.

7. 탄력성을 키운다.

사회관계망을 키우고 심화시키는 일은 탄력성을 키우는 중심에 위치한다. 이 장의 핵심 메시지는, 노인들의 사회관계망을 증가시키는 것을 지원해주는 사람들은 지속가능한 방식으로 도움을 제공해야 한다는 것이다. 제공되는 서비스는 '자연적인' 관계망을 대체하는 것이 아니라 그것을 촉진시키고 자극하며 보완해야 한다.

우리가 시간과 에너지를 투자해서 처음부터 노인을 경청하고 노인과 협력한다면, 그리고 우리가 속한 기관으로부터 지원을 받아 몇 가지 위험을 무릅쓰면서 조금은 다르게 일을 한다면, 그 노인은 좀 더 나은 삶을 살 수 있어야 하고, 미래에는 전문적인 도움을 덜 필요로 해야 한다. 물론, 마조리가 진과 우정을 쌓았다고 해서 반드시 미래의 어느 시점에 돌봄이 필요하지 않다는 것은 아니다. 그러나 두 사람의 우정은 마조리가 경험하는 외로움과 우울, 그리고 이에 수반되는 건강상의 위협요인들을 감소시켜야 한다. 만일 마조리가 이웃 공동체에 관여하도록 조력하지 않은 채 마리가 단순히 친구가 되어주기 위해 마조리를 방문했다면, 마조리가 얻었던 혜택은 예산이 고갈되는 시점에서 시간 제한을 두고 제공된 서비스가 종료될 때 급격히 사라졌을 것이다. 심지어 마조리를 처음 만났을 때보다 더 외롭고 우울해졌을 수 있다.

지원 집단에서 비슷한 모형을 운영할 수 있는데, 노인에게 실제로 중요한 도움을 주도록 촉진하고 조율할 수 있다(9장 활용도구 8 참조).

주류 동호회 및 활동 이용 지원하기

많은 노인들이 '노인'을 대상으로 하는 행사에 가고 싶어 하지 않는 것은 이해할 만한 일이다. 어떤 노인들은 그곳에 온 사람들과 공통점이 거의 없다고 느낀다. 어떤 노인들은 자신이 '노인'이라고 생각하지 않는다. 관심사가 같은 다른 연령대의 사람들과 함께 활동하고 싶어 하는 노인들도 있다. 이는 동년배 또는 동일한 진단을 받은 사람들, 돌봐주는 사람들, 최근에 배우자와 사별한 사람들과 함께 어울릴 때 얻을 수 있는 것의 가치를 폄하한다는 것이 아니다. 이것이 의미하는 것은, 동일한 연령대나 같은 진단을 받은 사람들과 함께 있다고 해서 자동적으로 공통점이 많을 것으로 가정해서는 안 된다는 것이다. 강점에 기반한 접근을 취한다는 것은, 서둘러 노인들을 떼어 놓기보다는 노인들이

속해 있는 공동체 안에서(그것이 이웃이건 음악동호회 또는 축구팬 모임이건) 이들을 통합할 수 있는 기회를 찾아야 한다는 것을 의미한다.

'주류(mainstream)' 활동, 예를 들어 축구 클럽, 신앙공동체, 예술 및 문화 활동, 가게 및 서비스 이용을 증가시키는 것은, 부분적으로는 우리 지역에서 어떤 일이 가능한지 알아가는 것과 관련이 있다. 또한 이것은 기동성과 시력, 청력 등이 떨어진 사람들 또한 이러한 장소들을 이용하는 것이 가능한지 확인하는 것과 관련이 있다. 마찬가지로, 이는 치매 등에 관해 사람들이 가지고 있는 편견에 도전하고 인식을 향상시키는 것과 관련이 있다.

많은 지역에서 '치매 우호적인' '연령 우호적인' 공동체를 조성하려는 활동들이 전개되고 있다. 어떤 사람들은 이런 개념을 비판했는데, 예를 들어 치매를 선별하는 것이 도움이 되겠냐는 것이었다. 이것은 단순히 '우호적인 것'이 아니라 포함될 권리에 관한 것이다. '공동체'라는 것은 무엇을 의미하는가? 종종 '치매 우호적인 공동체'라는 이름으로 수행되는 활동이 오히려 이들을 분리시키고, 치매가 있는 사람들에 대한 고정관념을 심화시킬 위험이 있다. 이러한 활동의 주요 목표는 치매가 있는 사람, 노인, 궁극적으로는 모든 사람들이 버스, 가게, 수영장 등 공공의 영역을 이용할 수 있게 만드는 것이다.

'치매 우호적인 공동체'에서 치매가 있는 사람들은 포함되고 존중받는다. 치매를 갖고 있는 사람들과 그들을 돕는 사람들이 지역사회의 삶에 참여하는 것을 방해하는 장애물을 제거하기 위해, 시민과 기관 및 기업이 함께 일하고 있다.

(Imogen Blood & Associates/Innovations in Dementia)

'치매 우호적인 공동체'에서는 수많은 참여 기회를 조성할 수가 있다. 어떤 지역에서는 극장과 수영장에서 '편안한' 또는 '치매 우호적인' 공연이나 시간대를 운영하고 있다. 술집이나 가게, 레스토랑에서는 치매가 있는 사람들이 이용할 수 있도록 조치들을 취해왔다. 경찰에서는 길을 잃은 치매 노인들을 돕기 위한 방법들을 고안해냈다. 치매에 걸린 노인이나 이들을 돕고 있는 사람들이 이러한 활동에 참여하는 기회가 마련되어야 하는데, 이들이 주행할 수 있는 도로를 확인하는 것을 돕거나, 인식 개선을 위한 훈련에 참여시키거나, 공공장소나 교통망에 대한 접근가능성을 평가하는 활동을 전개할 수 있을 것이다.

어떻게 하면 동호인 클럽과 거리, 종교시설을 좀 더 '치매 우호적인' 곳으로 만들 수 있는지에 관해 많은 글들이 출판되었다.

Livability라는 기관에서는 '치매에 우호적인 교회 만들기'라는 지침을 출간했는데, 치매의 몇 가지 양상과 이것이 교회 참석에 어떤 영향을 미치는지를 아래와 같이 기술하고 있다.

- 매일의 기억: 최근에 발생한 사건을 기억하는 것이 힘들다고 느낌
- 집중하고, 계획을 세우고, 조직하는 것: 결정을 내리고, 문제를 해결하고, 일련의 과제를 수행하는 것을 힘들어함(즉, 식사를 위해 요리를 하고, 성경에서 문구를 찾는 것 등)
- 시공간적 기술: 거리(예: 계단)를 판단하고, 3차원 사물을 보는 데 문제가 있음
- 방향 감각(orientation): 시간이나 날짜에 대한 감각이 상실되고, 어디에 있는지 혼란스러워함

(Livability, 2017에서 수정함)

지침서에는 교회가 취할 수 있는 다양한 조치들이 담겨 있는데, 예배시간을 단축하거나 요양원에 찾아가서 예배를 하거나 더 이상 예배에 참석하지 못하는 교인들에게 연락을 취하는 것 등이 포함되어 있다. 이러한 아이디어는 상황에 맞게 변형해서 적용될 수 있을 것이다.

호주에서 출판된 '당신의 작업장과 치매: 매뉴얼'(Australian Alzheimer's NSW, 2014)은 남성들의 작업장에 초점을 두고 있다. 이 작업장은 남성들이 와서 함께 물건을 만들고 수선하는 여가동호회로서, 치매가 있는 사람들을 포함시키고자 한다. 이 간단명료한 지침서에는 치매에 걸린 사람들이 자신에게 맞는 동호회를 찾는 데 어떤 능력이 어떤 도움이 필요할지 언급하고 있고, 언제 치매가 악화되는지를 미리 계획하는 데 활용할 수 있는 조언들이 담겨 있다. 또한 이 지침서에는 치매가 없는 다른 동호회 구성원들을 위한 조언도 포함되어 있다. 즉, 사용할 언어, 치매가 있는 사람들을 포함시키는 방법, 다양한 유형의 치매에 대한 기초적인 정보와, 치매가 사람들에게 어떤 영향을 미치는지를 설명한 유인물이 포함되어 있다.

아래에 제공된 정보 또한 도움이 될 수 있다.

- 공연이나 창의적인 시간들을 치매 우호적으로 만드는 방법(West Yorkshire Playhouse, 2016)
- 수영장을 이용가능한 곳으로 만드는 방법(Swim England, n.d.)
- 미술관을 이용이 가능하도록 만드는 법(다른 유형의 장소에도 적용할 수는 참고자료가 많음)(Alzheimer's Society, 2015)

Chapter 06

긍정적 위험감수

들어가며

우리는 일상생활에서 '위험'을 흥분 및 불확실성과 연관 지으려는 경향이 있다. 즉, 위험하다는 것은 알지만 어쨌든 무언가를 하는 것이 가치 있다고 판단한다. 가끔은 그 위험이 요점이 될 수도 있다. 그러나 사회복지 상황에서 '위험'에 관해 말할 때는 그 초점이 '서비스 이용자' 에게 초래될 수 있는 위해(harm)와 우리가 서비스 제공자로서 그 위해 에 대해 직면해야 할 책무(accountability)에 관한 것일 가능성이 크다. Alison Faulkner가 '복지국가(Careland)'에서 말했던 것처럼, 다른 규칙 들이 존재한다. 비록 그 "안전"이 당신 자신의 독립과 복지를 위험하게 하는 것을 의미할지라도, 당신은 당신을 해롭게 하거나 당신의 안전을 위험에 빠뜨리게 만드는 것이 허용되지 않는다(Faulkner, 2012, p.11).

강점에 기반해서 노인과 일을 할 경우 위험을 지나치게 조심스럽게 접근하면 큰 장애물이 될 수 있다. Furedi(2011, p.14)가 주장한 것처럼, '일단 복지 이용자를 위험이라는 렌즈를 통해 평가하게 되면, 이용자가 주도적인 능력을 가지고 있는 사람으로 인지하는 것이 힘들어진다.'

그러나 사회복지 및 주거 전문가들은 자신이 근무하고 있는 기관에서 위험 평가(risk assessment)를 수행하고 위험을 관리하도록 요구받고 있다. 이는 전문가들이 법률적 의무 및 복지 의무를 수행하고 있음을 입증하기 위해, 그리고 혹시 일이 잘못되었을 때 기관 및 개인 근로자가 법률 소송에서 보호받기 위한 필요 때문에 수행되고 있다. 그러나 지역 당국 및 NHS의 예산이 축소되면서(그리고 복지 계약의 가치가 축소되면서), 이러한 균형 있는 행위가 점점 더 힘들어지고 방어적이 되고 있다.

서비스 시설에서는 위험 부담이 적은 결정들은 자원을 덜 소비하는 경우가 있는데, 따라서 '위험'은 사람들의 욕구를 충족시키지 않는 것의 핑계가 될 수 있다. 다음 사례는 Alzheimer's Society(2012)에서 가져왔다.

> 어머니는 3주 동안 병원에서 지낼 때까지는 움직일 수 있었고 스스로 변을 조절할 수 있었다. 어머니가 일어나서 화장실에 가겠다고 소리를 질렀음에도 불구하고 그들은 어머니를 침대에 누이고 기저귀를 채웠다. 어머니가 양로원으로 옮겨 갔을 때에도 그들은 똑같은 일을 했는데, 어머니나 나에게 귀를 기울이기보다는 병원 직원들의 말에 귀를 기울였다. 이로 인해 어머니는 굉장히 고통스러워했다. 치매가 심해졌지만 그래도 어머니는 여전히 꼼짝도 못하는 것에 대해 굴욕감을 느낄 만큼 상황을 충분히 인식하고 있었다. 어머니가 돌아가시기 전날, '이렇게는 살 수 없을 것 같다.'라고 나에게 말씀하셨다.
>
> (Alzheimer's Society, 2012, p.9)

이 이야기는 노인이 '과도하게 서비스를 받을 때' 발생할 수 있는 정서적, 심리적, 사회적 해로움을 잘 보여주고 있는데, 이렇게 과한 서비스를 제공하는 것은 노인을 보호하기 위함이기도 하고 또한 직원과 시스템의 편의 때문이기도 하다. 이 사례에서 직원들이 내린 결정은 거칠고 경솔한 것처럼 보이지만, 의심할 여지 없이 직원들은 많은 사람들의 욕구를 충족시키기 위해 분주했을 것이고, 만일 직원들이 환자에게 변기로 걸어가도록 격려했다고 하더라도 환자가 낙상할 위험이 있음을 염려했을 것이다.

John Kennedy는 Rowntree Foundation을 위한 돌봄주택조사(Care Home Inquiry)에서 아래와 같이 복지 영역을 항공 업계와 비교했다.

나는 항공 업계와 관련해서 'skin in the game(위험에 처해 있는)'이라는 표현을 들은 적이 있다. 하늘에서는 모든 사람들이 위험에 처해 있다. 즉, 승객, 조종사, 승무원, 경영진 누구도 비행기가 추락하는 것을 원치 않는다. 결과적으로 항공 업계의 한 단면이 규제되는 것이 아니라 시스템 전체가 규제된다. 또한 그 문화는 개방적이고, 가능한 '비난이 없는' 것을 지향하는데, 이로 인해 위험/이익에 대한 합리적인 분석을 가능케 한다. 어떤 일이 잘못되면, 첫 질문은 '시스템에 어떤 잘못이 있었나?'이지 '누구를 비난할 수 있을까?'가 아니다. 결과적으로, 항공기가 하늘에서 추락하는 일은 매우 드물다.

그렇다면, 복지 분야는 어떠한가? 현재의 규제, 보호, 위원회와 관련된 환경은 어떠한가? 내 생각에는 돌봄주택과 관련된 기관들이 요청받은 일을 하고는 있지만, 그들이 해야 할 일은 하고 있지 않은 것 같다. 처리는 모두 일방향이다. 그들은 위험한 일을 하지 않는다. 그들은 위험을 공유하지도 임무를 지지하지도 않는다. 그들이 하는 것은 방관자로서 집합적인 '제도적' 책임을 일부 인정하지 않으면서 확실한 보장을 요구하고 있다. 시간이 지나도 좋아지지 않고, 계속해서 총알부대의 일원이 되고 있다.

(Kennedy, 2014, pp.48−49)

우리는 이 장에서 위험을 새롭게 바라보고 위험과 함께 일을 하는 방식, 소위 '긍정적 위험감수(positive risk−taking)'로 전환해야 한다는 것을 주장한다. 그렇다고 해서 위험을 평가하는 것을 저버리고 주의를 소홀히 하라는 것이 아니다. 오히려 다음과 같은 것을 의미한다.

- 위험에 관한 의사결정은 균형을 이루어야 한다. 즉, 무언가 잘못되었을 때 발생할지 모를 해로움뿐 아니라 위험을 감수함으로써 얻는 이익(그리고 위험을 감수하지 않음으로써 발생할 수 있는 잠재적 해로움)을 함께 고려해야 한다. 여기에는 공식적인 서비스를 제공할 때의 위험과 그렇게 하지 않을 때의 위험을 모두 고려하는 것을 포함하는데, 예를 들어 병원에 머무는 것이 어떤 점에서는 '더 안전한' 선택처럼 보이지만, (앞선 사례에서 살펴본 것처럼) 이동가능성이나 자신감을 잃을 위험 또한 고려해야 한다.
- 우리는 방어적인 결정(즉, 우리 자신과 기관을 보호하는 결정)이 아니라 방어할 수 있는(즉, 근거가 충분하고 타당) 결정을 내리고 그것을 기록으로 남겨야 한다.
- 위험에 관한 의사결정을 내리기 위해서는 노인, 가족, 관련 기관과 협력해야 한다. 우리 모두 위험을 부담해야 한다. 위험을 부

담한다는 것은 어떤 목표를 달성하기 위해 위험을 감수한다는 것을 의미한다. 우리의 경우에는 각 이해당사자가 집합적으로, 진정성 있는 관여를 통해 노인이 가지고 있는 목표를 지지하는 위험을 감수하는 것이다.

긍정적 위험감수는 특정 선택을 할 때 발생하는 잠재적인 이익과 해로움을 계산하는 것인데, 포함되어 있는 잠재적 위험을 확인하고(위험 평가), 이용자의 잠재성과 우선순위를 반영해서(강점 기반 접근) 활동들을 계획하는 것(위험관리)이 포함된다. 여기에는 가용할 수 있는 자원과 지원을 통해 원하는 성과를 성취하고 잠재적으로 해로운 결과를 최소화하는 것이 포함된다.

(Morgan and Andrews, 2016, p.128)

위험을 싫어하는 기관에서 이것을 혼자 힘으로 하는 것은 쉽지 않다. 마찬가지로 위험을 극도로 싫어하는 다른 기관들을 설득해서 게임의 일원이 되게 하는 것은 마치 언덕 위를 올라가면서 벌이는 싸움처럼 느껴질 수 있다. 그러나 변화는 '최전선'에서 시작될 수 있고 또 그래야 하는데, 왜냐하면 바로 여기가 노인 및 그 가족과 관계가 형성되는 곳이기 때문이다. 일단 '위험'이라는 렌즈로 노인을 바라보고 이것을 관리자와 동료들에게 보고했다면, 여행의 방향은 정해진 것이다. 다시 돌아가 좀 더 균형 있고 강점에 기반을 둔 대화를 시작하는 것은 힘들 수 있다.

애착이론과 강점 기반 실무가 어떻게 긍정적인 위험감수와 관련이
있는가?

'긍정적인 위험감수'와 강점 기반 실무는 상당한 정도로 중첩되어
있다. 둘 다 노인 및 그 가족에게 무엇이 가장 중요한지 이해하고자 하
며, 그들이 가지고 있는 자원과 대처 방식을 스스로 확인하고 이를 키
워가도록 돕는 것을 목표로 한다. 또한 두 접근 모두 가족 및 다른 전
문가들과 협력해서 해결책을 찾아 중요한 성과를 얻으려고 노력한다.

여기서 애착이론이 유용하게 활용될 수 있는데, 그 이유는 전문가
들이 위험에 관해 논의해야 하는 상황에는 어느 정도의 불확실성과 잠
재적인 위협이 존재하기 때문이다. 예를 들어, 이러한 논의가 시작된
것이 노인의 신체적/정서적 안녕이 나빠졌거나, 파트너와 사별 이후 더
많은 지지가 필요하거나, 가까운 사람들에 의해 학대를 당했기 때문일
수 있다. 이때 질병, 애도, 삶의 유한함, 상실 등의 주제가 건드려질 수
있는데, 그 결과 당사자 및 사랑하는 사람들의 애착체계가 위협받을 수
있다.

우리가 2장에서 봤던 것처럼, 이것은 애착 전략을 촉발시킬 수 있
다. A 유형 전략을 사용하는 사람들은 자신의 감정을 억누르고, 상황에서
물러나거나, 도움을 제공받는 것을 거부할 수 있다. C 유형 전략을 사용
하는 사람들은 무의식적으로, 만일 문제가 해결되면 자신을 지지하는 사
람들과 더 멀어질 수 있고, 따라서 유용한 해결책을 찾는 것 그 자체가
위협이 된다고 여길 수 있다. 따라서 이들은 고양된 정서적 반응을 보이
면서 화를 내거나 고통스러워할 수 있고, 또는 무언가를 해달라고 요구하
면서 그것이 제공될 때에는 도움을 뿌리치는 행동을 보일 수 있다.

결정에 관여하고 있는 사람들이 위험에 관해 어떤 태도를 가지는

지는 다양한 요인들에 의해 영향을 받는다. 예를 들어, 전문가 자신의 두려움과 상실 경험, 세상이 어떻게 돌아가고 있고 어떤 종류의 해결책이 가능한지에 대한 믿음, 전문가 간 관계, 그리고 결정의 중심에 있는 노인과 맺고 있는 관계가 위험에 대한 태도에 영향을 미친다. 이는 완전히 객관적인 위험 평가와는 거리가 멀다. 위험에 대해 노인 및 그 가족(우리의 동료도 포함됨)과 성공적으로 일하기 위해서는 이러한 기저의 감정에 귀를 기울여야 하고, 그들이 가지고 있는 두려움과 가정들을 이야기하도록 언제 그리고 어떻게 지지할 수 있을지 인지해야 하며, 안전과 위로에 대한 욕구를 표현하고 충족시킬 수 있도록 더 나은 방법들을 찾아야 한다.

우리는 이 장에서 강점에 기반을 두면서 위험에 관해 이야기하는 것이 무엇을 의미하는지 생각해 보고자 한다. 또한 위험에 관한 논의 및 결정의 물리적 측면과 정서적이고 관계적인 측면을 조명할 것이다. 자신과 자신을 둘러싼 환경을 이해하는 방식이 긍정적인 위험감수를 이야기하는 것에 어떻게 영향을 미칠까? 위험에 관한 대화는, 긍정적이건 부정적이건, 관계에 어떤 영향을 미칠까? 우선, 노인과 그 가족, 그리고 전문가들이 왜 안전과 위험에 관해 서로 다른 인식을 가지고 있는지를 탐색해 보자.

노인과 위험감수

일반적으로 우리는 나이를 먹어가는 것을 보수적인 것, 위험을 꺼려하는 것과 연관시킨다(그러나 애초부터 위험을 꺼려한 사람도 있지만, 늘 살얼음 위에서 살아온 사람도 있다). 심리학 분야에서 나온 결과들은 복잡한데, 다른 연령대 사람들이 그런 것처럼 노인들 또한 각자 태도나 행동 면에서 서로 다르다.

심리학 연구들에 따르면, 돈과 관련된 의사결정 또는 도박 문제와 관련해서는 노인들이 덜 위험을 무릅쓰는 경향이 있다. 이에 관해 수많은 이유가 있을 수 있다. 삶의 후반부에서는 은행 대부나 직업을 통해 빚을 갚거나 재정을 다시 채우는 것이 훨씬 더 어려울 수 있다. 따라서 이것은(재정과 관련해서 위험한 일을 하지 않으려는 것은) 매우 합리적인 반응일 수 있다. 심리학자들이 수행한 도박 실험에서 노인들은 좀 더 보수적인 전략을 사용했는데, 연구자들은 그 이유가 노인들의 인지적 처리속도가 늦고 기억력 또한 좋지 않기 때문으로 해석한다(Albert and Duffy, 2012).

그러나 다른 심리학자들(예: Rolison et al., 2013)은 삶의 다른 영역에서 위험과 관련된 의사결정을 내릴 연령이 과연 어떤 영향을 미치는지 이해하는 것이 중요하고, 그러한 의사결정을 자극하는 것이 무엇인지 자세히 들여다 볼 필요가 있다고 지적했다(Rolinson et al., 2013).

심리학자들은 소위 '연령과 관련된 긍정성 효과'라는 것을 확인했다. 노인들은 부정적인 정보보다는 긍정적인 정보를 알아채고 처리할 가능성이 훨씬 더 크다. 심리학 실험에서는 이것이 행복한 표정과 슬픈 표정을 동시에 제시했을 때 행복해 보이는 얼굴 표정을 기억하는 것으로 나타날 수 있다. 연구에서는 젊은 사람들이 정반대로 행동할 가능성이 더 큰 것으로 나타났다.

Carstensen과 Mikels(2005)는 유사한 연구들을 많이 수행했는데, 노인기에는 인지적 기능(사고, 기억)이 쇠퇴함에 따라 정서적 기능(감정)은 보통 보존되거나 심지어 향상되는 것으로 나타났다. 연구자들의 주장은, 노인들이 '정서적 평형상태'인 안녕과 행복감을 유지하기 위해 상대적으로 잘 보존된 기억을 정서, 특히 긍정적인 감정을 위해 사용한다고 주장한다. 그러나 연구자들은 (상세한 것을 기억에 의존하는 대신) 감정에 의존하게 되면 다른 상황에서는 조악한 결정을 내릴 수 있다고 경고한다.

나이와 위험감수에 관한 연구들이 노인을 돌보는 사람들에게 던지는 주요 메시지는 무엇일까? 노인들은 정서적인 목표를 우선시한다는 것이다. 이러한 경향은 우리의 삶이 얼마나 남아 있다고 생각하느냐와 관련이 있는 것 같다. Carstensen과 Mikels가 지적한 것처럼, '사람들은 시간의 한계를 지각할 때 의미 있는 삶을 살아가고 싶어 하는 등 정서적으로 의미 있는 측면에 주의를 기울이고, 정서적으로 친밀한 관계를 맺으며, 사회적으로 연계되어 있다고 느끼고 싶어 한다'(p.117).

이런 성찰은 종단연구[1]인 하버드 성인발달연구(Harvard Adult Development Study)와 부합하는데, 이 연구에서는 학생이었던 미국 사람들을 80년 동안 추적했다. 이 연구에 따르면, 50세에 관계만족도가 가장 높은 사람들이 80세에 가장 건강한 것으로 나타났다. 나이가 들어가면서 우리는 이 사실을 본능적으로 알게 되는데, 우리가 가지고 있는 장점을 활용해서 우리에게 정서적으로 중요한 관계 및 기타 일을 우선시하는 것 같다. 결국, 관계를 통해 정서적인 욕구를 충족시키려는 시도인 애착 전략이 계속해서 의사결정에 영향을 미치게 된다.

---

1 하버드 성인발달연구는 Robert Waldinger가 TED에서 한 연설인 '무엇이 좋은 인생을 만드는가? 행복에 관한 가장 오래된 연구로부터의 교훈'에 잘 설명되어 있다.
www.ted.com/talks/robert_waldinger_what_makes_a_good_life_lessons_from _the_longest_study_on_happiness

'독립'의 가치

노인을 대상으로 한 연구에서 반복되는 주제는 어느 정도의 '독립'
이 가치 있는가이다(예: Blood, 2013; Blood et al., 2016b). 독립
(independence)은 사람마다 서로 다른 것을 의미하지만 보통 다음과 같
은 것들을 포함한다.

- 자유 및 자율성을 가짐
- 타인에게 '짐'이 되지 않음 – 당신이 요구하는 것과 당신이 제공
  할 수 있는 것 사이에 합리적 균형이 존재함
- 가정에 소속되어 있다는 느낌과 자부심을 가짐
- 활동적이고, 목적을 가지고 있으며, 관계를 유지함
- 가능한 한 '정상성'을 유지하려고 노력함

건강이 좋지 않거나 장애가 있는 노인들은 일상적인 활동에서 독
립과 위험 간에 수용 가능한 균형을 찾으려고 노력한다. 타인에게 의존
하지 않으면서 혼자서 하려고 노력하는 것은 '독립'의 핵심이다. 악화되
거나 불안정한 건강 상태, 변하는 환경 가운데, 노인들은 계속해서 균
형 상태를 미세하게 조정할 필요를 느끼게 된다. 이는 Mitchell과
Glendenning(2007, p.25)이 묘사한 '노화 또는 치매로 인해 발생하는
신체적/심리적 변화에 적응하고 재정의하는 복잡하면서도 긴 과정'인
것이다.

이와 관련된 내용을 80대인 B여사가 그녀의 딸과 나눈 대화에서 엿볼 수 있다(이 노인은 현재 혼자 살고 있고, 낙상의 위험이 있다고 느끼고 있다).

B여사: 지난주에 전구가 나갔어. 그래서 디딤판을 사용해야 한다고 생각했어. 디딤판에 올랐는데...

딸: 그거 숨겨야겠어요(웃음). [...] 전에는 할 수 있던 걸 이제는 하지 못한다는 걸 받아들이셔야 해요.

B여사: 아냐, 그게 문제야. 글쎄, 몇 번 시도해 봤는데 됐거든. 가끔은 아냐, 넘어질 거라 생각이 들기도 해. 그럴 때는 하다 말아. 아냐, 그래도 가끔은 머리를 써야 해. 많지는 않지만. [...] 전구가 점점 맛이 가고 있어. 나처럼 말야(웃음). 글쎄, 노력해야지. 안 그래? (Hamblin, 2014, p.6)

이 짧은 대화에서 딸은 전구를 갈기 위해 위험을 무릅쓰는 것에 찬성하고 있지 않지만, B여사는 위험이 너무 크다고 판단될 때 어떻게 멈추는지 설명하고 있다. 그러나 B여사에게는 전구를 갈려고 하는 것이 단순히 반항 내지는 잘못된 결정이 아니다. 오히려 이것은 이동성과 균형감각이 떨어졌다고 인식하면서도, B여사가 자신의 집에 가지고 있는 자부심과, 자신을 독립적이고 유능한 사람으로 인식하고 있는 것 사이에서 균형을 유지하려는 일환으로 간주될 필요가 있다.

위험에 대한 가족구성원들의 태도

가족들이 '위험'에 대해 갖는 태도는 매우 다양한데, 같은 가족 내에서도 차이가 존재한다. 어떤 가족구성원은 높은 수준의 위험과 모호함을 더 쉽게 감내한다. 어떤 구성원들은 '독립'이 노인에게 갖는 중요성을 직관적으로 이해한다. 그러나 다른 구성원들은 방금 전에 기술한 노인의 행동을 공감하기 힘들어하면서 다소 위험해 보이는 행동을 '고집'이나 '부주의함'으로 해석하기도 한다. 이것을 이해하고 가족들이 한 걸음 더 나아가기 위해서는, 우리가 3장에서 소개했던 기저의 두려움과 불확실함에 귀를 기울일 필요가 있다.

가족을 돌보는 사람들과 대화를 하다 보면 비슷한 주제들이 반복해서 나타나는데, 기저에 있는 것 같은데 말로 표현하지 않은 것들이다 (그림 6.1).

이런 상황에서 우리가 이야기를 어떻게 하느냐, 그리고 우리의 역할을 어떻게 정의하느냐에 에 따라 행동이 달라진다. 긍정적인 성과를 협의하기 위한 첫 단계는 우리의 걱정거리와 힘든 감정들을 확인하는 것이다.

그림 6.1 가족구성원들의 염려

요양원에 가는 걸 제안하는 것조차 죄책감이 들어요. 하지만 더 이상 이곳에서는 아빠를 돌볼 수 없을 것 같아요.

더 이상 엄마를 도울 수 없어서 죄책감이 느껴져요. 하지만 일과 아이들 때문에 너무 바쁩니다.

아내를 잃을까 봐 두렵습니다.

시어머니 건강이 악화되거나 다른 가족이 동시에 제 도움을 필요로 한다면 저는 어떻게 돌보는 일을 지속할 수 있을까요?

저희 역할이 뒤바뀌어서 이제는 제가 어머니를 돌보고 있다는 사실을 어떻게 받아들여야 할까요?

제가 죽거나 병이 나서 더 이상 지원할 수 없다면 제 형은 어떻게 될까요?

감정이 복잡합니다. 왜냐면 결혼생활 내내 통제하고 학대하다가 이제는 병이 들어서 저에게 의존하고 있거든요.

할머니 건강이 더 나빠지거나 사고를 당할까 염려가 됩니다.

제 파트너를 안전하게 지켜줄지 그들을 믿을 수 있을까요? 저만큼 제 파트너를 돌봐줄까요? 제 파트너가 게이라는 사실을 그들이 수용할까요? 저를 제 파트너의 사람으로 존중해줄까요?

아버지와는 지난 수십 년 동안 연락을 하지 않았는데, 최근 연락이 왔고 제 도움을 원하고 있어요.

숙모의 판단을 신뢰할 수 있을까요? 제가 대신 결정을 해야 할까요? 아니면 물러서서 숙모가 결정하도록 내버려둬야 할까요?

가족 내에서의 은밀한 위험감수/위험관리

가족 내에서 두려움을 표현하거나 이야기하지 않을 경우, 가족구성원들은 때로는 은밀하게 위험을 '관리'하려고 시도하는데, 비생산적일 수 있다. 앞선 사례에서 B여사의 딸이 디딤판을 숨겼다면, B여사는 식탁이나 의자에 올라가서 전구를 바꾸려고 시도할 수 있는데, B여사를 더 큰 위험에 처하게 할 수 있다.

Hamblin(2014)은 쉐퍼드 부인을 언급했는데, 그녀의 며느리는 (직업치료사의 조언에 따라) 쉐퍼드 부인이 병원에 입원해 있는 동안 상의 없이 집안에 많은 변화를 주었다. 예를 들어, 낙상의 위험을 줄이기 위해 라운지를 정리했다. 쉐퍼드 부인은 그런 변화가 달갑지 않았고, 변화된 라운지가 집처럼 편하게 느껴지지 않는다고 말했다. 시간이 지나면서 쉐퍼드 부인은 몇몇 가구를 다시 라운지로 옮겼다. 예를 들어, 무거운 커피테이블을 다시 라운지로 끌고 갔는데, 며느리가 올 것 같으면 그것을 다시 원위치로 끌고 갔다. 이런 전략은 이전보다 훨씬 더 큰 위험을 초래했다.

독립성을 잃을 것 같은 두려움, 그래서 집에 갇혀 지낼 것 같은 두려움은, 노인들이 당면하고 있는 위험과 도전을 다른 가족구성원들에게 숨기는 것을 의미할 수 있다.

어떻게 지내냐고 가족들이 저한테 물으면 반쯤은 거짓말을 하게 됩니다. 아이들한테 너무 많은 이야기를 하면 저를 요양시설에 보낼 거예요. 저는 이곳에서 죽고 싶습니다.

(면담에 응한 노인, Blood et al., 2016b, p.15).

Hamblin(2014)의 연구에 참여한 몇몇 노인들은 그들이 마치 아이처럼 취급당한다고 불평했다. 한 분은 언제 어디서 원거리돌봄서비스 목걸이를 차야 하는지를 마치 '다시 학교에 있는 것처럼' 지시를 들었다고 말했다(Hamblin, 2014, p.19). 그리고 B여사(전구를 갈려고 시도했던 노인)는 '제 딸은 제 담임교사보다 더 나빴어요'라고 말했다(Hamblin, 2014, p.6). 3장에서 이야기한 것처럼, 부모가 나이가 들어가고 자녀들로부터 더 많은 지원을 필요로 하면서 어느 정도의 역할 바꾸기는 가족 안에서 자연스럽게 나타나는 현상이다. 그러나 가족을 포함한 다른 사람들이 안전하게 보호한다는 명목하에 노인과 장애인을 권리를 '빼앗는 것'은 오히려 노인과 장애인들을 무력하게 만드는 것이다. Charlton은 장애인의 권리운동 역사에서 이러한 온정주의를 언급했는데, 노인들에게도 동일하게 적용된다.

> 장애인들을 향한 억압의 중심에는 온정주의가 있다. 온정주의는 우월감에서 출발한다. '우리는 이 대상을 통제해야 하고 또 통제할 수 있다. 그들은 본인을 위해 돌봄이 필요하다.' 온정주의는 종종 대상을 아이들로 또는 아이 같은 사람들로 변형시켜야 한다. 온정주의에서는 장애를 가지고 있는 사람들이 본질적으로 열등하고 자신의 삶을 책임질 능력이 없다고 가정한다.
>
> (Charlton, 1998, pp.52-53)

우리는 종종 노인들에 대해 매우 비슷한 태도를 보인다(많은 노인들에게 장애가 있다). 마치 아이를 대하듯 노인들에게 말을 하는데, 종종 전문가들 또한 그들을 보호하고 구해야 한다고 가정한다.

위험과 관련해서 어떻게 하면 노인과 그 가족을 가장 잘 지원할 수 있을까?

지금까지 이 장에서 살펴본 증거들에 따르면, 위험과 관련해서 노인과 그 가족을 지원하려면 다음과 같은 것을 해야 한다.

- 어떤 상황이나 결정에 관해 이들이 가지고 있는 두려움과 걱정을 구체적으로 이야기하도록 격려한다.
- 노인의 '정서적인 목표'가 무엇인지, '독립'은 개인적으로 노인에게 무엇을 의미하는지, 아니면 현재 노인에게 정말로 중요한 것이 무엇인지 말하도록 돕는다.
- 가족구성원들이 구체적으로 기억하는 것을 이야기해보는 기회를 제공한다. 지난번엔 어떤 일이 일어났는가? 지금 도움이 될 만한 것인데 노인이 잊고 있는 기술이나 학습한 것 또는 자원이 있는가?
- 가족구성원들이 위험을 싫어할 경우 Clarke 등(2011)이 묘사한 것, 즉 무료함, 좌절, 스스로를 위해 무언가를 함으로써 얻는 충족감을 상실하는 '조용한 위해(silent harm)'를 강조하는 것이 도움이 될 수 있다. 우리는 신체적 안전만큼이나 정체성, 의미, 삶의 목적을 향상시킬 필요가 있다.
- 노인이 일상생활을 해가면서 이미 적응하고 있고 위험과 독립 사이에서 세밀하게 균형을 이뤄가고 있는지 시간을 들여 듣고 이해한다. 노인은 위험을 줄이기 위해 이전에 하던 방식을 어떻게 조정해 왔나? 스스로 어떤 규칙을 만들었나? 노인은 이 규칙이 효과적이라고 생각하는가? 다시 검토할 필요는 없나? 균형을 유지하기 위해 외부 자원이 필요한가? 욕실에 손잡이를 설치해야 할까? 이웃에게 휴지통을 버려달라고 요청해야 할까?
- 위험감수/위험관리가 은밀히 진행되고 있는지 살펴본다. 그렇다면 그 후폭풍은 무엇일까? 그렇게 했을 때 실제로 위험이 증가할까? 모든 사람들이 수용할 수 있는, 그래서 진행해나가면서

서로에게 솔직할 수 있는 접근법을 계획하고 그것에 동의할 수 있을까?

전문가, 위험, 그리고 노인

많은 지원이 필요한 노인들, 특히 치매나 건강 문제, 이동의 문제를 가지고 있는 노인들의 위험에 관해서는 전문가들이 의사결정을 내려야 하는 경우가 많다. 이러한 결정은 다음과 같다.

- 노인은 어디에 거주해야 하고 어떤 지원을 받아야 하는가? 노인이 일정 기간 입원해 있었거나 낙상한 경우 전문가가 의사결정을 한다.
- 노인이 특정 활동을 하기 위해 지원이 필요한가? 특히 노인이 결정할 능력이 있는지 의심될 때 전문가가 의사결정을 한다.
- 노인이 영문 모를, 주위 사람을 힘들게 하는, '위험한' 행동을 할 때 어떻게 해야 할지를 결정한다.
- 노인을 '보호하는' 것을 결정한다.

이 절에서 이러한 결정들을 보여주는 사례를 제시할 예정인데, 관련 문제들을 살펴보고, 강점에 기반한 실무를 지원할 수 있는 도구들을 소개하려고 한다. 우선, 정신 능력과 의사결정에 대해 법에서는 뭐라고 이야기하는지 살펴보자.

의사능력법(Mental Capacity Act, 2005): 요점

- 다른 증거가 없다면 사람들이 스스로 결정을 할 수 있다고 가정한다. 치매로 진단을 받았다는 이유로 또는 단지 나이를 토대로 가정을 해서는 안 된다.
- 의사결정 능력은 종종 변한다. 능력에 대한 판단은 특정 시간과 해당 결정에 따라 다르다. '능력이 결여되어 있음'은 영구적인 라벨이 아니다.
- 모든 사람은 지혜롭지 않은 또는 이상한 결정을 내릴 권리가 있다. 그렇다고 그 자체로 능력이 결여되어 있다는 것을 의미하는 것은 아니다.
- 사람들이 스스로 결정을 내릴 수 있도록 모든 노력을 기울인다.
- 아래 열거된 조건 중 하나 이상에 해당된다는 증거가 있다면 스스로 결정을 내릴 수 있는 정신 능력이 결여되어 있는 것이다(주: 여기서 '입증 책임'은 특정인이 능력을 가지고 있지 않다고 주장하는 사람에게 있는 것이다. 즉, 누군가에게 능력이 없다는 것을 입증해야 하는 것이지, 능력이 있다는 것을 해당인에게 입증하라고 요구하는 것이 아니다).
  - 능력이 없는 사람들은 자신에게 주어진 정보를 이해하지 못한다.
  - 의사결정을 할 만큼 충분히 오랜 시간 해당 정보를 기억하지 못한다.
  - 의사결정에 필요한 정보를 비교, 평가하지 못한다.
  - 자신이 내린 결정을 전달하지 못한다(구두로, 수화로, 근육의 움직임으로, 눈 깜빡임으로 또는 손을 움켜쥐는 행위 등으로 의사전달을 하지 못한다).
- 어떤 사람에게 능력이 결여된 것으로 판단되면, 우리는 그들에게 최선이 되는 결정을 내려야 한다. 이는 가장 위험이 적은 것을 선택한다는 것이 아니라, 그 사람의 개인적인 이력과 선호, 그 사람이 과거에 일반

적으로 내렸던 결정들을 고려하고, 가능한 의사결정 과정에 계속해서 포함시키는 것을 의미한다.

- 이러한 의사결정에 '자유 박탈'이 포함된다면, 예를 들어 지속적인 감독과 통제가 포함되고, 자유롭게 장소를 벗어나지 못하거나, 요양시설 또는 병원에 입원해야 하는 상황이라면, 지역 당국에서는 이를 자유 박탈 기준(Deprivation of Liberty Standards)하에서 허가해야 한다. 이것의 목적은 항상 가장 적은 제한이 포함된 안을 찾는 것이다.

1. 어느 장소에 거주하고, 어떻게 지원을 받아야 할지에 대한 결정

사례연구 - 조이스의 퇴원

조이스는 지난 20년 동안 같은 집에서 혼자 살아왔다. 1년 전 치매로 진단받았고, 최근 집에서 낙상을 경험해서 한 달 동안 병원에 입원하게 되었다. 낙상 중에 손목과 둔부에 골절이 발생했고, 의사는 골다공증으로 진단했다. 지금은 의료적으로 퇴원하는 것이 적절하다고 판단되지만, 의료진은 그녀가 혼자 거주하는 것이 안전할지 확신하지 못했다. 병원관계자들이 요양원에서 보호를 받는 것이 어떤지 물었을 때, 그녀는 매우 힘들어하면서 집에 가고 싶다고 반복해서 말했다. 특히 집에 있는 고양이를 보고 싶어 했는데, 현재는 이웃이 먹이를 주고 있다.

조이스에게는 두 명의 아들이 있다―에릭과 마이클. 에릭은 차로 30분 정도 떨어진 곳에 거주하고 있고 이틀에 한 번씩 어머니를 보러 병원에 오곤 했다. 마이클은 멀리서 살고 있지만, 주기적으로 병원에 전화를 걸어 어머니의 상태를 확인했으며, 현재는 어머니가 혼자 집에 가는 것을 매우 걱정하고 있다. 마이클은 인근에 있는 요양원들을 살펴봤는데, 에릭이 참고할 수 있는 많은 소개책자들을 주문했고, 어머니가 그중 한 요양원을 고려해보도록 설득하라고 요청했다. 마이클은 주정부에서 지원하는 요양원들에 관한 부정적인 신문기사들을 읽었는데, 어머니의 재정상태가 제한적이라는 것을 알기 때문에 사설 요양기관에 거주하는 데 필요한 비용의 상당한 부분을 자신이 부담할 의향이 있다고 말했다.

에릭은 소개책자에 대한 어머니의 반응을 보면서, 무엇이 최선의 선택일지 매우 혼란스러워했다. 에릭에게는 십 대 아이들이 있고 배우자 또한 정신건강상의 문제를 가지고 있어서, 만일 어머니가 자신의 집으로 간다면 실질적으로 어머니에게 제공해야 할 도움이 너무도 많다는 것을 의식하고 있었다. 동시에 그는 어머니가 얼마나 자신의 침대와 소지품, 그리고 고양이에게 돌아가고 싶어 하는지도 잘 알고 있었다.

에릭과 병원관계자들이 요양원에 관해 이야기했을 때, 조이스는 자신이 원하는 것이 무엇인지 일관되게 이야기했고, 가급적 빨리 집으로 돌아가고 싶어 했다. (마이클이 생각하는 것처럼) 이것은 '현명하지 않은' 결정일 수 있다. 하지만 이 결정은 어머니의 의사결정 능력이 결여되어 있다는 것에 근거를 두고 있지 않다. 물론 합리적인 결정을 내릴 만큼 조이스가 여러 대안에 대한 정확하고 충분한 정보를 가지고 있지 않다고 주장할 수도 있다. 하지만 마찬가지로 이러한 결정을 하는 데 있어서 조이스의 능력이 결여되어 있다고 주장할 수도 없다.

비록 최선의 의사결정을 내리지는 않는다 하더라도, 조이스와 가족을 지원할 수 있는 서로 다른 방법들을 고려해보자. 이러한 방법들은 위험과 관련해서 노인과 그 가족을 지원하는 목록에서 가져왔다.

첫째, 모든 가족구성원이 가지고 있는 두려움과 희망, 즉 조이스가 집으로 돌아올 때와 요양원에 가는 것에 대한 각각의 감정들을 구체화할 수 있도록 지원할 수 있다. 만일 집으로 돌아오는 것에 대한 염려에만 초점을 맞춘다면, 요양원에 가는 것에 대한 조이스의 두려움은 다루지 못할 위험이 있다. 이 장의 초반부에서 강조했던 것처럼, 시설에 거주하지 않는 것의 위험뿐 아니라 거주하는 것의 위험 또한 고려할 필요가 있다.

표 6.1은 가족구성원들과 나눈 대화의 주요 내용을 담고 있다. 9장 활용도구 9에는 이 표를 비워 둔 채 제시하였다.

표 6.1 두려움과 희망

두려움과 희망		조이스가 집으로 돌아옴	요양원에 들어감
조이스	두려움	다시 낙상해서 결국 병원에 입원하지 않을까 두려워함 에릭에게는 짐이 되고 싶지 않고, 마이클이 스트레스를 받지 않았으면 함	고양이와 소지품, 그리고 이웃과 떨어지는 것 시간을 어떻게 보내고 또 함께 지낼 사람을 정할 자유가 없음
	희망	모든 것이 정상으로 돌아감	집에서 생을 마감하기 전에 (요양원에서) 죽을 수 있음
에릭	두려움	다른 책임들도 많은데 실제로 엄마에게 얼마나 많은 지원을 해줄 수 있을지	몇몇 요양원에서 서비스가 열악하다는 이야기를 들음-괜찮은 요양원을 찾았는지 어떻게 알지? 엄마가 비참하게 느낄까?
	희망	보조도구, 적응, 기술적인 것들이 자신의 안전을 유지하는 데 도움이 된다는 것을 엄마가 좀 더 개방적으로 바라보게 될 것임. 또한 엄마에게 무엇이 필요한지에 대해 나에게 솔직해질 것임	엄마가 만족해하는 요양원을 찾는다면, 방문했을 때 좋은 시간을 함께 보낼 수 있을 것임
마이클	두려움	다시 사고가 발생하는 것은 시간문제임. 엄마가 집으로 돌아온다면 엄마를 더 걱정하게 될 것임	재정적인 사정으로 질이 좋지 않은 요양원에 가야 함
	희망	많은 것들이 엄청나게 변해야 한다는 것을 엄마가 인정할 것이고, 이 부분에 관해 솔직해지면서 다른 사람들의 도움을 받아들일 것임	엄마가 좋은 요양원에 정착할 것이고, 따라서 엄마가 안전하고 돌봄을 받는다는 것을 내가 알게 됨

집으로 돌아가려는 조이스의 바람이 너무 크기 때문에 이 안을 탐색하는 데 초점을 두는 것이 좋을 것 같다. 마이클이 제안한 접근, 즉 조이스를 설득하고 싶은 마음에 조이스에게 요양원 소개책자를 보여준다거나 요양시설에 함께 방문하면 조이스가 원하지 않는 일에 내몰린다는 느낌을 받게 할 위험이 있다. 아무리 아들이라고 하더라도 조이스에게 무엇을 하라고 말한다면 조이스가 마음을 열고 이 안을 살펴볼 것 같지 않다.

요양시설을 조사한 연구에서(Blood and Litherland, 2015), 속아서 요양시설로 들어간 노인들, 스스로 선택할 기회 없이 또는 집으로 돌아가고 싶은 마음을 지지받지 못한 채 서둘러 임시 거주지로 갔다가 결국 영구 거주지에 입주한 노인들에 관한 이야기를 들었다. 이것을 계획한 가족과 전문가들은 노인이 '안전하다'는 생각에 편히 잠을 잘 수는 있지만, 그렇게 이주하게 되면 노인은 극도로 혼란스럽고, 무기력하며, 불쾌할 수 있고, 더욱이 거짓말을 한 사람들과의 관계가 손상될 수 있다. 요양시설의 관계자 역시 그런 경우 마치 '낙진을 다뤄야 하는' 상황에 있는 것 같다고 말했다.

우리는 조이스 옆에 앉아 '나의 세상'이라는 도구(그림 6.2와 9장 활용도구 5를 참조할 것)를 사용해서 조이스의 세상을 그려본다.

'나의 세상' 지도는 가족구성원들이 결정을 할 때 조이스의 삶과 그녀가 중요하게 생각하는 것을 고려하는 데 도움이 된다. 이 지도를 사용하면 조이스가 집을 떠남으로써 얻는 것과 치러야 할 비용이 무엇인지 좀 더 쉽게 이해할 수 있다.

그런 다음 조이스가 치매로 진단받은 이후 지금까지 집에서 어떻게 대처해 왔는지, 자신이 하던 일에 어떤 변화를 주었는지 생각해본

다. 에릭은 조이스가 어느 지점에서 세부사항을 기억하는 것을 힘들어
했는지 조이스에게 물어보고 상기시켜 주었다. 또한 에릭은 이웃과 대
화를 나눈다. 이웃들은 거의 매일 조이스를 방문해서 실제적인 도움을
제공하는데, 쇼핑이나 혼자서 조립하는 일 등이 포함된다. 이웃들은 바
느질의 달인인 조이스가 이웃들을 위해 옷 수선을 해주었다고 설명한
다. 조이스는 자신이 해야 할 일, 기억해야 할 모든 것을 적어 놓은 노
트가 있다고 설명한다. 조이스는 '내 노트가 없이는 생각할 수도 없어!'
라는 농담을 가끔 한다.

그림 6.2 조이스의 세상

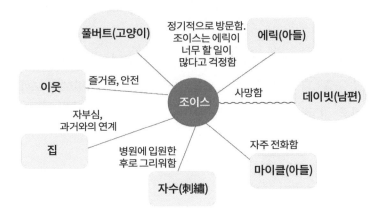

조이스는 무언가에 걸려 균형을 잃으면서 넘어졌다. 조이스는 자
신의 균형감각이 떨어지는 것을 알고 있었고, 이를 보완하기 위해 일상
생활에 많은 변화를 주었다. 예를 들어,

- 버스에서 넘어지는 것이 걱정되었기 때문에, 보행자를 차에 태워주는 장치 또는 택시를 이용해서 가게에 갔다.
- 이웃의 도움으로 찬장 위쪽에 있는 것들을 아래쪽으로 옮겨 놓았는데, 발판을 딛고 물건을 꺼내지 않아도 되었다.
- 더 이상 무거운 물건을 들고 계단을 오르내리지 않는다.

에릭과 조이스, 이웃은 조이스가 병원에서 퇴원하게 되면 함께 집 주변을 둘러보는 것에 동의했다. 특히, 낙상 이후 조이스의 기동성이 더 떨어졌기 때문에 집 주변에 위험이 될 만한 것들을 다시 한번 살펴보기로 했다. 우리는 그들에게 강점 기반 위험 평가지(표 6.2, 9장 활용도구 9 참조)를 주었고, 작성하는 방법에 관해 몇 가지 조언을 해 주었다. 또한 우리는 그들에게 도움이 될 만한 몇 가지 자원에 관해 말해 주었는데, 여기에는 혜택, 보조기구, 과학기술, 전문가들이 하는 조언과 치매환자들로부터 얻을 수 있는 도움, 자선단체 및 웹사이트가 포함되었다. 보호 및 지원서비스는 국가기관에서 얻거나 개인적으로 구입할 수 있다.

표 6.2 강점 기반 위험 평가지

잠재적 위험	이 물건/활동에 대한 당신의 느낌은 어떠한가? 그것을 통해 당신이 얻는 혜택은 무엇인가?	적응하고 위험을 줄이기 위해 이미 하고 있는 것은 무엇인가?	이것은 모든 사람들이 편안하게 느낄 수준까지 위험을 줄이는가?	좀 더 나은 해법/타협안이 나와 모든 사람들이 편안하게 느끼는 수준까지 위험이 줄어들 수 있는가?
라운지에 있는 러그 - 걸려서 넘어질 위험이 있음	결혼 선물이었고 수십 년 동안 가지고 있었음	조이스는 러그의 말려 있는 부분을 피하기 위해 라운지 주변에서의 동선을 바꿨음	아님. 다른 사람들은 조이스가 기억하지 못하고 '잘못된' 동선을 취해서 걸려 넘어질 것을 염려하고 있음	러그의 방향을 돌리고 가구를 옮겨서, 말린 부분을 소파 다리로 누를 수 있음
욕조에서 나오면서 균형을 잃을 수 있음	조이스는 샤워하는 것보다는 욕조를 사용하는 것을 선호하고, 가능한 오랫동안 혼자서 이것을 계속하고 싶어 함	이웃이 손잡이 부분을 꽉 조였음. 조이스는 미끄러지는 위험을 줄이기 위해 욕실에서 오일 사용을 중단함	낙상 이후 욕조로 들어가고 나오는 것이 힘들어지고 있음. 따라서 이 방법은 너무 위험해 보임	욕실 보조기구를 물색해서 조이스가 욕실 안으로 들어가고 밖으로 나올 때 용이하게 함. 에릭이나 이웃이 밑에 층에 있을 때에만 목욕을 하고, 도움이 필요하면 아래층에 있는 사람을 부름

이때 조이스와 관련해서 옳거나 잘못된 결정은 없다. 결과적으로 우리는 특정한 결론을 내리지 않기로 결정했다. 에릭과 조이스, 이웃 세 당사자들은 자원을 어떻게 이끌어낼지에 관해 좋은 의견들을 제시했고, 조이스가 계속 집에서 혼자 살아갈 수 있게 하는 작지만 수용할 수 있는 변화와 타협안들을 마련했다. 조이스는 에릭이나 이웃에게 도움을 요청하는 것보다는 대신 요양보호사가 와서 자신의 샤워를 도와주는 것을 선호할 수도 있다. 한편, 이들이 집 주변을 둘러보고 조이스의 일상을 고려하면서, 조이스 자신은 또 다른 낙상의 위험을 무릅쓰지

않으면서 아니면 에릭이나 이웃의 도움을 구하지 않고서는 이 모든 일이 가능하지 않을 것 같다고 깨달았을 수 있다. 조이스는 요양시설을 찾아보면서 다른 대안은 어떤지 살펴보는 것이 좋겠다고 결정할 수도 있는데, 스스로 결정할 수 있는 능력이 줄어들 때까지 기다리기보다는 비교적 차분하게 계획하면서 지금 이사하는 것을 선호할 수도 있다.

위 사례에서 중요한 것은 과정이다.

- 우리는 조이스가 이러한 결정을 내릴 수 있는 능력이 있다고 가정했고, 그녀가 원하는 것을 이룰 수 있도록 방법들을 찾고 또 시도할 수 있도록 조이스와 함께 작업을 했다.
- 우리는 조이스의 삶의 맥락을 고려하면서 의사결정을 하려고 했는데, 그녀에게 가장 중요한 것이 무엇인지 이해하려고 노력했을 뿐 아니라, 조이스가 가장 가까운 사람들에게 자신이 선호하는 것을 표현하도록 도와주었다.
- 우리는 특정 개인이 아니라 가족구성원 전체, 그리고 이웃과 함께 작업을 했는데, 각각의 대안이 가져올 결과에 관한 당사자들의 우려와 희망을 이야기할 수 있는 기회를 제공했다.
- 우리는 의사결정 과정에서 어떤 사람은 '옳고' 다른 사람은 '틀렸다'는 식의 틀을 사용하는 것을 피했다. 중요한 것은, 관여한 모든 사람들이 자신의 생각과 느낌을 표현할 수 있었고, 또 이해받고 있다는 느낌을 가질 수 있었다.
- 우리는 제한된 시간을 할애해서 조이스와 가족의 이야기를 들었고, 이들이 활용할 수 있는 것이 무엇인지 설명해 주었다. 그런 다음, 위험 평가 도구를 조이스뿐 아니라 가장 가까운 사람

들에게 전달했다. 이를 통해 해법을 찾고, 협의하고, 행동으로 옮겼다.

- 위험 평가지는 신체적인 위험뿐 아니라 정서적이고 관계적인 이득 및 애착에 무게를 둔다. 평가지는 현존하는 자원과 대체 기제를 확인하고, 기존과는 달리 주요 인물들이 편안하게 느낄 수 있는 위험 수준에 이르는 것에 초점을 둔다. 기존에는 '높은' '중간 정도의' '낮은' 위험 수준을 논했는데, 이는 모든 사람들이 위험에 대해 같은 태도를 가지고 있고, 이러한 태도를 측정할 수 있다고 가정했다.

우리는 앞으로 이사하는 데 얻을 수 있는 외부 자원에 관한 정보와 그것을 어떻게 취할 수 있는지 가족에게 알려 주었다. 어디에서 거주해야 하고 또 어떻게 지원을 받아야 하는지는 가용한 자원들을 고려하면서 결정해야 한다. 따라서 위험요소와 관련해서 전문적인 결정을 내리는 일은 전체 그림의 일부에 불과하다. 또한 우리는 요양시설로 가는 것과 집에 돌아가는 것 중간 지점에 해당되는 서비스를 일관되고 혁신적으로 제공하는 것이 필요하다. 가령, 추가적인 보호가 제공되는 병상이나 노인용 아파트, 신속하면서도 전체적으로 조화로운 방식으로 집에 돌아올 수 있도록 지원하는 서비스가 여기에 해당된다.

어느 지역에서는 실무자들이 최선의 노력을 기울였음에도 불구하고, 노인들은 퇴원할 시점에 두 가지 시나리오 중 하나에 직면하게 된다. 즉, 서둘러 요양시설로 가거나(종종 일시적으로 가지만, 많은 경우 영구적으로 거주하게 됨) 정부로부터 지원을 거의 받지 못한 채 그리고 가족, 이웃 또는 주거관리자 등 도움을 줄 수 있는 다른 사람들과 의사소통을 하지 않은 채 귀가하는 것이다. Healthwatch England(2015)에서는 병원에서 퇴원한 후 집에서 큰 위험에 처한 노인들의 이야기를 수집했다. 집에 돌아가거나 집에 머무는 노인들의 욕구에 전체적으로 반응할 수 있는 서비스에 투자하지 않을 경우, 특히 퇴원 연장을 줄이라고 기관으로부터 압력을 받는 상황에서는 건강 및 사회복지 전문가들이 위험을 혐오하는 방향으로 결정을 내리거나 아니면 위험을 방치하는 방식으로 결정을 내릴 수 있다.

병원에서 집으로 귀가하는 기간에 제공받는 서비스가 반창고 그 이상의 기능을 하려면 강점을 기반으로 노인과 일하는 것이 필수적이다. 이를 통해 노인의 자신감이 회복되고, 노인과 지역사회 및 가족이 연계되며, 노인뿐 아니라 이들에게 도움을 제공하는 사람들과 협력해서 일상에서 마주치는 도전에 대처하는 수용가능한 지속가능한 방법을 찾을 수 있다.

2. 특정 활동을 하는 데 도움을 받아야 할지에 관한 결정

낙상을 예방하고 싶다면 춤을 추어 보세요!

극도로 위험을 싫어하는 사람들은 노인이 낙상할 위험이 있기 때문에 춤추는 것을 격려하지 말아야 한다고 주장할 것이다. 그러나 춤이 낙상 위험을 낮춘다는 증거들은 계속해서 제시되고 있다. 시범적으로 시행된 '건강을 위한 춤' 프로그램은 참여자들의 낙상 위험을 55%까지 줄일 수 있다고 주장한다(Aesop, 2017). 여기서 주요 원인은 재미(fun)인 것처럼 보인다. 사람들은 춤추는 것을 재미있어 하기 때문에, 기존의 낙상 방지 프로그램에 비해 두 배 이상 춤 프로그램에 계속해서 참여한다.

'치매 환자들을 위한 위험 지침'(2010)에서 Manthorpe와 Moriarty
는 '열정 지도(heat map)'라고 명명한 것을 출간했다. 이것은 특정 활동
이 삶의 질 향상을 위해 가져다줄 수 있는 혜택 대비 위험 수준을 따져
보게 한다(Manthorpe and Moriarty, 2010, p.52).[2] 예를 들어, 위험 수준
이 높을 경우, 삶의 질에 미치는 영향이 적다면 그 위험을 감수하지 않
아야 한다. 삶의 질에 미치는 영향이 중간 정도라면 다른 활동으로 대
체할 수 있을 것이다. 그러나 삶의 질 향상을 위해 상당한 정도로 얻을
것이 있다면 그 활동을 시도하되 가능한 충분히 위험을 관리하는 것이
필요하다.

치매 어드벤처(Dementia Adventure)에서는 치매환자와 그 가족들
을 위한 활동과 휴가 프로그램을 운영하고 있는데, 이들을 야외로 데리
고 가서 자연과 함께하면서 삶에서의 도전감각을 회복시키려고 한다.
후기 하나를 소개하면 다음과 같다.

휴가 동안 남편과 아내 사이에 역동이 변하는 것이 분명했다. 도전을
함께 하면서 잠시나마 삶에서 치매를 잊고 있었던 것 같다.

(Mapes, 2017, p.159)

이는 경계를 넘어 도전하는 것이 본질적으로 가치 있다는 것을 상
기시킨다. 위험을 감수하는 것은, 잠재적인 혜택과 잠재적인 해로움이
무엇인지 계산하는 것 이상의 것이다. 이것은 우리가 누구이고 어떤 힘
을 가지고 있는지를 다시 확인시켜주는 것이다. 이는 우리가 나이가 들
어가는 것만큼 우리에게 중요하다. 노인들이 하는 활동의 잠재적인 장

---

2 Manthorpe and Moriarty (2010, p.52)

단점을 합리적으로 평가하도록 지원하면서도, 동시에 우리는 노인들이 가능한 자신의 심장을 좇아 행동하도록 도와주어야 한다.

너무 멀리 갈 위험을 감수하는 자만이 얼마나 멀리 갈 수 있는지 알 수 있다.

(T.S. Eliot)

사례연구 – 프레드와 동네 레스토랑

프레드는 치매가 많이 진행되어 최근 한 요양원에서 다른 요양원으로 이주했다. 아내인 산드라 또한 치매 초기인데, 프레드를 데리고 나와 짧게라도 산책하는 것을 요양원 측에서 허락하지 않아 결국 프레드가 우울해졌다고 판단했기 때문에, 다른 요양원을 알아본 것이었다.

새로운 요양원 관리자는 프레드의 삶의 질을 향상시키는 방법을 찾는 데 열심이었다. 이 관리자는 이 부부와 함께 앉아 프레드에게 가장 중요한 것이 무엇인지 이야기했다. 이들은 프레드가 중요하게 생각하지만 일정 기간 할 수 없었던 것이 많다는 것을 발견했다. 이 중에는 레스토랑에 가는 것, 신선한 공기를 마시면서 잠깐이라도 산책을 나가는 것 등이 포함되어 있었다. 산드라는 프레드가 산책과 한 잔의 맥주를 마실 만큼 기분이 좋을 때에는 요양원 밖으로 데리고 나갈 수 있으면 좋겠다고 말했다.

다른 요양원 직원들의 염려에도 불구하고, 관리자는 이런 일이 일어날 수 있는 방법들이 있는지 찾아야겠다고 결심했다. 사람들 몇 명을 불렀는데, 프레드와 산드라, 그들의 딸, 프레드가 이 요양원에 왔을 때 프레드를 평가했던 직업치료사, 그리고 이 부부를 알고 있는 간호사가 포함되었다. 모인 사람들은 다음과 같은 질문들을 함께 고민했다(9장에 제시된 활용도구 9를 참조하시오).

- 제안된 것이 정확히 무엇인가?
- 프레드가 이러한 결정을 내릴 능력이 있는가? 여기서 우리는 최선책을 고려하고 있는 것인가 아니면 조언을 제공하고 지원하고 문제를 해결하기 위해 모인 것인가?
- 이 활동이 프레드와 아내에게 중요한가(중요할 수 있는가)? 이 활동은 그들의 삶의 질에 어느 정도로 영향을 미칠 것 같은가(미치지 않을 것 같은가)?
- 구체적인 위험은 어떤 것들인가? 위험이 발생할 가능성은 어느 정도인가? 위험이 발생한다면 프레드와 아내가 입을 해로움은 어느 정도인가?
- 가족구성원, 요양원에서 돌보는 사람들, 그리고 지역사회에 대한 잠재적인 위험과 혜택은 무엇인가?
- 우리들은 어떤 두려움을 가지고 있나? 이 중에는 해로움에 대한 구체적인 두려움도 있을 것이고, 일반적인 두려움 예를 들어 일이 잘못되었을 때 비난받는 것에 대한 두려움이 있을 것이다.
- 활동을 하면서 동시에 위험을 줄일 수 있는 방법이 있는가? 즉, 상쾌한 공기를 마시고 맥주 한잔하고 싶은 프레드의 욕구를 충족시킬 수 있는 더 안전한 방법, 대안이 있는가?
- 중요한 것은 무엇인가?
  - 우리가 따라야 할 규칙 또는 조건은 무엇인가?
  - 일이 잘못될 경우 만일을 위한 계획이 있는가?

- 우리들 각자에게는 어떤 역할과 책임이 있는가? 우리 이외에 더 포함시켜야 할 사람이 있는가?
- 어떤 변화가 발생할 때 이 결정을 다시 검토해야 하는가?

의논한 다음 그들은 건물에서 나가 걸을 법한 길을 함께 걸었다. 아름다운 길을 따라 공원을 가로질러 가면 인도가 나오고, 그 길을 따라가면 레스토랑이 나온다. 레스토랑 주인이 프레드를 알아보았는데, 이전에 프레드의 축구코치였다. 산드라는 자신과 프레드가 가끔 여기에 와서 맥주를 마실 예정이라고 말하면서 이렇게 하기 위해서는 약간의 도움이 필요할지도 모른다고 말했다.

이들은 너무 많이 맥주를 마실 위험에 관해 이야기했다. 산드라는 레스토랑 직원이 테이블에 맥주잔을 남겨두면 그들이 얼마나 많이 마셨는지 기억하는 데 도움이 될 거라 제안했다. 레스토랑 주인은 두 잔 이상 맥주를 마신 다음에는 음료수를 추천하겠다고 말했다. 그는 만일 프레드 또는 산드라가 술에 취하거나 힘들어하는 것처럼 보일 경우 자신이 어떻게 해야 하는지 물어보았다. 요양시설 관리자는 자신의 전화번호를 건네면서, 요양원에서 기꺼이 택시요금을 지불하겠다고 말했고, 응급상황에서는 요양원 직원이 나올 수 있다고 말했다. 또한 관리자는 레스토랑 주인과 직원들이 요청할 경우 치매와 관련된 기본적인 내용을 설명하는 무료 훈련 과정(치매 친구 계획: Dementia Friends scheme)[3]을 제공할 수 있다고 말해주었다.

산드라와 프레드는 만일 횡단보도를 건너는 것이 여의치 않을 경우 이 길을 따라 집으로 돌아가는 것에 동의했다. 요양시설에서는 산드

---

3 www.dementiafriends.org.uk

라와 프레드가 밖에 있을 경우 한 시간에 한 번씩 산드라에게 전화해서 그들이 괜찮은지 확인할 거라고 이야기했다. 또한 산드라는 자신의 핸드폰에 있는 GPS를 작동시켜 우려할 만한 일이 있을 때는 딸이 자신의 행방을 추적하는 것에 동의했다.

그들은 산드라의 치매 증상이 더 악화될 경우, 프레드의 이동성과 균형감각이 나빠질 경우, 또는 그 길에 어떤 변화가 생길 경우에는 만나서 그 계획을 다시 검토하는 것에 동의했다.

판례법에 있는 사례

다음 사례들은 지방정부와 요양시설이 내린 결정에 대해 법원에서 이의를 제기한 경우인데, 그 이유는 위험을 줄인다는 명목하에 노인의 삶의 질과 안녕을 위험에 빠뜨렸기 때문이다.

P여사는 두 번째 뇌졸중이 온 이후 요양원에서 거주하고 있었다. 요양원으로 오기 전에 작성된 보고서와 평가에 따르면, 그녀에게 유일한 생명체는 반려견인 바비였고, '다른 강아지들을 보면 그녀의 얼굴이 밝아졌다'. 그녀의 법률대리인들의 요청이 있었음에도 불구하고 그녀와 관련된 사안을 관리하는 공무원은 P여사를 방문할 때 바비를 데려오는 것을 거부해왔다. 이 공무원은 구체적인 위험 평가를 한 것처럼 보이지 않았는데, '노인과 허약한 사람들이 있는 요양시설에 개가 방문하는 것은 극도로 무책임한 것처럼 보인다'고만 말했다. 그러나 법원에서는 바비를 만나는 것은 P여사의 안녕과 삶의 질에 중요하다고 판결했다(Mrs P v Rochale Borough Council & Anor [2016] EWCOP B1).

로스 여사는 치매로 진단받고 요양시설에 거주하고 있었다. 20년 된 파트너와 이미 예약된 16일 동안의 크루즈 여행을 가는 것을 결정할 능력이 로스 여사에게 있는지 법원에서 판단해달라는 요청이 있었다. 이들은 이전에도 여러 번 크루즈 여행을 다녔는데, 전문가들은 그녀가 크루즈를 탈 예정이라는 사실과 이것이 무엇을 의미하는지 이해하는 것으로 판단했지만, '이러한 정보를 계속 유지할 수 없고, 정보를 신중하게 평가해서 정보에 근거한 결정을 내릴 능력을 가지고 있지 않다'고 생각했다. 판사는 로스 여사가 크루즈 여행을 가야 한다고 판결했는데, 전문가들은 잘못될 것에 지나치게 초점을 둔 반면 마지막이 될 수도 있는 크루즈 여행이 가져올 잠재적인 혜택을 충분히 고려하지 못했다고 비난했다. 판사는 로스 여사가 크루즈 안이 어떻게 생겼고 또 어떤 일들이 그 안에서 일어나는지 잘 알고 있으며, 그녀의 파트너 역시 배 안에 있을 때 로스 여사를 잘 돌볼 것이라고 생각했다. 판사는 다음과 같이 결론 내렸다.

> ... 이것은 삶을 변화시키는 결정도, 두 개의 악 중 하나를 선택하는 것도, 로스 여사가 치매에 걸리지 않았다면 다른 노인이 고통스러워했을지 결정하는 것도 아니다. 이것은 지난 20년 동안 함께 한 동반자와 익숙한 상황에서 휴가를 갈지 말지에 관한 결정이다.
>
> (Cardiff Council v Peggy Ross(2011) COP 28/10/11)

3. 당혹스러운 '힘든' 또는 '위험한' 행동 앞에서 무엇을 할지에 관한 결정

우리는 이 책 전체에 걸쳐서 위험성 평가나 '힘든' 행동에 대한 반응이 어떻게 '신속하게 해결'하려는 함정에 쉽게 빠질 수 있는지 목격했다. 샤워하는 것을 도와주고 있는 요양보호사를 메리가 공격했을 때, 요양원에서는 이와 관련된 위험을 관리하기 위해 직원의 수를 배로 늘렸는데, 이는 오히려 어린 시절 경험했던 학대로 인해 발생한 것으로 추정되는 메리의 위협감과 취약함을 증가시키는 결과만 초래했다. 2장에서 로즈가 청소용품을 쌓아두는 행동을 한 것에 대해 요양시설에서는 그 용품을 버리는 것으로 대응했는데, 일하는 분이 로즈 행동의 의미와 목적이 무엇인지 질문했을 때, 최종적인 해결책을 찾을 수 있었다.

'그리고 여전히 음악이 흐르고 있다'라는 저서에서 Graham Stokes는 자신과 함께 작업했던 22명의 치매환자들에 관한 이야기를 하고 있다. 많은 사람들이 해로움을 초래하는, 돌보는 분들을 힘들게 하는 공격적이고 당황스러운 행동을 보이고 있었다. 그러나 Stokes는 "왜 우리는 그들의 행동을, 두려움과 위협, 불확실함으로 점철된 이 세상에서 살아남기 위한 노력의 일환으로 바라보기보다는 장애의 증상들로 비하시키고 있는가?"라고 묻고 있다(Stokes, 2008, p.54).

Stokes는 콜롬보나 셜록홈즈처럼 한 장면에 이르러, 과거에 비합리적이면서 설명할 수 없거나 치매의 불가피한 부분으로 간주되던 행동에는 발견해야 할 이유가 있다고 주장한다. 그는 행동의 패턴에 주목한다. 어떤 활동 중에 스트레스를 받기 시작하는가? 모든 문, 벽, 창문을 세게 두드리는가, 아니면 정원으로 가는 길에 무언가를 두드리고 있는가? 다른 방보다 좀 더 불안해하는 방이 있는가?(어떤 사례에서는 방 색깔이 강렬한 기억을 소환했다) 아니면 좀 더 동요하게 하는 사람들, 남자, 여성, 유니폼을 입은 사람들이 있는가? 침착하고 만족해 보이는 경우는 언제인가? 여기서 발견할 수 있는 공통의 주제가 있는가? 예를 들어, 한 남성은 티비에서 뉴스가 진행되는 동안에는 조용히 앉아 있다(집 주변에서 불안해하면서 아내를 찾지 않는다).

그는 치매 초기에 사람들이 어떻게 대처했는지를 질문했는데, 이를 통해 그들의 현재 행동이 어떤 기능을 하는지, 그런 행동이 떨어진 인지 기능, 사회불안 또는 환각에 대한 최선의 노력일 수 있다는 단서를 제공했다. 어떤 사람들이 표현하는 분노는 과거에 효과적이었던 전략들을 더 이상 사용할 수 없어서 경험하게 되는 좌절감의 표현처럼 보였다. 치매의 초기 단계에서 어떤 남성들은 사람들을 피하기 위해 정원에 나가 산책을 하곤 했는데, 요양시설로 이주한 이후에는 야외로 피하는 것이 막혔기 때문에 점점 더 좌절감을 경험했다.

Stokes는 관계 역동에 귀를 기울였는데, 특히 한쪽 배우자가 치매에 걸린 배우자를 돌보는 부부간 관계 역동에 초점을 두었다. 그는 상실과 수치심, 두려움뿐 아니라 사랑과 강점에 관한 이야기를 들었다. 그는 치매환자의 과거 삶에 관해 질문했고, 그들이 좋아하는 것, 싫어하는 것, 그들이 경험할 수 있는 두려움과 외상사건들에 관해 질문했다.

Stokes는 마치 탐정처럼 서로 다른 의문들을 탐색하고 또 기각해 갔는데, 이를 통해 잠재적인 해법을 마련하고 또 검증하기 시작했으며, 결국 가족구성원과 요양보호사들이 이를 실천하도록 도와주었다. 뉴스가 방송될 때 안정된 상태로 앉아 있는 남편을 돌봐주던 아내는 뉴스를 녹화하고, 할 일이 있거나 잠시 휴식을 취해야 할 경우 녹화된 뉴스를 남편에게 틀어 주었다. 사랑스러운 막내아들을 잃고 슬픔을 억누른 채 일생을 살아온 한 여성에게 아들의 소지품이 배달되었고, 산책을 나가려는 강한 충동은 멈췄으며, 수십 년 만에 처음으로 아들의 사진과 소지품을 보며 진정으로 행복해했다.

Stokes는 다음과 같이 주장한다.

... 치매는 단순히 의존이나 돌봄 욕구 차원에서 이해해야 하는 신경학적인 손상이나 기능부전을 초래하는 것이 아니다. 그만큼 중요한 것은, 이렇게 무기력하게 만들고 좌절감을 느끼게 만드는 놀라운 변화에 대한 정서적 반응인데, 내면에서 느끼는 새로운 감정이면서 종종 극단적인 무질서 상태. 관련 당사자 모두에게 해를 입힐 만큼, 전문가들이 종종 간과하는 세계다.

(Stokes, 2008, p.64)

위험과 안전을 생각하는 우리에게 이것은 무엇을 의미하는가? 관계와 관련해서 탐정 같은 일, 그리고 행동의 실제 원인을 파악하려는 노력은 목적을 위한 수단으로 간주되어서는 안 된다. 2장에서 소개한 문제/행동 삼각형은 단순히 물건을 쌓아두거나 갑자기 집을 나가 길을 잃거나 직원에게 화를 내는 사람을 멈추는 도구가 아니다(비록 이렇게 하는 것이 중요하지만). 이것은 사람들의 정서적 안전을 증가시키는 방법이고, 사람들의 안전과 편안함, 가까이 있고 싶은 욕구, 예측가능성에 대한 욕구를 충족시키는 방법을 찾는 접근이다. 이는 우리가 안전과 위험에 대해 좀 더 통합적인 관점을 취해야 할 필요성을 상기시킨다. 이러한 접근은 낙상하거나 길을 잃는 위험을 감소시킬 뿐 아니라, 고립되고 고통스럽고 좌절하며 두려운 감정을 느끼는 위험을 줄인다.

4. '보호'에 대한 결정

'성인학대'는 '신뢰를 기대하는 상황에서 성인 또는 장애인에게 위해 또는 고통을 초래하는 일회 또는 반복적인 행위 또는 적절한 행동의 결여'로 정의되어 왔다(노인학대에 대한 행동, 1995).

보호하기(safeguarding)는 아동 또는 학대나 방임의 위험에 처한 성인을 보호하려는 공식적인 과정에 부여된 이름이다. 영국의 보호 법령 2014(Care Act 2014)는 '취약한' 성인이라는 용어를 '학대 또는 방임의 위험에 처한 성인'으로 대체했다. 이는 중요한 변화인데, 사람들이 기본적으로 '취약하다'고 명명될 수 있다는 생각에 도전하고 있다. 이는 취약성(vulnerability)이라는 것이 맥락적임을 인정하는 것이다. 우리는 모두 어떤 상황에서 취약할 수 있다. 혼수상태에 빠져 생명 유지 장치에 의지하는 것을 제외하면, 영구적으로 취약한 사람을 상상하는 것은 어려운 일이다.

요양시설이나 요양병원에 거주하는 사람들은 잠재적으로 '위험한' 상황에 있다. 그렇다고 이런 환경에서 마치 학대가 풍토병처럼 존재한다는 것을 의미하지는 않는다(거주하는 사람들을 잘 돌보고 힘을 부여하는 훌륭한 요양시설과 병원이 있다). 그러나 당신이 보호를 필요로 할 때, 그리고 한 장소를 떠나는 것이 힘들거나 신체적으로 불가능할 경우 당신과 직원 사이에는 힘의 불균형이 존재한다. 이러한 불균형이 모든 서비스 환경에서 어느 정도 존재한다.

학대와 방임이 자행되는 것 또한 맥락적인데, 누군가에게 해를 입히는 것을 상상도 하지 않았을 사람이 학대가 규범이 되어 버린 기관에서 일하고 있고 제대로 관리되지 않을 경우에는 해로운 행동을 할 수가 있다.

우리가 어떤 언어를 사용하건, 공식적인 절차를 통해 한 사람을 '보호'하려고 노력하는 것은 강점 기반 실무와 정반대되는 것처럼 들린다. 그러나 성인학대는 현실이고, 학대를 확인하고 효과적으로 대응하는 것은 이 분야에 종사하는 모든 사람들이 짊어져야 할 책임이다. 그렇다면 강점에 기반한 방식으로 누군가를 '보호'하는 것이 가능할까? 어떻게 하면 보호하면서 힘을 부여할 수 있을까?

보호와 관련해서 많은 걱정거리들이 배우자, 자녀, 다른 가족, 친구, 이웃 등 노인의 개인적인 관계 내에서 발생한다. 어느 연령대에서처럼, 다른 사람의 지원이 필요한 노인들은 자신을 학대하는 사람을 계속해서 보거나 함께 거주하겠다고 결정할 수 있다. 비록 이것이 '지혜롭지 않은 결정'일 수 있지만, 그렇다고 이들에게 결정할 능력이 결여되어 있음을 의미하는 것은 아니다. 보호와 관련된 걱정거리들이 발생했던 곳에서는 노인들의 관계가 지닌 복잡하고 상호적인, 때로는 은밀한 특성이 간과될 수 있다. 예를 들어, 부부가 나이가 들어가면서 '가정폭력'은 '노인학대'로 분류될 수 있다(Blood, 2004). 학대에 관여한 사람들이 현재 친밀한 관계를 맺고 있거나 그런 관계를 맺고 있었다는 사실이 간과될 수 있는데, 결국 전문적인 가정폭력 지원이 제공되지 않을 수 있다. 그 관계의 역동을 이해하려고 노력하거나, 배우자를 떠나도록 격려하는 대신, 우리의 일차적 반응은 (학대받는 노인을) 보호하는 것이다.

'맞춤형 보호(Making Safeguarding Personal: MSP)'는 이 분야가 이끌고 있는 구상인데, 성인들에게 제공되는 보호를 향상시키기 위해 2012년 이후 수많은 영국 관청에서 시행하고 있다.

MSP는 사람들에게 보호를 제공함에 있어서 과정을 시작하는 것을 강조하는 것에서 성과를 향상시키는 것으로 변화를 모색하고 있다. 주요 초점은 사람들이 무엇을 성취하고 싶어 하는지 이해하고자 하며, 그들이 원하는 성과에 동의하고 협상하고 기록하고, 그들(만일 그들에게 능력이 결여되어 있다면 그들의 대리인)과 함께 성과를 어떻게 달성할지,

종국에는 원하는 결과를 어느 정도 달성했는지를 확인하는 것이다.

(Pike and Walsh, 2015, p.7)

강점 기반 실무처럼 MSP는 사람들과 협력하려고 시도하는데, 그들이 가장 중요하게 여기는 것을 할 수 있도록 돕는다. MSP는 보호의 개념을 성인들에게 해주는 것에서 그들과 함께 하는 것으로 전환하는 것을 모색한다. 사람들에게 보호의 결과로 무엇이 발생하기를 원하는지(원하지 않는지) 물어보면, 대부분은(놀랍지 않겠지만) 지금보다 더 안전하고 싶다고 말한다. 흥미로운 것은, 두 번째로 많은 반응(때로는 첫 번째 반응과 충돌하는 반응)은 주요 관계를 유지하고 싶어 한다는 것이다 (Pike and Walsh, 2015). 이는 그 사람을 위해 정서적으로, 사회적으로 무엇이 위험에 처해 있는지에 귀 기울이는 것이 얼마나 중요한지 상기시켜준다. 이는 상황이 이전과 같을 때에도 그렇고, 상황이 바뀌어도 그렇다. 예를 들어, 어떤 노인이 친구가 자신을 재정적으로 학대하고 있다고 의심하더라도, 이 관계가 정기적으로 만나는 유일한 관계라면, 이 노인이 재정적인 학대에 도전하거나 관계 기관에 이 사실을 보고하는 것을 꺼려 할 수 있다.

강점과 애착에 기반을 둔 보호는 다음과 같은 사항을 포함한다.

• '위험에 처해 있다'는 것은 맥락적이라는 것을 인식해야 하는데, 우선 맥락(즉, 학대가 발생한 관계 또는 기관)을 더 잘 이해해야 한다.
• 그 사람에게 무엇이 중요한지에 초점을 맞추고, 학대가 발생하고 있는 관계 또한 피학대자의 정서적/관계적 욕구를 충족시키고 있을 수 있다는 점을 이해한다. 그들이 더 안전해지도록 도

와주기 위해서는, 우선 이러한 욕구들을 충족시킬 수 있는 다른 방법들을 찾도록 도와주어야 한다.
- 서둘러 피학대자를 '구출'해서 오히려 무기력하게 만드는 것보다는, 피학대자가 원하는 것을 확인하고 이를 달성하도록 협력한다.

결론

그림 6.4에는 위험을 피하는 실무와 긍정적으로 위험을 감수하는 것 사이의 주요 차이점이 요약되어 있다.

그림 6.4 위험 회피 대 긍정적 위험감수

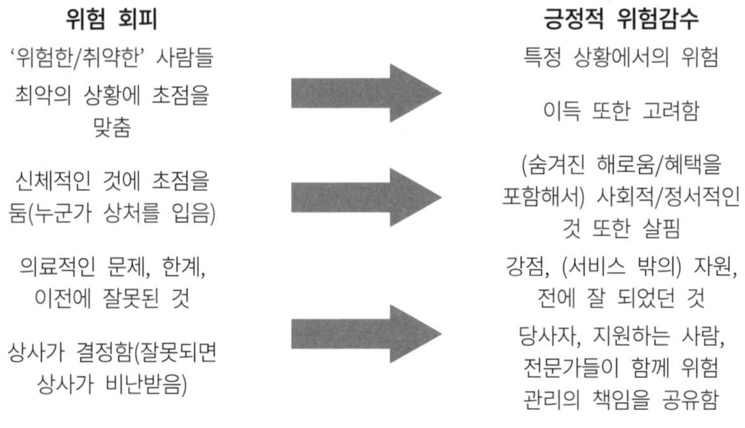

위험 회피

'위험한/취약한' 사람들
최악의 상황에 초점을 맞춤

신체적인 것에 초점을 둠(누군가 상처를 입음)

의료적인 문제, 한계, 이전에 잘못된 것

상사가 결정함(잘못되면 상사가 비난받음)

긍정적 위험감수

특정 상황에서의 위험

이득 또한 고려함

(숨겨진 해로움/혜택을 포함해서) 사회적/정서적인 것 또한 살핌

강점, (서비스 밖의) 자원, 전에 잘 되었던 것

당사자, 지원하는 사람, 전문가들이 함께 위험 관리의 책임을 공유함

당신의 기관에서는 긍정적 위험감수를 지원하기 위해 무엇을 할 수 있는가?

전문가들의 판단을 더욱 신뢰한다

노년기의 위험감수에 대한 사회복지사들의 결정을 연구한 Richards와 동료들(2007)은, 그러한 결정을 지원하기 위해서는 좀 더 표준화된 도구와 지침이 필요하다고 주장했다. 그러나 이 문제와 관련해서는 동향의 변화가 있는 것 같다. 예를 들어, Furedi(2011)와 Finlayson(2015)은 더 많은 지침보다는 전문가들의 판단과 자연스러운 인간관계, 대화를 더 신뢰할 것을 요구했다. MSP가 수행한 평가에 따르면, 위험 및 의사결정 능력과 관련된 전문가들의 판단을 강조하고 신뢰하는 것이 주요한 성공요인이었다(Pike & Walsh, 2015).

그들에게 가장 중요한 것이 무엇인지 대화하고 기록한다

노인과의 첫 만남에서부터 우리에게 원하는 것이 무엇이고, 무엇이 일어나면 좋을지, 그들에게 가장 중요한 것이 무엇인지 묻는다면, 이후 위험과 관련해서 진행될 대화의 틀이 형성된다. 우리가 처음부터 '위험'이라는 관점으로 노인들을 바라보면, 노인에게 중요한 것은 사후 생각이 된다. 그러나 노인에게 중요한 것을 우선시하는 실무가 기관 내에서 지속적으로 발생하기 위해서는, 서류 작업 및 진행과정에 이러한 내용이 반영되어야 하고, 슈퍼비전과 지속적인 전문성 발달에서 강조될 필요가 있다.

양질의 슈퍼비전을 통해 전문가의 책임이 어디부터 시작해서 어디에서 끝나는지를 명료화한다

우리가 져야 할 책임의 경계는 흐릿하고 종종 변한다. 때로는 일을 잘 수행하기 위해 경계를 넘어야 하는 경우가 있는데, 이때에도 우리 자신의 정서적 안녕과 잠재적인 위험을 인식해야 한다. 양질의 슈퍼비전을 통해 솔직하고 성찰적으로 딜레마에 관해 이야기하고, 경계를 유지하거나 넘을 때 받는 정서적 영향을 반성적으로 사고하는 것이 중요하다.

예를 들어, 가외로 밤 시간에 근무하는 사업이 재정 삭감 때문에 사라진 요양시설에서 한 직원은 저녁 늦게 근무를 마치고 시설을 떠날 때 경험하는 어려움에 관해 이야기해 주었다. 이 직원이 일을 마칠 시간에는 업무를 인도할 사람이 아무도 없었고, 따라서 시설에 두고 온 상태가 좋지 않은 노인을 걱정하느라 잠을 이루지 못했다. 하루는 그곳에 거주하는 노인이 매우 취해서 그 사람을 두고 떠날 수 없었다. 결국 시간 외 수당을 받지 않음에도 불구하고 늦게까지 요양원에 머물 수밖에 없었다.

> 힘들어요. 왜냐하면 그분들의 독립성을 존중하면서도 안전하게 해야 하니까요. 우리 책임은 어디서 시작하고 끝나는 것이죠? 그날 밤 '이제 근무가 끝났어. 끝!'이라고 말할 수도 있었을 거예요. 하지만 전 그렇지 않거든요.
>
> (저자와의 대화)

슈퍼비전에 관해서는 8장에서 더 자세히 다룰 예정이다.

권리에 기반한 접근을 취한다

요양시설에 관해서는 4장에서 다뤘는데, 그때 우리 일이 자유에 대한 거주자들의 권리에 어떤 영향을 미치는지를 살펴보았다. 인권법(Human Rights Act)은 영국 전역에 소재한 지방 관청, 보건 신탁/위원회, 주택연합, 서비스를 제공하는 사설/자선 기관에 적용된다. 아래 조항들은 특히 노인에게 적용된다.

- 조항 3: '품위를 손상시키는' 처치로부터 우리를 보호한다. 즉, 우리의 품위를 위험에 빠뜨리거나 우리에게 모욕감을 주는 것으로부터 우리를 보호한다.
- 조항 5: 자유에 대한 우리의 권리를 보호한다. 이 조항은 불법적으로 감금돼서 자유가 박탈된 적이 있는 장애인의 가족구성원들에 의해 성공적으로 활용되었다.
- 조항 8: 이 조항은 사적인 삶, 가족의 삶을 존중받을 권리를 보호한다. 예를 들어, 공공기관은 정당한 이유 없이 당신이 당신의 집(자택이건, 세를 살건)에 들어가거나 거주하는 것을 막아서는 안 된다.

이러한 틀 안에서 위험과 관련된 논의를 진행하는 것이 중요하다. 평등 및 인권위원회4와 권리에 대한 돌봄(스코틀랜드 인권위원회에서 운영하는 노인에게 초점을 둔 프로젝트)5에서 보건 및 사회복지와 관련해서 출간하는 좋은 자료들이 있다.

---

4 평등과 인권위원회 웹페이지에서 보건 및 사회복지 관련 자료들을 다운로드할 수 있다.
www.equalityhumanrights.com/en/advice – and – guidance/human – rights – health – and – social – care
5 스코틀랜드 인권위원회에는 좋은 자료가 많은데, 예를 들어 그들이 운영한 권리에 대한 돌봄 프로젝트에서 출간한 비디오와 훈련 자료들이 있다. 이러한 자료들은 요양 및 지원서비스를 활용하고 있는 노인들의 인권을 증진시키는 것을 목적으로 한다.
www_scottishhumanrights.com/health – social – care/care – about – rights

노인을 묘사하는 언어 사용에 본을 보이고 이의를 제기한다

노인과 그들의 행동을 묘사하기 위해 사용하는 언어는 위험을 인식하는 방식에 영향을 미친다. Vallelly와 동료들(2006)이 추가보호시설에서 근무하는 직원들을 면담했을 때, 이들은 치매환자들이 '배회'하곤 해서 결국 길을 잃는다고 설명했다. 그러나 Vallelly가 치매환자들을 면담했을 때, 환자들 자신은 목적을 가지고 걷고 있다고 말했다. 그러한 목적에는 운동, 자신이 거주하는 방에서 나와 다른 사람들을 만나는 것 등이 포함되어 있었다. 길을 잃을 위험 또한 실제로 존재하지만, '산책할 수 있도록 돕는 것'(우리가 이해하기에는 노인들에게 중요한 것임)과 '배회하는 것을 중단시키는 것'(무의미하면서도 위험하다고 판단됨)은 매우 다른 이야기이다. 도대체 우리는 삶의 어느 지점에서 '산책하는 것'을 멈추고 '배회하는 것'을 시작한다는 것일까?

보호에 관한 이야기를 다뤘던 부분에서 언급했던 것처럼, 누군가를 '취약하다'거나 심지어 '위험에 처한' 것으로 묘사하는 것과 '위험을 무릅쓰는'이라고 표현하는 것은 매우 큰 차이가 있다. '위험을 무릅쓰는 것'은 위험할 수 있는 일을 하겠다고 적극적으로 결정하는 것을 의미하는 반면, '위험에 처함'은 영원히 취약한 상태에 놓인 사람이 보호를 받아야 한다는 것을 의미한다. '여전히 운전을 하시네요'(이 시점에서는 운전을 그만두어야 한다는 것을 암시함), '필사적으로 독립적이시네요'(그만 고집을 꺾고 자신의 한계를 인정해야 한다는 것을 암시함)와 같은 진술에는 가치판단이 담겨 있다. 이것은 정치적으로 정확한 것이 무엇인지 열띠게 논의하는 환경을 조성하는 것에 관한 것이 아니라, 우리가 사용하는 언어가 위험 및 노인에 관한 대화나 보고서에 얼마나 많은 영향을 미치는지와 관련이 있다.

Chapter 07

생의 마지막 그리고 사별

(영국의) 전국의사협회에 따르면, 12개월 내에 사망할 가능성이 있다면 이는 생의 마지막에 다가가고 있는 것이다(General Medical Council, 2010, p.8). 그러나 생의 마지막이라는 용어는 광범위하게 사용되는데, 때로는 삶에서 마지막 몇 달 또는 몇 시간 내에 주어지는 돌봄을 의미하기도 한다. 우리는 이 장에서 생의 마지막 순간에 다가가고 있는 사람들과 사별을 경험하고 있거나 예상하고 있는 사람들에게 애착이론과 강점 기반 실무가 어떻게 도움이 될 수 있는지 이야기할 것이다.

생의 마지막에 대한 '의학적 접근'

지난 70년 동안 영국에서의 평균 기대수명은 비록 증가율이 줄어들기 시작했지만(Fransham and Dorling, 2017) 15년 동안 증가했다(ONS, 2017a). 기대수명 증가라는 전반적인 동향은 환영할 일이지만, Gawande(외과의사이자 의과대학 교수)는 이를 위해 우리가 지불해 온 대가를 조명했는데, 그는 이를 생의 마지막 '의료화(medicalization)'라고 묘사했다. 그에 따르면, 삶을 연장시키려는 압력이 존재하는 상황에서, 전문가들은 '한 사람의 인생이 갖는 더 큰 목적'이라는 관점을 너무 자주 잃어버린다. 생의 마지막 순간에 이르기까지 어떻게 삶을 성공적으로 영위할 것인지에 관해서는 일관된 견해가 부족하기 때문에, 우리는 의학과 과학기술, 그리고 낯선 사람들이 우리의 운명을 통제하도록 허용하고 있다 (Gawande, 2014, p.9).

이런 현상은 사망이 발생하는 가장 일반적인 장소가 병원이고, 사망자의 절반가량이 병원에서 발생한다는 사실로 알 수 있다. 혼자 사는 사람, 배우자가 사망한 사람, 이혼한 사람, 치매환자들은 병원에서 사망할 가능성이 더 높다. 그러나 사망에 대한 의학적인 이유와 지역사회에 기반한 말기환자 보호서비스의 이용가용성 또한 사망 발생 장소를 결정하는 데 중요한 역할을 한다(Public Health England, 2015).

사별한 사람들에 대한 전국적인 설문조사에 따르면, (가족구성원들의 시각에서는) 병원에서 사망한 사람들보다 집이나 호스피스 또는 요양시설에서 사망한 사람들의

- 정서적/영적 욕구가 충족되었고,
- 자신이 받는 돌봄에 관한 결정에 더 많이 관여했으며,
- 사생활이 보장되었다.

61%의 응답자들은 가족구성원이 집에서 사망했을 때 사망 과정에서 가족이 효과적으로 지원을 받았다고 답했고, 31%는 병원에서의 지원이 효과적이었다고 응답했다(ONS, 2016b).

최근에는 병원에서 사망하는 비율을 줄이려는 경향이 강하게 나타

나고 있다. 그러나 병원에서의 사망은 '나쁜' 것인 반면 집에서 사망하는 것은 '좋은' 것이라고 정형화하는 것은 지나치게 단순하고 또 도움이 되지 않는다. 설문조사에서 확인한 것처럼, 많은 가족은 진통제와 의료진을 만날 수 있는 병원에서 사랑하는 사람이 삶의 마지막 순간에 적절하게 지원받는다고 생각한다. 한편, 집에서 사망하는 것이 늘 가까운 가족이 옆에 있고 훌륭한 지원과 증상 통제가 가능하다는 것을 의미하는 것은 아니다. '집은 죽기 위한 최선의 장소일 수도 있고 최악의 장소일 수도 있다'(Barclay and Arthur, 2008, p.230). 삶의 마지막 순간에 중요한 것은, 장소가 아니라 환경인 것 같다. 어느 공간이건 기본적인 욕구가 충족되는지를 확인하는 데 우선순위를 둘 필요가 있다.

생의 마지막 순간에 있는 사람들에게 가장 중요한 것이 무엇인지 우리는 알고 있는가?

실제 사망 장소보다 더 중요한 것은, 사람들이 어느 곳에서 죽고 싶은지, 그들이 그런 질문을 받았는지, 그리고 그들의 소망이 이루어졌는가다. 2015년에 실시한 전국사별자설문(VOICES)에 따르면, 응답자의 34%가 어디에서 죽고 싶은지를 밝혔다. 이 중 82%는 집에서 죽고 싶다고 응답했다(ONS, 2016b).

몇몇 증거에 따르면, 사람들의 이러한 선호는 건강 상태가 악화됨에 따라 변하는데, 아마도 죽음이 임박했다고 느낄 때 이런 변화가 발생하는 것 같다. 그러나 선호하는 장소와 실제 사망하는 장소에는 여전히 큰 간극이 있고, 이러한 간극은 연령과 빈곤 수준에 따라 증가한다(Public Health England, 2015). 더욱이, 대부분의 노인들은 그들의 선호에 대해 전혀 대화를 나눈 것 같지 않다. 이분들은 병원에서 사망할 가능성이 더 높다(Howell et al., 2017).

심각한 질병에 걸렸을 때 사람들이 어떤 치료와 돌봄, 정보를 우선시하는지를 조사한 국제적인 연구에서, 대부분의 사람들은 삶을 연장시키는 것보다는 남아 있는 시간 동안 삶의 질을 향상시키는 것을 우선시했다(Higginson, Gomes, and Calazani, 2014). 이러한 결과는 Gawande의 주장, 즉 전문가로서, 또한 친척과 친구로서, 생의 마지막 순간을 맞이하는 사람에게 서비스를 제공할 때에는, 그 서비스가 그 사람 인생의 더 큰 목표에 기여해야 한다는 주장과 맥을 같이 하는 것처럼 보인다(Gawande, 2014, p.259).

생의 마지막 순간에 있는 사람들을 지원하는 데 있어서 애착이론이 어떻게 도움이 될 수 있을까?

죽음은 친척 및 사랑하는 사람들과의 마지막 이별을 의미한다. 우리 자신의 죽음 또는 사랑하는 사람들의 죽음을 전망하는 것은 두려움, 분노, 슬픔, 위로에 대한 욕구 등 강한 감정을 불러일으킨다. 또한 죽음이 임박한 사람의 환경에 변화가 있을 수 있는데, 가령 병원에 입원한다거나 새로운 방으로 이주하는 것 등이 해당된다. 이는 기존의 익숙한 장소 또는 친숙한 사람들로부터 떨어져서 이동하는 것을 의미할 수 있다. 다른 가족구성원 및 친구들과의 상호작용 방식 또한 바뀔 수 있는데, 더 자주 또는 덜 방문하게 됨으로써 새로운 유형의 대화를 하게 될수도 있다. 신체적인 기능이 나빠짐에 따라 주변 사람들의 관여나 돌봄이 필요하게 된다. 이 모든 변화는 생의 마지막 순간에 다가선 당사자뿐 아니라 그 가족구성원들이 느끼는 취약함을 상승시킬 수 있다. Bowlby가 언급한 것처럼, '사랑하는 사람을 잃는 것은 인간이 겪을 수 있는 가장 강렬한 고통 중 하나다. 그것을 경험하는 것이 고통스러울 뿐 아니라 목격하는 것 또한 고통스럽다'(Bowlby, 1980, p.7).

죽음에 대한 관점, 사랑하는 사람의 죽음에 대한 접근은 우리가 전 생애를 통해 발달시켜 온 애착 전략에 의해 영향을 받는다. 2장에서 언급한 것처럼, 우리의 애착체계는 위협이나 위험을 지각할 때 촉발되는데, 이를 통해 안전을 유지할 가능성을 높이고, 애착 대상으로부터 돌봄을 이끌어낼 수가 있다. 이러한 무의식적이고 자기방어적인 기제는 우리가 자신의 죽음을 전망할 때 우리가 어떻게 반응하는지에 중요한 영향을 미친다. 가령, 우리가 감정을 표현할지 말지, 어떻게 표현할지, 그리고 전문가와 가족구성원에게 도움을 요청하는 방식에도 영향을 미친다.

늘 그런 것처럼, 인간은 복잡하다. 따라서 애착 전략으로 우리의 행동을 설명할 수 없는 경우가 있다. 이 과정과 관련해서 결정론적(deterministic)이거나 고정된 것은 아무것도 없다. 죽음에 직면했을 때 우리가 어떻게 생각하고 느끼고 행동하느냐는 매우 많은 외부 요인, 예를 들어 종교적 신념, 가족 상황, 거주 지역, 재정 상태, 인종, 민족, 문화, 건강 상태 및 다른 자원들에 영향을 받는다. 그러나 죽음에 임박한 사람들을 돌보는 일에 관여하고 있는 사람들에게는 애착 패턴을 이해하는 것이 도움이 될 수 있다. Loetz 등(2013)이 이야기한 것처럼, '환자가 죽음에 다가가는 상황에서 환자의 애착 패턴은 대처 방식에 중요한 영향을 미친다'(Loetz et al., 2013, p.4).

생의 마지막에 대한 반응: A 유형

A 유형 전략을 사용하는 사람들은 인지적인 관점으로 생의 마지막에 접근할 수 있다. 예를 들어, 이들은 자신의 증상과 의료적인 치료를 이해하고, 감정은 거의 드러내지 않으면서, 재정적인 부분들을 정리하는 데 초점을 둔다. 이 유형의 사람들은 일생을 통해 자신의 감정을 억제하는 것을 배웠는데, 자신이 강렬한 감정을 경험하고 있다는 것을 인식하지 못하는 지경까지 이르렀을 수 있다. 이들이 의식적으로 자신의 감정을 숨기겠다고 결심한 것으로 보긴 어렵고, 다만 자신이 감정을 경험하고 있다는 것을 의식하지 못할 수 있다. Bowlby는 이런 과정을 '방어적 배제(defensive exclusion)'로 칭했는데, 감정이 우리의 의식적인 마음에 다다르기 전에 감정에 관한 정보가 의식에서 차단되는 것을 말한다.

어떤 측면에서는 감정을 억제하고 대신 구조나 계획, 반복적인 일상 등 인지적인 과정에 초점을 두는 것은, 이 전략을 사용하는 A 유형 사람들을 더 안전하다고 느끼게 하고, 질병과 죽음에 직면했을 때 더 잘 대처하게 만들 수 있다. 그러나 당사자가 고립될 위험은 존재한다. 즉, 이들이 자신의 진정한 감정으로부터 차단되면, 이들은 어떻게 도움에 접근할 수 있을까? 주변 사람들은 이 사람이 잘 대처하고 있다고 생각할 수 있는데, 그래서 도움을 요청하는 다른 사람, 고통스러워하는 다른 사람에게 초점을 맞출지 모른다. 또 다른 위험은, 표현되지 않은 감정은 분노나 슬픔 또는 두려움의 형태로 통제되지 않은 채 폭발할 수 있다. 감정이 폭발하면 당사자뿐 아니라 이를 목격하는 사람도 힘들 수 있는데, 축적된 감정들이 방출된다.

A 유형: 안티아의 이야기

안티아는 정부가 지원하는 주거시설에서 혼자 거주하고 있다. 하루에 두 번씩 시설에 있는 간병인이 안티아를 방문하는데, 개인적으로 챙겨야 할 것과 식사하는 것을 도와준다. 최근 안티아는 수술이 불가능한 암 진단을 받았고 센 진통제를 처방받았다. 돌봐주는 사람이 안티아에게 진단받은 것에 대해 어떠냐고 물었을 때, '괜찮다'고 말하면서 사람들이 야단법석을 떠는 것을 그만했으면 좋겠다고 말했다. 간병인은 그날 두 번 더 같은 이야기를 꺼냈는데, 마지막으로 이야기를 꺼냈을 때 안티아는 간병인의 손을 살짝 치면서 자신은 완벽하게 괜찮다고 말했고, 자신이 죽어가고 있다는 소식을 어떻게 대해야 할지 모르고 힘들어하는 다른 사람들이 문제라고 이야기했다.

생의 마지막에 대한 반응: C 유형

C 유형 전략을 사용하는 사람들은 과장된 것처럼 보이는 방식으로 주변 사람들에게 자신의 정서 상태를 공유한다. 이들이 표현하는 감정은 두려움, 화, 슬픔으로 요동친다. 가족구성원 또는 이들을 돌보고 있는 사람들로부터 자주 도움과 확신을 요구하는데, 그것이 제공되면 거절한다.

이러한 전략을 사용하면 더욱 안전하다고 느끼게 되는데, 그 이유는 자신의 감정을 드러냄으로써 주변 사람들의 보호와 친밀함을 불러일으킬 수 있고, 타인들이 자신의 욕구를 보고 또 들었다는 것을 확인해 주기 때문이다. 그러나 이 전략을 사용하는 사람들은 생의 마지막을 어떻게 관리할지 계획을 세우는 것을 힘들어하고, 이와 관련된 바람이나 소망에 대해 대화하는 것을 힘들어한다. 또한 자신의 욕구는 표현하지만 도움이 제공되었을 때 거절하기 때문에, 다른 사람들이 좌절감을 느낄 수 있는데, 따라서 도움을 제공하는 것을 철회하거나, 계속해서 안쓰러운 마음을 갖는 것을 힘들어할 수 있다.

C 유형: 코너의 이야기

코너는 79세로서 거주 형태의 요양시설에 살고 있다. 관상동맥 심장질환으로 진단받았고, 주치의는 올해가 생의 마지막 해가 될 것이라고 말했다. 최근 코너는 어떤 날은 고통이 심했다가 또 다른 날은 다소 덜한 것을 경험했다. 코너는 밤이 되면 서너 번씩 초인종을 눌렀는데, 직원이 오면 자신이 왜 불렀는지 잊어버렸다고 말하거나, 바로 옆에 물이 있음에도 물 한잔 가져다 달라고 부탁했다. 낮이 되면, 밤에 직원 때문에 시달려서 피곤하다고 불평했다. 직원들은 인내심을 갖고 만성 질환에 대한 코너의 감정들을 이해하려고 노력했다. 그러나 직원들은 점점 더 인내심을 잃어 갔고, 코너의 부름에 천천히 반응하기 시작했다. 이로 인해 코너는 거절당했다고 느꼈는데, 전보다 덜 안전하고, 덜 보호받는다고 생각해서 더 자주 초인종을 누르기 시작했다.

생의 마지막 순간에 제공되는 애착 기반 돌봄

지금까지 생의 마지막 순간에 대한 우리의 반응과 대처에 애착 전략이 어떻게 영향을 미치는지 살펴보았는데, 지금부터는 이러한 지식을 토대로 돌봄과 지원이 어떻게 제공될 수 있는지에 관해 이야기해보자.

2장에서 살펴본 것처럼, 애착이론에서의 주요 개념은 애착 대상이 제공하는 '안전기지'와 관련이 있다. 우리는 안전기지 때문에 충분히 안전하다고 느끼면서 주변을 탐색할 수 있게 된다. Loetz 등(2013)은 죽음이 임박해지면 이 안전기지가 필수적이라고 주장했는데, 우리는 '삶의 마지막 순간에 우리를 두렵게 하는 미지의 것에 직면하는데, 가급적 안전한 기지에서 맞닥뜨려야 한다'(Loetz et al., 2013, p.12).

Loetz와 동료들의 주장은, 생의 마지막 순간에 안전기지가 우리를 보호한다고 느낄 경우 우리는 정서적으로 수용받는다는 느낌을 갖게 되고, 이를 통해 '좋은 죽음'이 요구하는 다양한 과제에 집중할 수 있게 된다. 매듭을 지어야 할 일도 있고, 화해와 작별이 필요하고, 내적인 '영적' 과제 또한 수행해야 한다. 즉, 자신의 삶과 그것의 목적 및 죽음에 관해 성찰하는 것이 필요하다. 가족구성원 전체가 안전감을 느낄 때, 노인이 집에서 차분하게 죽음을 맞이하도록(가족이 이것을 원한다면) 가족구성원들이 이를 지원할 가능성이 더 크다(성급히 병원에 가게 되면 구성원 모두에게 힘든 경험이 될 수 있음). 가족은 함께 이야기를 하면서 시간을 보내고, 함께 기억하고 함께 있게 된다. 안전기지에는 다음과 같은 것들이 있다.

- 통제감
- 내적 평화와 희망
- 정체감 유지
- 안전, 편안함 및 프라이버시 욕구를 충족시키는 물리적 환경에 있음
- 소중히 여기는 사람들과 소유물에 둘러싸여 있음

Milberg와 동료들은 스웨덴에 있는 말기환자 돌봄서비스를 이용하는 환자 및 가족의 경험에 관한 연구를 수행했다(Milberg et al., 2012). 연구자들은 참여자들을 인터뷰하면서 시설을 이용하면서 얼마나 안전감을 느꼈는지, 서비스가 그들을 지원하고 있다고 얼마나 확신하는지에 관해 질문했다. 그 결과, 시설에서는 '안전기지'를 제공하겠다는 명시적인 목표를 세움으로써 환자와 가족들이 안전하다고 느낄 수 있도록 지원할 수 있었는데, 이는 서비스 이용자들이 더욱더 평안함과 통제감을 느낄 수 있었음을 의미한다. 따라서 환자들은 친구와 가족을 만나는 등 일상적인 일을 계속하는 데 집중할 수 있었고, 또한 그들이 필요할 때 직원들에게 의지할 수 있음을 알고 있었다. 가족들 또한 전문적인 팀으로부터 지원을 받기 때문에 안도할 수 있었고, 가능한 편안하게 노인을 돌보는 데 집중할 수 있었으며, 원한다면 집에서 죽음을 맞이할 수도 있었다. 반면, 안전기지가 부재할 경우 사람들은 두렵고 절망적이며 혼자라고 느꼈다.

이러한 점들은 연구자들이 면접한 전립선암 환자의 이야기에서 분명하게 확인할 수 있다.

> 같은 직원이 오지 않을 때는 좀 불안해요... 계속해서 돌봐준 분들이 두 분 있어요. 다른 사람들하고는 좀 다르죠... 앉아서 저와 이야기를 합니다. 아픈 것에 대해서도 하고 제가 살면서 무얼 했는지, 무얼 할 수 있었는지... 좀 더 개인적인 것들이죠.
>
> (Milberg et al., 2012, p.890)

이 연구를 통해 한 사람의 마지막 순간에 전문가뿐 아니라 비전문가들이 어떻게 안전기지를 제공할 수 있는지 몇 가지 결론을 내릴 수 있을 것 같다.

- 가급적 같은 분들이 지속적으로 돌봄을 제공해줌으로써, 신뢰와 예측가능성, 일관성 및 친숙함이 발전하게 한다.
- 요양보호사, 간호사, 가족, 의사 등이 한 팀을 이뤄 의사소통을 하고, 일관된 방식으로 정보를 공유한다.
- 위협감을 줄이기 위해 익숙한 것들을 활용한다. 라디오, 티비, 음악, 냄새, 부드러운 담요, 종교적인 또는 상징적인 물건들은 모두 위안과 친숙함을 제공한다.
- 자신을 위한 일을 하도록 지원한다. 이를 통해 자신이 가치 있는 사람이라는 인식이 증진된다.
- 돌보는 일에 가족구성원을 참여시킨다. 이때 그들이 편안한 만큼 참여하도록 유도하고, 필요한 정보와 지원을 제공함으로써 혼자서 이러한 책임을 감당하고 있지 않다고 느끼게 한다.
- 가족, 친구, 반려동물과의 관계를 격려한다. 대부분의 사람들은 생의 마지막 순간에 애착을 느끼는 대상과 가까이 있는 것에서 위안과 위로를 경험한다.
- 위기/마지막 날에 대해 미리 함께 계획을 세운다. 미리 계획을 세우는 것에 관해서는 아래에서 더 다룰 예정이다.
- 성취한 것과 살아온 여정을 인정한다. 늘 그러하듯, 죽음이 임박한 사람뿐 아니라 사랑하는 사람들은 한 개인으로서, 그 자신으로서 이해되고 경청되는 것이 중요하고, 가치 있는 기여를 했다는 느낌을 갖는 것이 중요하다.

생의 마지막 순간에 안전기지를 증진시킴으로써 당사자 및 가족구성원들이 비록 불확실하고 고통스러운 순간이지만 통제감을 유지할 수가 있다. 전문적으로 도움을 제공하는 사람들이 예상가능하고 세밀한 방식으로 위로와 위안을 제공하는 것을 목표로 한다면, 당사자뿐 아니라 가족구성원들은 임박한 죽음 앞에서조차 안전감을 느낄 수 있다.

사별을 경험한 가족과 개인을 지원하기: 애착에 기반한 접근

애착이론의 창시자인 Bowlby(John Bowlby)는 애도가 애착체계의 자연스러운 특징이라고 간주했는데, 애도의 기능은 한 개인과 그 애착 대상들을 가깝게 하는 데 있다(Bowlby, 1980). 문화마다 사람들이 애도를 표현하도록 돕는 다양한 패턴과 의식이 존재한다. 이런 의식들은 서로 다를 수 있지만, 공통적인 것은 사랑하는 사람을 잃음으로써 발생하는 보편적인 고통을 인정한다는 것이다. 여러 요인들이 상실과 애도 경험에 영향을 미치는데, 나이 및 발달단계, 사망한 사람과의 관계 특성, 사망을 둘러싼 환경의 특성, 사망이 재정적인 상황이나 주거환경에 미치는 영향 등 실제적인 문제들, 지지체계, 영적/종교적 믿음 등이 여기에 해당된다(Cassidy and Shaver, 2008). 더욱이, 사람들이 자신을 보호하기 위해 사용하는 애착 전략에 주의를 기울이면 그들이 보이는 정서적인 반응들을 더 잘 이해할 수 있고, 사랑하는 사람을 잃고 애도하고 있는 사람들에게 적절한 도움을 제공할 수 있다.

Bowlby의 애도 단계

애도 및 상실과 관련된 그의 주요 도서에서, Bowlby는 애착 대상과 사별한 성인들에게 적용할 수 있는 애도 단계에 관해 설명했다 (Bowlby, 1980). 첫 단계는 부르짖는 것(protest)인데, 사망한 사람을 강렬하게 그리워하고 애타게 찾는 것을 특징으로 한다. 이러한 노력이 사랑하는 사람과의 재결합으로 이어지지 않을 때, 애도하는 사람은 절망과 무망감에 휩싸이게 되는데, 이것이 두 번째 단계이다. 처음에 Bowlby는 세 번째이자 마지막 단계를 '분리됨(detachment)'이라고 불렀는데, 나중에는 '재구조화(reorganization)'로 재명명했다. 이 단계에서는 애도하는 사람이 자신에 대한 생각을 조정하고, 새롭게 등장한 삶에서의 역할에 맞춰가면서, 사랑하는 사람 없는 인생이 어떨지 생각해보는 시간을 갖게 된다. 이 단계에서는 상실에 적응해가면서도, 죽은 이와의 정서적 연계를 계속해서 느끼게 된다. Bowlby는 그의 저서에서 새로운 삶을 살아가기 위해 반드시 죽은 이와의 정서적 결합을 단절할 필요는 없다고 분명하게 말했다. 인간은 망자와의 관계를 유지하면서도 동시에 새로운 환경에 적응할 수 있다. Bowlby의 의도는 사람들이 모두 이 순서로 애도를 경험한다는 것은 아니었다. 사람들은 서로 다른 방식으로, 서로 다른 기간 동안 세 단계를 경험하기 마련인데, 어떤 성격 특성을 가지고 있고, 또 어떤 환경에 있느냐에 따라 달라질 수 있다.

애착의 관점에서 바라본 애도과정

Bowbly 연구에 영향을 받은 학자들은 안정애착인 B 유형의 사람들이 건강한 애도과정을 경험할 가능성이 크다고 주장했다(Stroebe and Schut, 2010). 안정애착 유형의 사람들 또한 슬픔과 상실, 그리움을 표현하지만, 이러한 감정들에 휩싸여 압도되지는 않는다. A 유형 애착을 가지고 있는 사람들은 슬픔과 상실감을 억누를 가능성이 있는데, 나중에 그러한 애도를 나타낸다. 이렇게 마음에 묻혀있는 감정들은 특정 스트레스 상황에서 가끔씩 툭 튀어 나오게 되는데, 상황이나 그 사람과도 잘 안 맞는 것처럼 보인다. 또는 두통, 신체적 고통, 소화장애와 같은 신체증상들을 경험하기도 하는데, 애착의 관점에서 보면 이러한 증상들은 표현되지 않은 감정들에 대해 신체가 환기시키는 것으로 이해할 수 있다. C 유형 애착을 가지고 있는 사람들은 상실과 관련된 모든 영역의 감정들을 나타내는데, 상실에 마음을 빼앗긴 것처럼 보인다. 이는 A 유형의 사람들이 감정을 억제하는 반면 C 유형 사람들은 과장해서 감정을 표현한다는 개념과 부합된다. 이러한 주장을 지지하는 연구결과들이 있지만, 사랑하는 사람을 잃은 것을 어떻게 표현하는지에 대해서는 매우 다른 요인들이 영향을 미칠 수 있기 때문에, 간단하게 결론 내릴 문제는 아니다(Stroebe, Shut, and Boerner, 2010).

이중 과정 모델

Stroebe와 Schut(Stroebe and Schut, 1999)는 이중 과정 모델(dual process model)로 불리는 애도 대처 모델을 제시했는데, 애착이론과 관련이 많다. 이들은 사별한 사람이 동시에 다뤄야 하는 두 가지 주제를 이야기했는데, 상실 지향적 스트레스 요인과 회복 지향적 스트레스 요인이 그것이다. 상실 지향적 스트레스 요인은 사랑하는 사람을 잃은 것을 처리하는 것과 관련이 있는데, 모든 애도 단계를 포함하고 있으며, 죽음을 둘러싼 사건들에 익숙해지는 것과 관련이 있다. 회복 지향적 스트레스 요인은 사망으로 인해 발생한 모든 변화, 가령 정체성의 변화(예: '남편'에서 '홀아비'로 바뀜), 재정 상태의 변화, 그리고 사랑하는 사람이 없는 채로 일상의 삶에 익숙해지는 것과 관련된 변화를 포함한다.

연구자들은 이 두 가지 차원 사이에서 '동요하거나' 요동치는 것은 애도의 정상적인 일부라고 제안한다. 어떤 시점에서나 사별한 사람은 상실 지향적 스트레스 요인 또는 회복 지향적 스트레스 요인에 초점을 맞추기 마련이다. 둘 다 중요하다. 그러나 동시에 둘 다에 주의를 기울일 수는 없다. 일반적으로는 시간이 흐르면서 상실의 주제에서 벗어나서 회복으로 이동하는데, 긍정적인 감정들을 경험하고 새로운 삶의 방식에서 의미를 발견함으로써 사별에 대처해 나간다. 이후 출간된 그들의 논문에서, 연구자들은 다음과 같이 주장했다.

사별에 적응해가는 과정은 천천히 그러나 고통스럽게, 잃어버렸던 것과 남아 있는 것을 탐색하고 발견하는 것이다. 무엇을 회피하거나 버려야 할지, 무엇을 유지하고 만들고, 조성할 수 있을지 찾아간다.

(Stroebe, Schut, and Stroebe, 2005, p.52)

Stroebe와 동료들은 B 유형 애착을 지닌 사람들이 상실 지향적인 스트레스 요인과 회복 지향적인 스트레스 요인 사이에서 요동칠 가능성이 높다고 주장했다. 이들은 애도와 관련해서 강렬한 감정을 경험하지만, 시간이 흐르면서 사망한 사람을 그리워하면서도 그 사람과 관련된 행복한 기억들을 간직하게 된다. 이들은 과거의 삶을 그리워하면서도 새로운 삶을 만들어가고 새로운 역할과 활동에 익숙해져 간다.

A 애착 유형은 자신의 감정을 억제할 가능성이 큰데, 애도나 슬픔을 거의 보이지 않고, 대신 새로운 삶에서 일상적으로 하는 활동과 같은 회복 관련 과제에 초점을 맞출 가능성이 크다. 이들은 상실 지향적인 스트레스 요인보다는 회복 지향적인 과제에 더 주의를 기울이는 것

처럼 보인다. 이들은 두통이나 통증과 같은 신체적 증상이 있다는 것을 알게 되는데, 이러한 증상은 표현하지 않은 감정과 관련이 있다. 이들에게는 정중하고 민감한 방식으로 자신의 감정을 표현하도록 격려하는 것이 도움이 될 수 있다.

C 유형 애착 전략을 가지고 있는 사람들은 강렬한 감정을 보이면서 사망한 사람에 대한 생각에 빠져있을 가능성이 크다. 이들은 감정에 '갇혀 있는' 것처럼 보일 수 있는데, 새로운 삶을 살아가는 것에 대해서는 전혀 신경을 쓰지 않는 것처럼 보일 수 있다. 따라서 회복하는 과제보다는 상실 지향적인 스트레스 요인에 더 신경 쓰는 것처럼 보인다. 이들은 상실 이후의 세상에서 일상을 살아가도록 전략을 세우도록 격려해주는 것이 도움이 될 수 있다.

어떤 애도 모델이건 단순화시키는 것도 있고 일반화시키는 것도 있기 마련인데, 그 이유는 모든 상실은 독특하고, 모든 애도과정은 개인적이면서 복잡하기 때문이다. 기억할 것은, 상실의 맥락이 중요한 역할을 한다는 것이다. 만일 죽음이 예상치 못한 것이거나 외상적인 것이라면, 그 영향은 극대화될 가능성이 있다. 애도과정 또한 개인이 처해 있는 사회적 상황과 주변 사람들의 지지에 영향을 받는다. 더욱이, 사람들이 어떤 모델에 정확히 부합할 것으로 기대하는 것은 현실적이지 못하다. 그러한 모델은 우리가 우리의 생각을 조직하고 우리의 반응을 이끌어내는 데 도움이 될 때 쓸모가 있다. 이 모델이 전하는 핵심적인 메시지는, 사랑하는 사람의 죽음에 익숙해지기 위해서는 상실 지향적인 일과 회복 지향적인 일 모두 중요하다는 것이다.

강점에 기반을 둔 생의 마지막 돌봄

생의 마지막 순간에는 신체적인 힘과 활력이 다해가면서 높은 수준의 돌봄이 필요한데, 강점 기반 실무가 적합하지 않은 것처럼 보일 수 있다. 그러나 생의 마지막 순간까지 삶의 질과 자기결정에 초점을 맞추고, 이렇게 힘든 순간에 전체 가족구성원들을 지원하고자 한다면, 그 어느 때보다 다음과 같은 주요 원칙들, 즉 협력하고 양육하는 관계, 희망을 견지하면서 긍정적인 위험감수를 증진시키는 것에 초점을 맞추어야 한다.

생의 마지막에 대한 의료적 접근에 대해 균형을 잡으려면, 정서적 탄력성을 지원하고, 영적 성찰을 위한 공간을 마련해야 하며, 사람들의 관계에 초점을 맞추어야 한다. 그렇다고 해서 사람들의 신체적인 욕구를 간과하라는 것은 아니다. 편안함을 유지하고, 수분과 영양분을 제공하면서 고통을 줄여줌으로써, 삶의 마지막 순간에 양질의 돌봄을 제공할 수 있는 초석이 마련된다.

생의 마지막 순간에 강점 기반 접근을 활용하는 실제적인 방법

'양질의 죽음'을 계획할 수 있도록 개인과 가족구성원들을 도와주기

호주 멜버른에서 진행된 한 연구에서, 80세가 넘은 환자들이 전문가와 함께 퇴원 시점에 무엇을 할지 미리 계획해 보는 시간을 가졌다. 여기에는 환자의 목표와 가치 및 신념들에 대해 환자와 가족이 성찰하도록 돕고, 건강관리를 위해 미래에 어떤 선택을 할지 의논하고 문서로 작성하는 작업이 포함되어 있었다. 이때 가족구성원들이 함께 포함될 수 있도록 환자들을 격려했고, 만일 환자들이 더 이상 자신의 이야기를 할 수 없는 경우에는 환자 자신의 입장을 대변할 수 있는 사람들을 지정하도록 요청했다.

환자들은 이 서비스를 환영했고, 서비스를 받으면서 자신의 통제 감이 향상되고, 중요한 것은 사람들과의 관계가 좋아졌다고 느꼈다. 노인들이 사망한 후 그 가족들을 면담했을 때, 미리 계획을 세우는 서비스에 참여했던 사람들은 그렇지 않은 사람들에 비해 외상 후 스트레스, 우울 및 불안 등의 증상을 덜 경험했다(Detering et al., 2010).

서비스를 받았던 사람들의 평가 중 일부를 소개하면 다음과 같다.

정말 아파졌을 때 내가 무얼 원할지 누구도 물어본 적이 없었어요. 정말 좋았습니다. 위안이 되었어요.
구체적으로 계획할 수 있었어요. 그래서 침착하게 아빠와 좋은 시간을 보낼 수 있었고요.
돌아가신 분과 구체적으로 이야기할 수 있어서 편안하게 결정을 내릴 수 있었어요.

반면, 이 서비스에 참여하지 않은 사람들은 다음과 같이 이야기했다.

그 사람들은 저에게는 이야기를 하지 않고 모든 것을 가족과 이야기했어요. 그들은 제가 너무 나이가 들어 이해하지 못한다고 생각했던 것 같아요.
아버지는 자신이 죽어가고 있다는 것을 알고 있었고, 그걸 너무 힘들어 하셨어요. 그 문제에 대해 아버지와 이야기를 나눴어야 하는데…
어머니를 내버려 두질 않았어요. 계속해서 검사를 실시했고, 어머니가 원하지 않았을 것들을 했었죠.

미리 돌봄 계획을 세우는 '도구'와 체크리스트는 많다. 그러나 Borgstrom이 지적한 것처럼, 관계적이고 매우 사적인 대화여야 하는 것들을 점검해야 할 과제로 바꾸면, 이 도구들을 절차에 포함시키는 것은 비생산적일 수 있다.

노인과 가족이(이것이 이상적임) 미리 계획을 세우도록 촉진하는 데 사용할 수 있는 몇 가지 질문이 있다.

- 만일 당신이 스스로 말할 수 없을 만큼 아프게 되면, 당신은 누가 당신을 대신해서 이야기하기를 원하나요?
- 당신은 그 사람에게 당신이 무엇을 원하는지 이야기했나요?

생각해 볼 질문이 몇 개 더 있다. 생의 마지막 순간이 다가올 때 어디에 있고 싶은지 다른 분들과 이야기해 보셨나요? 가능하다면, 그곳에 누가 있으면 좋을까요? 받고 싶은/받고 싶지 않은 치료가 있나요? 사망 후 재정적인 부분, 법적인 문제, 그리고 장례 절차에 관해서는요? 이러한 사항들을 공식적으로 기록해 두셨나요, 아니면 위임장과 같이 법적으로 구속력 있는 무언가를 작성해 두셨나요? 나중에 누구한테 연락해서 무엇을 할지, 이런 계획을 돌봐 주시는 분들과 건강관리 직원들에게 이야기하셨나요?

목표, 우선순위 및 선호 파악하기

강점 기반 실무는 죽음을 준비하는 것을 도와줄 뿐 아니라 생의 마지막 순간까지 삶의 질을 극대화하도록 지원한다. 호스피스 운동의 창립자인 Cecily Saunders가 말한 것처럼, '당신이어서 중요하다. 생의 마지막 순간까지 당신은 중요하다. 우리는 당신이 평화롭게 사망하도

록 도울 뿐 아니라, 죽을 때까지 살아가도록 도와주기 위해 모든 것을 할 것이다.'

연구와 실무를 통해 얻게 되는 핵심적인 메시지는, 겉으로 보기에는 사소한 것들이 삶의 질에 막대한 차이를 가지고 올 수 있다는 것이다.

제인의 이야기

제인은 82세에 뇌졸중으로 병원에 입원했다. 그녀는 며칠 동안 의식이 없는 상태였고, 이 기간 동안 딸과 손자들이 병원에 방문했다. 딸은 집에서 라디오를 가져왔고 병원 직원에게 어머니 침대 옆에서 라디오 채널 4번을 틀어달라고 부탁했다. 한 번은 손자가 방문했을 때, 제인이 개인 병실에 있기 때문에 다른 사람들을 방해하지 않았음에도 불구하고 병원 직원이 라디오를 끄는 것을 목격했다. 손자는 이유를 물었고, 제인이 그 시간쯤에는 라디오를 끄고 잠자리에 들 거라 생각했다는 이야기를 들었다. 손자는 그 병원 직원에게 할머니가 수년 동안 새벽 3시에 잠자리에 들어 정오까지 잠을 자는 습관이 있었다고 말해 주었다. 이 대화를 통해 직원은 밤새 라디오를 트는 것에 동의했다. 제인은 완전히 의식을 회복하지 못한 채 사망했지만, 딸과 손자들은 제인이 사랑한 라디오를 밤새 들었다는 것을 알았고, 이를 통해 큰 위안을 얻을 수 있었다.

영적, 종교적 욕구를 고려하라

건강 및 사회돌봄 서비스들은 종종 세속적이고 비종교적인 맥락에서 제공된다. 그러나 Saleeby(2005)가 기술한 것처럼, 이것이 노인들에게 영향을 미칠 수 있다. 한 집단으로서, 노인들은 젊은 사람들에 비해 종교적인 믿음을 가지고 있는 경우가 많다. 생의 마지막 순간에 다가가는 사람들에게는 종교적이고 영적인 삶의 차원들을 반성적으로 성찰하는 것이 훨씬 더 크게 느껴질 수 있다.

그러나 현대적인 맥락에서 '영적인 돌봄'은 무엇을 의미할까? Allen(2010)은 영적인 돌봄을 다음과 같이 정의했다.

> 영적인 돌봄은 '현재와 같은 건강 상태에서 나는 누구인가?'라는 질문에 답을 찾는 것과 관련이 있다. 이렇게 외견상 간단해 보이는 질문에 숨어 있는 것은, 정체성에 대한 생각, 신 또는 어떤 생명체와의 관계에 대한 인식, 자신 및 다른 사람들이 처한 환경 맥락, 그리고 인생에는 의미와 목적이 있어야 한다는 느낌이다.
>
> (Allen, 2010, p.7)

전국말기환자협회(n.d.)에서는 '영적인 지원은 당신에게 무엇을 의미하는가?'라는 주제로 친구와 가족을 대상으로 면담을 진행했다. 연구 결과, '영적 지원'이 무엇을 의미하는지에 대한 사람들의 의미는 각각 다르고, 경험, 신념 및 가치를 반영하는 것으로 나타났다.

> 나의 믿음을 경청하고 존중하고 그에 맞게 나를 대해주는 것이죠.
> 무신론자로서 저는 그것이 정서적인 또는 심리적인 영역에 있는 어떤 것이라고 정의합니다. 따라서 정서적 지원은 영적인 지원의 일종이죠. 저에게 영적인 돌봄은 한 사람을 그 사람으로 느끼도록 도와주는 것입니다. 따라서 한 사람에게 의미를 느끼게 해주는 것 또는 목적의식을 느끼게 하는 것이라면 무엇이든 영적 돌봄에 포함되어야 합니다.

힌두교인으로서 '영적'이라는 단어는 저에게 많은 의미가 있어요. 그건 제 영혼을 위한 돌봄, 환생을 위한 돌봄, 제 신체가 아닌 제 영에 대한 돌봄, 평온한 반성, 영감적인 가사, 헌신적인 가사와 노래인 것 같습니다. 제 믿음이 중요해요. 누군가가 저와 함께 저를 위해 기도하기를 소망합니다.

그건 한 사람의 목적의식과 그 사람 고유의 의미와 관련된 주제들에 초점을 둔 돌봄인 것 같습니다. 기본적으로 영혼을 돌보는 거죠.

제가 죽어가고 있다면 제 주변에 성직자가 있는 것을 원치는 않을 거예요. 제 어머니도 그러신 것 같은데, 호스피스는 어머니가 원하실 거라고 가정하더라고요. 만일 어떤 사람이 실제로 믿음을 가지고 있다면, 그 믿음을 존중해야겠죠.

이런 반응들을 보면 '영성'이라는 것이 생의 마지막 순간에서 제공되는 돌봄의 중요한 부분이지만, 사람들마다 영성은 매우 다른 것을 의미한다는 것 또한 상기시킨다.

생의 마지막 순간에 있는 치매환자들을 돕기 위한 애착 기반, 강점 기반 접근

2016년에 잉글랜드와 웨일즈에서는 치매가 여성 사망의 가장 흔한 원인이었고, 남성의 경우에는 두 번째로 흔한 원인이었으며, 여성의 15.4%, 남성의 8%가 치매로 사망했다(ONS, 2016a).

세계보건기구(WHO)는 2015년부터 2040년까지 치매로 인한 사망이 40% 이상 증가할 것으로 전망했는데, 생의 마지막 순간에 치매에 걸린 사람들을 돌보는 일은 현저하게 증가하는 분야가 될 것이다 (World Health Organization, 2018).

생의 마지막 순간에 다가가면서 치매가 진행된 사람들은 다양한 영역에 걸쳐 의학적인 증상과 신체적인 필요를 호소하는데, 통증, 욕창, 섭식 문제, 이동성 결여, 면역체계 이상으로 인한 감염 위험 등을 경험한다. 이들은 치매에 걸리지 않은 사람들에 비해 생의 마지막 돌봄과 관련해서 자신의 욕구와 바람, 특히 신체적인 욕구와 정서적인 욕구를 잘 표현하지 못할 가능성이 있다.

치매는 기억과 의사소통을 잠식시키고, 생의 마지막 순간에 사람들의 욕구와 바람을 표현하는 능력에 심각한 영향을 미친다. Tibbs는 우리 자신의 이야기를 더 이상 기억하지 못한다면 우리는 '우리 자신의 고유한 인간성을 훼손시키는 장소에 살고 있는 것'이라고 주장했다 (Allen, 2010, p.37). 우리는 우리의 이야기를 꼭 붙잡기 위해 다른 사람들에게 의지하게 되는데, 이것은 '충분히 우리를 염려하고, 우리의 이야기를 다시 들려줄 수 있는 시간과 기술을 가지고 있는 타인에게 의지하는 것'이다. 또한 우리는 '우리의 조각나고 파편화된 언어'를 해석할 시간과 지식, 동기를 가지고 있는 사람들에게 의지한다(p.37).

Tibb(Allen, 2010)는 이것이 아래와 같은 맥락에서 가장 잘 일어난다고 주장했다.

- 법에서 요구하는 것 이상의 사랑과 호의가 있음
- 분위기는 수용적이고, 사람들의 한계를 처벌하지 않음
- 가치체계가 뚜렷함. 옳고 그름이 분명하고, 생의 마지막 순간에 다가가는 사람들이 관심을 가지고 있는 '의미'에 관한 질문을 다룸

강점 기반 관점을 취하면서, Tibb는 다음과 같이 결론 내렸다.

치매에 걸린 사람들이 자신의 경험을 이해하기 위해서는, 의미를 찾으려는 그들의 노력을 인정하고 또 격려해주는 전문가가 필요하다. 이들이 자신의 복지를 유지하려고 엄청난 노력을 기울이는 것은 분명한데, 이러한 욕구를 지지해줄 필요가 있다.

(Allen, 2010, p.39)

대부분의 치매환자들은 병원이나 요양시설과 같은 환경에서 사망한다(Lawrence et al., 2011). 그러나 치매환자를 돌보는 직원들이 늘 임박한 환자의 죽음을 알아차리는 것은 아니라는 증거가 있다. 예를 들어, 한 연구에서는 양로원에서 일하는 직원들에게 최근 들어온 분들의 기대수명이 6개월 미만이라고 생각하는지 질문했다. 직원들은 1.1%의 환자가 6개월 안에 사망할 것으로 예상했지만, 실제로는 71%의 사람들이 사망했다(Mitchell, Kiely, and Hamel, 2004). 따라서 삶의 마지막 순간에 다가가고 있는 치매환자들은 필요한 지원을 받지 못할 수 있는데, 그 이유는 그들을 '생의 마지막 순간에 다가가고 있는' 사람들로 인식하기보다는 '치매에 걸린' 사람들로 바라보기 때문이다.

Lawrence와 동료들(2011)은 전문가와 사별한 가족구성원들을 대상으로 치매환자의 마지막 6개월이 어떠했는지 면담을 진행했다. 한 가지 발견한 것은, 일반 병동에서 사망한 치매환자들의 경우에는 먹고 마시고 통증을 관리하고 개인적인 수발을 받는 측면에서 충분히 지원받지 못하는 등 돌봄의 질이 좋지 않았다. 치매에 걸린 사람 중 매우 적은 수가 집에서 죽음을 맞이하기 때문에, 이러한 결과는 병원에서 제공하는 돌봄의 질을 향상시킬 필요성을 부각시킨다. 연구를 통해 치매에 걸린 사람들이 생의 마지막 순간에 있을 때 어떤 양질의 돌봄을 제공해야 하는지는 가족구성원들이 일관되게 보고하고 있지만, 늘 제공되는 것은 아니라는 점이 확인되었다.

치매에 관한 전문성을 활용해서 신체돌봄의 욕구를 충족시키기

치매에 걸린 사람을 어떻게 돌봐야 하는지 지식이 부족할 경우 직원들은 종종 기본적인 신체돌봄의 욕구를 충족시키지 못하는데, 여기에는 통증을 관리하고, 음식과 수분, 개인위생에 관한 욕구가 만족되었는지를 확인하는 것 등이 포함된다. 가족구성원들은 환자가 힘들어하고 신체적으로 불편해 보이는 표정이나 신체적인 징후들이 있음에도 불구하고 직원들이 그러한 것들을 충분히 인지하지 못해 염려된다고 말한다.

과제에 초점을 둔 돌봄 그 이상을 향해

돌봄을 제공하는 직원들은 모두 삶의 마지막 순간에 전인적인 돌봄, 즉 환자의 신체적인 욕구뿐 아니라 사회적, 문화적, 정서적인 욕구들 또한 충족시키는 것이 얼마나 중요한지 인지하고 있었다. 그러나 이러한 돌봄이 일관된 방식으로 제공된다는 증거는 거의 존재하지 않는다. 종종 직원들은 돌봄이 주로 신체적인 욕구에 초점을 둔 일련의 기본 과제들로 축소되었다고 말한다. 가족구성원들은 직원들이 환자를 공감해주거나 따뜻함을 보여줬을 때 감사하게 느꼈는데, 예를 들어 샤워하는 동안 말을 걸어 진정시키고, 예전에 환자가 어떻게 옷을 입었는지 알고 있기 때문에 같은 방식으로 옷을 입혀 주는 것 등이 해당된다.

계획을 세우고 의사소통하는 것에 우선순위 두기

계획을 세우는 데 있어서 치매환자들이 온전히 기여할 수 있는 시점에, 가족이나 전문가들은 미리 계획을 세우는 것에 관해 지식이 부족했다. 삶의 마지막 단계에서 치매환자를 병원에 입원시켜야 하는지 결정하는 것은 관여하고 있는 가족구성원들에게는 특히 힘든 결정이다. 이 연구에서 가족구성원들은 환자를 병원에 입원시키는 것이 부적절하며 환자를 동요시키는 것이라고 생각하면서도, 입원을 반대할 수는 없다고 느꼈다. 전문가들은 명시적으로 사전 계획을 세우지 않았을 경우, 적극적인 치료를 철회하는 것을 주저하게 된다고 말했다.

연구자들이 내린 결론처럼, '치매환자들이 처한 독특한 환경과 그들의 개인적인 욕구를 고려하지 않은 채 삶의 마지막 순간에 돌봄이 제공된다면 도움이 되지 않을 가능성이 크다'(Lawrence et al., 2011, p.420).

사별을 경험하고 있는 가족 지원하기

가족구성원의 사망은 가족 내 고통스러운 또는 해결되지 않는 문제로 이어질 수 있다. 이러한 문제들은 사랑하는 사람의 죽음과 직접적으로 관련되어 있을 수 있고, 또는 오래된 의견 불일치나 갈등이 다시 불거질 수 있다. 예를 들어, 생의 마지막 순간에 받을 돌봄을 누가 결정하는지에 관해 갈등이 있을 수 있고, 삶을 연장하는 치료에 관해 의견이 다를 수 있는데, 죽음에 임박한 사람이 자신의 바람을 전달할 수 없다면 문제가 더 복잡해질 수 있다. 어떤 가족구성원은 다른 가족구성원보다 돌봄의 책임을 더 많이 짊어져야 한다고 생각해서 화를 낼 수 있다. 단지 환자를 방문할 수밖에 없는 가족의 경우에는 죄책감을 느낄 수 있다. 어떤 가족구성원은 현재 무엇이 일어나고 있는지 이야기하고 싶지만, 다른 구성원은 힘든 대화를 피하고 싶을 수 있다. 돈, 가족에 대한 기여 등과 관련해서 오래 묻어둔 갈등이 다시 점화될 수 있다. 가족 안에 고통스러운 비밀이 있어서 이것이 드러나는 것을 두려워하는 사람들도 있을 수 있다. 따라서 대부분의 가족은 생의 마지막 순간을 강렬한 감정과 잠재적인 갈등이 폭발하는 기간으로 경험하게 된다. 가족을 지원하는 사람들은 인내하면서 시간을 두고 개방적으로 의사소통하고 서로 정보를 공유할 수 있도록 도와줄 필요가 있다.

Zaider와 Kissane은 말기환자를 돌보는 것과 가족탄력성을 탐색한 논문들을 고찰했다(Zaider and Kissane, 2007). '탄력적인 가족'은 위기 상황에서 품격을 유지할 수 있고, 성공적으로 적응함으로써 '다시 원상태로' 돌아갈 수 있다. 이런 가족의 주요 특징은 다음과 같다.

- 응집성 또는 '함께 함': 한 팀으로 함께 일할 수 있는 가족의 능력, 함께 시간을 보내면서 서로를 지원하는 경향성
- 갈등 관리: 가족이 끈끈하고 갈등을 해결할 수 있다면, 갈등 자체는 부정적이지 않음
- 대화와 표현: 감정과 생각을 쉽게 공유함

가족이 이상의 강점들을 가지고 있을 때, 전문가는 '그들의 강점을 확인하고 성공적인 팀워크를 강화함으로써' 가족을 지원할 수 있고 (Zaider and Kissane, 2007, p.75), 가족은 사랑하는 사람의 죽음을 준비하고 익숙해질 수 있다. 그러나 가족이 쪼개져있고 힘들어하면서 함께

일하는 것을 어려워한다면, 말기 돌봄을 계획하고 사별에 대처하는 데 많은 지원이 필요하게 된다.

만일 가족의 탄력성이 낮다면, 말기 돌봄과 사별을 경험하는 기간 중에 가족에 초점을 두고 애도치료(일반적으로 4회기에서 8회기 진행됨)를 진행하면 고통과 우울을 감소시키는 데 도움이 된다(Kissane et al., 2003). 이런 접근의 주요 원칙은 다음과 같다.

- 정기적으로 함께 모여 가족의 팀워크(또는 '응집성')를 경험한다.
- 가족을 초청해서 그들의 이야기, 사망한 사람의 질병에 관한 이야기, 가족은 어떻게 죽음과 상실을 경험하고 다루었는지 서로 공유하고 재구성한다.
- 가족이 모였을 때 이들의 두려움과 기대 및 바람을 이야기하고 애도를 표현하도록 요청하는데, 이를 통해 표현과 소통이 증진된다.

대부분의 가족은 이상의 원칙들이 필요하지 않지만, 가족 내에 이러한 문제를 해결할 자원이 부재하거나 사망으로 인해 복잡한 문제들이 야기되었을 경우에는 유용할 수 있다.

직원들의 욕구 고려하기

강점과 애착에 기반을 둔 실무에서는 직원들의 실제적이고 정서적인 욕구에 관심을 기울여야 한다. 의료인과 요양시설 직원들이 일관되고 세밀한 지원과 돌봄을 제공할 수 있으려면, 이들이 생의 마지막 순간에 있는 사람 및 그 가족을 지원할 수 있도록 적절히 준비되어 있어야 한다. 직원과 돌봄종사자들은 일하는 과정에서 분노, 슬픔, 두려움, 위로받고 싶은 욕구를 느낄 수 있는데, 이때 전문적인 지지망에 의지할 수 있어야 하는데, 그렇지 않을 경우 돌봄의 질이 떨어질 수 있다. 이들에게 제공해야 할 것은 증상 관리 및 사전 계획과 법률적인 문제에 대한 사실 정보뿐 아니라, 의사소통 기술과 가치 및 윤리와 같은 대인관계적인 주제, 그리고 개인적으로 지원하는 것 등이 있다. 또한 삶의 마지막에 관련된 돌봄을 제공할 때 나타나는 문제들을 자유롭게 논의할 수 있는 기관 문화가 조성되는 것이 중요하다. 애착과 강점에 기반한 슈퍼비전 및 지도와 관련된 주제는 8장에서 다시 논의할 것이다.

참고자료

- NICE는 2015년 12월에 '생의 마지막 날에 죽어가는 성인 돌보기(Care of Dying Adults in the Last Days of Life)'라는 지침서를 출간했다(www.nice.org.uk/guidance/ng31). 이 지침서에는 말기 환자의료협의회와 관련된 Healthcare에서 제공하는 이러닝 책자 등 다양한 참고자료가 담겨있다(www.e-1ft.org.uk/programmes/end-of-life-care).
- 수월성을 위한 사회돌봄연구소(Social Care Institute for Excellence)는 직원 교육과 지원을 위한 좋은 실무자료들을 구비하고 있는데, 나중에 나온 연구결과는 웹사이트에서 찾아볼 수 있다(www.scie,org.uk/publications/guides/guide-48practice examples/index/asp).

• 사망카페(Death Cafe)는 죽음에 관한 지역사회 논의를 촉진하는 국제적인 조직이다. 이 기관의 목적은 죽음 및 죽어가는 것과 관련된 대화를 나누는 행사들을 개최하는 데 있고, 안전하고 비공식적인 환경에서 케이크를 제공하는 가운데 진행된다. 이는 친목 모임으로써, 기관의 목적에 동의하는 사람이라면 누구나 '방법' 지침을 다운로드해서 사망카페를 조직할 수 있다 (http://deathcafe.com).

Chapter 08

성찰적 슈퍼비전, 직원 복지 및 강점 기반 리더십

들어가며

영국 사회의 고령화가 시사하는 점 중 하나는 장기요양에 대한 수요와 함께 이 분야에서 일할 사람들의 수요가 급격히 증가하고 있다는 것이다. 영국의 사회복지 자선단체인 "Skills for Care"에 따르면, 영국에서 200만 명 이상의 사람들이 장기요양 업무에 고용되었고 가정방문(49%), 노인주거복지시설(38%), 주간보호시설(13%) 분야로 나누어져 있으며(Skills for Care, 2015), 인력의 85%가 여성이다. 노인들을 보살피는 일은 인간의 노동력에 크게 의존하게 되는데, 그 이유는 정서적인 지원뿐 아니라 실제적인 지원을 노인들에게 제공하면서 그들과 관계를 구축해야 되기 때문이다.

Morrison은 관료주의와 예산 삭감이 복지 분야에 미치는 영향에 대한 글을 썼다. 그가 주장하길, 만약 모든 인간적인 과정을 조직으로부터 분리해버린다면, 사람들이 진정으로 상호작용할 수 있는 기회가 사라지고 비인간적인 업무 현장만이 남게 될 것이다(Baim and Morrison,

2011). 예를 들어, 많은 가정방문 요양보호사들이 해야 할 여러 과업들(예: 약 챙겨주기, 간단한 식사 준비하기, 목욕이나 환복 돕기 등)이 있으나, 이를 완수할 만큼 충분한 시간이 주어지지 않아 좌절감을 호소하고 있다. 만약 업무와 절차에 지나치게 중점을 두게 되면, 서비스의 중심에 있는 '사람'을 간과할 수 있고 인간관계가 저평가될 소지가 있다(UK Homecare Association, 2012).

이 장에서는, 개별 요양보호사와 조직을 이끄는 사람들 모두가 건강한 업무 현장을 조성하고 돌봄 대상자들에게 더 좋은 서비스를 제공하기 위해 서로 책임을 공유하는 방식에 대해 알아볼 것이다. 우선, 장기요양 분야에서 이루어지는 고용의 성격에 대해 살펴보는 것부터 시작할 것이다.

요양 분야의 저임금 문제

Shereen Hussein은 국가 인력 급여 데이터, 요양보호사 및 기타 이해 관계자와의 인터뷰에 기초하여 영국의 장기요양 분야에 대해 분석했다(Hussein, 2017). 이 연구에서 요양보호사들은 최저임금 수준의 급여를 지급받는 것이 일반적인 관행이라는 사실이 밝혀졌다. 그러나 그녀의 분석에 따르면, 10-13%의 요양보호사들은 무급 휴가를 고려했을 때 국가에서 정한 최저임금보다도 낮은 시급을 받는 것으로 나타났다. 또한, 많은 요양보호사들이 재정 관리가 어렵거나 매우 어려운 상황이고 저소득 가정에서 생활하고 있었으며, 그들의 임금을 '보충'하기 위해 어떤 형태로든 복지혜택을 요구하고 있음이 밝혀졌다.

Hussein은 요양 분야에서 지속적으로 낮은 임금을 받는 데 기여하는 세 가지 주제를 확인했다.

1. 요양 업무를 천직으로 본다. 요양 업무를 천직으로 본다. 많은 고용주들은 요양 업무를 천직이라고 묘사하고 비금전적인 보상이 제공되는 고용 형태라고 설명하면서 낮은 임금을 정당화하였다. 연구자들과의 면접에서, 일부 요양보호사들은 낮은 임금이 이 분야의 일부고 그들이 돌보는 사람들과의 관계, 그들이 사회에 긍정적인 공헌을 하고 있다는 느낌과 같은 요양 업무의 비금전적인 측면을 가치 있게 여기고 있음을 보고하였다.
2. 사회 내에서의 연령 차별. 종종 취약하고 허약하다고 묘사되는 노인에 대한 차별은 노인을 돌보는 일에 종사하는 사람들에게도 영향을 미친다. 즉, 노인에 대한 차별은 요양보호사들이 하는 일에 대해 사회가 부여하는 가치에도 악영향을 미칠 수 있다.
3. 시장화 및 아웃소싱. 공공 및 민간 복지 사업자는 점점 더 엄격한 자금 구조 내에서 운영되고 있다. 인력 확보는 돌봄 제공에 있어 가장 큰 비용을 차지하므로, 기관이 비용을 절감하고자 할 때 임금과 고용 조건이 압박을 받게 된다.

Hussein은 요양보호사들의 권리와 복지를 보호하기 위해 낮은 임금과 고용 조건의 문제를 해결하고 요양 분야에 충분한 수의 근로자들을 지속적으로 끌어모으는 것이 매우 중요하다고 결론짓는다. 이처럼, 요양 분야의 인건비 문제가 개선되도록 영향을 미치는 것이 중요하지만, 이 분야의 근무 조건을 확장시키는 방안을 고려하는 것 역시 중요하다.

요양 분야에서의 역할이 갖는 특성

요양 분야에서 대부분의 역할은 다양한 업무와 책임을 포함하고 있다. 여기에는 개인위생 관리, 환복, 음식 제공과 같이 돌봄 대상자의 신체적인 필요를 충족시키는 것과 관련된 실제적인 업무들이 포함된다. 또한, 돌봄 계획, 서류 양식 및 기록을 작성하는 등 요양원이나 기관과 연결된 행정 업무들도 있고, 개인 근로자의 전문 교육 또는 전문성과 관련된 업무(예, 이동 돕기, 평가 수행 및 약물 투여 등)도 있을 것이다. 추가적으로, 돌봄 제공과 관련된 모든 역할은 돌봄 대상자 및 그 가족과 라포를 형성할 수 있는 '더 부드러운' 기술을 필요로 한다.

Manthorpe와 동료들은 요양 서비스를 받은 사람들과 그 가족들을 인터뷰하였는데, 질문 내용은 '돌봄을 제공하기 위해 고용된 사람들에게 어떤 종류의 자질이 가장 중요하다고 생각하는지'에 대한 것이었다(Manthorpe et al., 2017). 이 연구에 참여한 모든 사람들은 '공유된 인간성' 및 도덕적 청렴함을 바탕으로 한 접근 방식을 높이 평가했다. 중요하게 평가된 자질에는 존중, 친절, 동정심, 따뜻함, 진실함 등이 포함되었다. 성실한 업무 자세와 신뢰감도 중요한 가치로 평가되었는데, 아마도 정시에 출근하고(특히 돌봄의 형태가 가정방문인 경우) 정직하게 행동하는 것과 연관된 가치들이기 때문일 것이다. 친밀감은 요양보호사 외에는 사회적 접촉이 거의 없고 혼자 살고 있는 사람들에게 특히 중요한 자질로 확인되었지만, 모든 요양보호사들이 가져야 하는 자질로 간주되지는 않았다.

예를 들어, 연구에 참여한 한 여성은 몇몇 요양보호사들에게 더욱 친밀감을 느낀다고 보고하였다.

'제 생각에 하나를 꼽는다면, 그들과 대화할 수 있을 것 같다는 느낌을 흔히 받는다는 거예요. 그들은 이해하죠. 그래서 그들은 편하게 대화할 수 있는, 원칙적으로 그런 유형의 사람인 것 같아요. 모든 사람과 대화를 나눌 수는 없잖아요, 그렇죠?'

(Manthorpe et al., 2017, p.88)

대부분의 사람들은, 요양보호사들이 치매나 노년기와 관련된 질병과 같은 특정한 문제에 대한 지식이 어느 정도 있는 것도 중요하지만, 돌봄 대상자에 대한 존중과 연민의 인간적 자질을 갖추고 있는 것 또한 중요하다고 믿었다. 또한, 이러한 자질들은 훈련을 통해 가르칠 수 있는 것이 아니라 타고난 것이라는 의견도 있었다.

아내가 치매에 걸린, 한 남자가 그 점에 대해 강조했다. '알츠하이머와 치매의 특성을 이해하기 위해서는 엄청나게 높은 수준의 훈련이 있어야 한다고 생각해요... 예를 들어, 누군가가 버럭 화를 내고 소리를 지를 수도 있어요. 그리고는 이렇게 말하는 거죠, "아, 그녀는 끔찍해요." 하지만 이건 일종의 병이잖아요... 그들은 지금 병간호에 대해 이야기하고 있고 동정심을 가르치고 있어요. 동정심은 누구에게도 가르칠 수 없습니다. 요양보호사들은 동정심을 가지고 있어야 해요, 그렇지 않습니까?'

(Manthorpe et al., 2017, p.87)

이 연구는 존중 및 친근함과 같이 관계 형성과 관련된 '더 부드러운 기술'이 돌봄 대상자 및 그 가족에게는 업무의 숙련도만큼 중요한 가치가 있음을 시사한다. 이는 요양보호사들을 지원하는 방법과 돌봄을 제공하는 기관이 운영되는 방식에 있어 중요한 시사점을 가진다.

감정 노동, 관계에 기반한 업무 및 '소진(번아웃)'

가정 또는 요양시설에서 노인에게 돌봄을 제공하는 조직의 직원은 성취감과 중요한 공헌을 할 기회를 제공받을 수 있다. 하지만 이러한 역할들은 보상뿐만 아니라 어려운 도전도 제시할 가능성이 높다. 그 도전에는 아마도 아래의 사항들이 포함될 것이다.

- 죽음의 문턱에 가까워진 사람들 곁에서 일하는 것
- 신체적/인지적 쇠퇴, 결국에는 죽음을 목격하는 것
- 슬픔에 잠겨 있거나 갈등을 겪고 있는 가족들과 함께 일하는 것
- 괴로움에 빠져서 이해하기 힘든 행동을 하는 사람들과 함께 일하는 것
- 팀 및 조직 내 갈등을 관리하는 것

위에서 살펴보았듯, 관계 형성에 있어 '부드러운 기술'을 사용하는 요양보호사의 능력은 업무와 관련된 실제 기술만큼이나 중요하게 평가되고 있다. 인간적인 관계를 형성하기 위한 요양보호사의 능력은 그들 자신의 행복감과 직장에서의 실제적이고 감정적인 스트레스에 대처하는 능력의 영향을 받는다.

'소진(번아웃)'이라는 용어는 직장에서의 감정적 스트레스에 대한 일련의 반응을 설명하기 위해 사용된다. Maslach, Jackson과 Leiter(1996)는 소진의 세 가지 측면을 확인하는 모형을 개발하였고, 자세한 사항은 아래와 같다.

- 정서적 피로감과 업무 스트레스에 대처할 수 있는 정서적 능력

의 감소

- 비인격화: 돌봄을 받고 있는 사람들에 대한 부정적인 생각과 감정의 증가
- 성취감의 감소와 자신에 대한 부정적인 평가

소진(번아웃)은 직원의 복지에 부정적인 영향을 미치고 직원의 사기를 낮추며, 요양 서비스의 질을 저하시킬 수 있다. 소진(번아웃) 수준은 직원이 노인들과 인간적인 관계를 형성하는 능력에 영향을 미칠 가능성이 높다. 한 연구에 따르면, 소진 수준이 높은 직원들은 공격적인 행동을 보이는 노인들에게 더 화를 낼 가능성이 있는 것으로 나타났다 (Macpherson et al., 1994). 이는 결국 노인들로 하여금 덜 안전하다고 느끼게 하여 감정 폭발에 더 취약하게 만들 수 있다. 돌봄을 제공하는 직원과 돌봄을 받는 노인들의 복지를 위해서, 직원의 정서적인 행복에 주의를 기울이는 것이 매우 중요함을 알 수 있다.

Miesen(2006)은 애착이론과 관계에 기반한 실천(특히 치매에 걸린 사람을 다루는) 간의 관련성을 연구했다. 치매에 걸린 사람들은 강한 상실감, 두려움, 혼란스러움, 그리고 외로움을 경험할 수 있다. 이는 안전감과 편안함을 되찾기 위해 부재중인 사람들을 부르고, 직원들을 따라다니며, 강한 감정을 드러내는 것과 같은 애착 행동을 하게 할 수 있다. Miesen은 전문 요양보호사가 치매에 걸린 사람의 애착 추구 행동에 반응하는 방식이, 업무 관계의 질과 조율된 돌봄을 제공하는 능력에 상당한 영향을 미칠 것이라고 주장했다. 이는 직원들이 정서적으로 균형을 유지할 수 있도록 지원하는 것이, 직원과 돌봄을 받는 사람들 모두의 복지에 긍정적인 영향을 미칠 가능성이 높다는 것을 의미한다.

Tony Morrison은 사회복지 업무에 대해 글을 쓰면서, 업무 관계를 형성할 수 있는 근로자의 능력을 키우는 데 있어서 감성 지능의 중요성에 대해 강조하였다(Morrison, 2007). 그는 업무에 대한 자신의 정서적 반응을 인식할 수 있는 근로자의 역량이 다음 사항에 중요한 영향을 미친다고 주장했다.

- 정확한 경청 및 비언어적 의사소통에 주의를 기울임으로써 함께 일하는 사람들에게 '조율'할 수 있는 능력
- 다른 사람들에게 공감하고, 도전적인 일이 자신에게 미치는 영향을 인식하는 능력

직원이 돌보고 있는 사람들과 긍정적인 업무 관계를 형성하도록 지원하는 것은 개인 및 조직적인 과정을 모두 포함하는 복잡한 일이다.

조직적 차원의 관계 지원

낮은 임금, 긴 업무 시간, 힘든 육체노동, 낮은 수준의 자율성을 특징으로 하는 작업 환경(요양 분야와 같은)에서 개인의 직무 역할을 수행하는 경우, 관계에 기반한 방식으로 일하는 업무에서의 도전은 더욱 심화된다. 요양 분야 내에서 잘 알려진 권력 남용(직원이 돌봄 대상자들을 신체적·정서적으로 학대한 일들을 포함)은 때때로 조직 안에서 소수에 불과하다고 여겨진다(Equality and Human Rights Commission, 2011; The Mid Staffordshire NHS Foundation Trust, 2013). 권력 남용을 저지른 개인을 비난하는 것이 표면적으로는 호소력 있게 비쳐질 수 있는데, 그 이

유는 가해자만 제거하면 일이 해결되므로 그 방법이 매우 간단해 보이기 때문이다. 그러나 그 방법은 너무 단순하다. 물론, 요양 업무를 하기에 적합하지 않은 가치관과 신념을 가진 사람들이 있을 수는 있지만, 직원의 동정심 및 감성 지능이 촉진되고 중요하게 여겨지는 환경을 조성하는 것은 결국 기관의 책임이다.

Killett와 동료들은 영국의 11개 노인요양시설(주거복지센터 및 요양원 모두 포함)에서 인터뷰 및 관찰 연구를 수행했다. 연구의 목적은 각 요양 기관의 근무 문화가 개별 요양보호사들의 직업적 요구에 대처하는 방식에 어떤 영향을 미쳤는지 조사하기 위한 것이었다(Killett et al., 2016). 그들은 한 곳을 제외한 모든 요양 기관들이 인간 중심의 가치관을 표방했지만, 이것이 인간 중심의 돌봄 제공으로 바로 연결되지는 않는다는 사실을 발견했다. 지속적으로 높은 수준의 돌봄이 되기 위해서는, 모든 직원들이 인간 중심의 가치를 실현하는 방식으로 일상적인 요구와 역할의 충돌을 처리하는 것이 중요했다. 예를 들어, 한 요양원의 관리자는 직원이 거주 노인들의 요구와 선호에 개별적으로 주의를 기울이는 대신, 모든 노인들을 깨워서 정오까지 침대를 정리하는 데 주력하고 있다는 사실을 알게 되었다. 관리자는 그 직원을 불러서 해야 할 일의 목록을 확인하는 것에 집중하기보다, 개별 노인들의 필요를 충족시키는 데 시간을 할애하도록 독려하였다. 그리고 미처 완수하지 못한 업무는 교대 근무 시간에 다른 직원들에게 인계하면 된다고 설명했다. 관리자는 이렇게 말했다. "당신이 씻겨야 하는 그 '일'이 아니라 '사람'을 먼저 생각하세요."(Killett et al., 2016, p.174)

이 사례에서와 같이, 관리자들이 자신의 역할에 대한 갈등 및 압력에 대처하기 위해 직원을 지원하는 데 직접 관여하게 되면, 시설에 거주하는 노인들을 돌봄에 있어 인간 중심적인 방법이 촉진될 수 있으며, 이를 통해 조직의 가치를 실현할 수 있다. 그것이 지켜지는 시설에서는, 팀원이 부족할 경우 관리자들이 업무를 담당하기 위해 개입하고 보다 효율적으로 돌봄 계획을 완료할 수 있는 방법에 대해 창의적으로 생각하며, 돌봄 대상자의 가족구성원들을 더 잘 지원하는 방법을 고려하는 등의 행동이 관찰되었다.

그러나 만약 관리자와 조직이 개입하지 않으면, 직원들은 자신이 직면한 갈등에 대해 자체적인 해결책을 찾았으며 이는 종종 거주 노인들에게 정서적으로 관여하지 못하고 업무 일과에 지나치게 의존하는 모습을 야기하기도 했다. 만약 이러한 행동들이 도전받지 않는다면, 그들은 시설의 구조 일부가 되어 '열악한 관행에 도전할 수 없거나 거주 노인들의 복지에 긍정적인 변화를 줄 수 없을 것'이라는 무의식적인 가정을 강화했다.

연구진은 조직 문화가 일상적인 문제해결을 통해 이러한 가치를 장려할 때만 인간 중심의 가치가 인간 중심의 실천으로 전환된다는 결론을 내렸다. 관리자는 직원이 인간 중심의 가치에 맞는 해결책을 찾을 수 있도록 지원해야 하며, 직원은 일상적인 문제와 어려움에 대해 동료 직원 및 관리자와 소통할 필요가 있다. 이러한 방법으로, 성찰과 긍정적인 관행을 장려하는 문화가 뒷받침될 수 있다.

Hawkins와 동료들은 두 개의 요양원에서 상세한 관찰과 인터뷰를 포함하는 연구를 수행했으며, 직원들이 거주 노인들의 신체 활동을 어떻게 촉진하는지에 특히 초점을 두었다(Hawkins et al., 2017). 그들은 물리적 환경(시설 내 공간이 어떻게 사용되는지), 직원, 가족, 거주 노인들 간의 사회적 관계, 각 개인들의 요구, 그리고 시설의 조직적인 측면 사이의 상호작용이 노인의 신체 이동을 지원하는 시설의 역량에 어떤 영향을 미치는지 확인하였다. 연구원들은 한 시설을 Hebble House, 다른 한 시설은 Bournville이라고 불렀고(둘 다 실제 명칭이 아님), 각 시설에서 일과가 관리되는 방식 사이에 매우 중요한 차이점들을 발견했다.

Hebble House에서는 휠체어를 타고 이동하는 것보다 시간이 오래 걸리더라도, 거주 노인들이 가능한 한 혼자서 이동하도록 직원의 독려를 받았다. 직원은 개별 노인들의 신체 능력의 변화에 대한 관찰을 정기적으로 공유했으며 그에 따라 돌봄 계획을 수정했다. 직원들이 휴게실에 상주하면서 노인들로 하여금 여가 활동을 장려하고 부지를 산책하거나 작업을 도우면서 시설 운영에 기여하게 하는 등 노인들이 활동적으로 움직일 수 있도록 독려했다. Bournville에서는 직원이 다른 업무를 수행하는 동안 노인들을 휠체어에 밀어 넣거나, 노인들이 걷는 모습을 멀리서 관찰하는 경향이 있었다. 식사 시간 사이에 많은 거주 노인들이 휴게실에 앉아 있었는데, 낙상 위험에 대비해서 직원들이 노인들로 하여금 혼자 움직이게 하는 것을 자제시켰기 때문이다. 혼자 움직일 수 있는 노인들은 그렇게 하는 것을 막지는 않았지만 활동을 격려하거나 지원하는 경우는 거의 없었다. Bournville에서 거주하는 노인들은 일반적으로 앉아 있고, 개인 간병 및 식사 관련 일상적인 일과에 초점을 맞춘 짧은 움직임만 보이는 것으로 나타났다.

두 요양원 모두 기관의 가치와 목표가 대체로 유사했지만, 이것들은 매우 다르게 실행되었다. 이러한 차이를 유발한 요인들 중 하나는 Hebble House의 관리자가 시설을 돌아다니면서 노인들의 활동성을 증진시키는 것에 초점을 두는 돌봄을 제공할 수 있도록 직원들을 지지하고 도전시키는 등 적극적으로 개입했다는 것이다. 노인들이 스스로를 위해 무언가를 하도록 지원하는 것은 직원들이 대신 해주는 것보다 시간이 더 필요하다는 데 다들 동의를 하였으며, 팀 회의에서 팀은 역할 갈등에 대해 성찰하고 문제를 해결하도록 장려되었다.

대조적으로, Bournville의 관리자는 직원이 인간 중심의 가치를 구체적인 실천으로 전환하도록 지원하지 못했다. 회의 시간은 성찰적인 문제해결보다는 새로 들어온 노인들 또는 일과와 관행의 변경에 대해 논의하는 데 사용되었다. Hebble House의 관리자는 직원 교육에 시간을 투자했으며, 시설 내에서 직원의 행동을 관찰한 것에 대한 반응으로 긍정적이든 부정적이든 즉각적인 피드백을 통해 이를 강화했다. 이를 통해 직원들은 작은 위험을 감수할 수 있게 되고, 빠르고 쉬운 선택보다는 개별 노인과 관계를 유지하는 데 자신감을 가질 수 있었으며 이를 통해 인간 중심의 가치를 실현해나갈 수 있게 되었다. Bournville의 관리자도 역시 현장에서 시간을 보냈지만, 그녀는 직원들이 미처 하지 못하는 방식으로(일상적인 업무로 바쁘기 때문에) 노인들에게 관심 가지는 것을 자신의 역할로 보았다.

Killett와 Hawkins의 두 연구를 통해, 관리자와 직원들이 실제적으로 함께 일하는 것은 거주 노인들의 삶의 질을 향상시키는 방식으로 인간 중심의 가치를 살리는 데 중요함을 알 수 있다. 협력적인 문제해결과 즉각적인 피드백을 통해 직원을 지원하는 것은 두 연구 모두에서 거주 노인들의 삶의 질을 향상시킬 수 있는 방식으로 시설의 문화와 일상적 관행에 중요한 기여를 하는 것으로 나타났다. 또한 이 연구들이 강조하는 것은 직원이 노인들과 긍정적인 업무 관계를 형성하고 유지할 수 있도록 지원하는 긍정적인 조직 문화의 중요성이다.

때때로 기관의 규정과 절차는 실제로 관계 기반 업무를 방해하는 요소가 되곤 한다. DEEP 프로젝트(Developing Evidence-Enriched Practice in health and social care with older people; Andrews et al., 2015)에는 직원들이 서비스 이용자와 어떤 관계를 맺어야 하는지에 대한 전문적인 경계 규정을 수정하는 작업이 포함되었다. 서비스를 제공하고 받는 사람들 모두 기존의 규정이 다음과 같은 경우가 많다는 사실에 실망감을 느꼈다.

- 노인들이 기여하는 것을 막는 경우(예: 직원에게 차 한 잔을 만들어 주거나 정서적인 지지를 보내는 것 등)
- 진정한 상호 관계를 구축하는 데 방해가 되는 경우(예: 직원이 자녀와 애완동물을 데려오거나, 그들의 사진을 가져오거나, 작은 선물을 주거나 받는 것 등)
- 만약 직원들이 개인 시간에 노인이 원하는 일을 할 수 있도록 돕고 싶을 때, 아무도 눈치채지 못하도록 결국 기관에 말하지 않고 할 수밖에 없는 경우(예: 중고품 매매 시장에 가거나 쉬는 날에 친구를 만나거나 특별한 장소에 방문할 때 노인을 함께 모시고 가는 것 등)

개정된 규정이 노인들이 소중히 여기는 것들을 어떻게 지원해야 하는지, 그리고 직원들로 하여금 어떻게 온정을 베풀 수 있게 할 수 있을지 결정함에 있어 서비스 이용자와 그 가족, 일선 근로자 및 관리자들이 모두 관여되어 있다. 그와 동시에, 모든 이해 당사자들이 수용할 수 있는 수준의 안전과 책임을 보장할 필요가 있다.

재정 삭감이 돌봄 제공에 미치는 영향

　　Burns, Hyde와 Killett(2016)는 영국의 12개 요양시설이 겪고 있는 비용 압박에 대한 반응을 살펴보는 연구를 수행했다. 모든 시설은 유사한 비용 절감 조치를 도입했으며, 주로 교대 근무 시간 연장, 직원 수 감축, 휴일 급여 및 기타 직원의 복리후생 삭감 등 인건비 절감에 중점을 두었다. 이러한 변화는 연구에 참여한 모든 시설의 근로자들이 요양시설의 비용 절감에 정면으로 맞서게 되었다는 것을 의미했지만, 비용 절감이 각 시설에서 제공되는 '돌봄의 질'에 영향을 미치는 방식에는 중요한 차이가 있었다. 일부 시설에서는 직원이 휴식시간 동안 일하기도 하고 개인적인 이유로 휴가가 필요할 때는 교대 근무를 바꾸기도 하며, 역할 경계에 대해 유연하게 대처하는 등의 이른바 '유연근무제'라고 부르는 방법을 채택하였다. 이는 거주 노인들이 비용 절감의 영향으로부터 보호되고 직원들의 노력을 통해 돌봄의 질이 대체로 유지되었음을 의미한다. 비용 절감의 결과로 돌봄의 질이 떨어지는 시설에서는 돌봄의 초점이 거주 노인들의 신체적인 필요를 충족시키는 방향으로 옮겨졌는데, 다시 말해 돌봄은 일련의 신체적인 작업으로 인식되었다.

　　연구자들은 요양시설의 비용 압박이 거주 노인이 받는 돌봄의 질에 가장 중요한 요소인 사회적·관계적 측면에 영향을 미칠 수 있다고 결론 내렸다. 그러나 비용 절감으로 인한 악영향으로부터 노인들을 보호하기 위해, 직원들이 유연한 방식으로 협력할 수 있었다는 사실은 고무적인 일이다. 이 연구는 또한 요양시설이 일상적으로 운영되는 방식과 모든 직원이 (인간 중심의) 가치를 실현하는 방식이 거주 노인들의 복지에 상당한 영향을 미칠 것이라는 견해를 뒷받침한다.

개인적 차원의 관계 지원: 애착이론 및 복지

위에서 설명한 바와 같이, 노인을 돌보는 직업은 상당한 직업적 만족과 보상을 제공할 수 있는 잠재력이 있지만, 한편으로는 다양한 현실적·정서적 도전을 줄 수 있다. 신체적 질병, 인지력 감퇴, 그리고 삶의 끝에 직면한 사람들과 함께 일하는 것은 직원들에게 강렬한 감정을 불러일으킬 가능성이 있다. 직원들이 매일 직면하는 갈등과 어려움에 대해 이야기하도록 도움으로써 관계 기반 실천을 지원하는 조직 문화가 형성되어 있지 않다면, 직원이 엄격한 일과에 의존하여 이러한 문제들을 해결해버릴 위험이 있다. 또한, 직원들은 노인들과 점차 거리를 두게 됨으로써, 정서적 갈등으로부터 무의식적으로 자신을 보호할 수도 있다. 이로 인해 거주 노인들은 개별 맞춤형 돌봄을 받을 수 없게 될 뿐만 아니라, 직원들은 무력감을 느끼고 변화하려고 하지 않으며 소진될 위험이 커지게 된다.

애착이론은 이러한 과정이 개별 근로자 수준에서 어떻게 작동할 것인지 이해하는 데 도움이 될 수 있다. 즉, 애착이론은 성인들이 지각된 스트레스 및 압박에 어떤 식으로 반응할 것인지, 그리고 심리적인 안정감을 유지하기 위해 다른 사람과의 관계에서 감정적으로 어떻게 반응할 것인지(감정 표현을 억제 또는 과장할 것인지 등)를 고려하는 데 유용한 이론적 틀이다.

Kokkonen 등(2014)은 치매에 걸린 사람을 위한 9개 입원 병동 소속의 77명의 직원들을 대상으로 한 연구에서 애착 유형과 소진(번아웃) 사이의 연관성을 조사했다. 연구에 참여한 직원의 대다수는 건강관리 보조원과 간호사였다. 연구의 주된 발견은 안전 애착(B 유형)을 가진 직원들은 불안전 애착(A 유형, C 유형)을 가진 동료들보다 소진(번아웃)에 시달릴 가능성이 낮다는 것이었다.

불안전 애착(A 유형)을 가진 직원은 돌봄 대상자들의 고통으로부터 정서적인 거리를 둘 가능성이 더욱 높았지만, 장기간에 걸쳐 스트레스와 위협 수준이 최고점에 도달하면 감정의 억제가 무너져 괴로움이나 분노와 같은 감정의 폭발에 취약해졌다. 이는 2장에서 설명한 '부적 정서의 침투' 개념과 일치한다.

불안전 애착(A 유형): 아니타의 사례

아니타는 5년간 재가복지 요양보호사로 일해왔다. 그녀의 관리자인 미란다는 그녀를 어떤 문제도 일으키지 않고 일을 열심히 하는 훌륭한 직원이라고 묘사한다. 아니타의 친어머니는 최근 치매 진단을 받았다. 그녀는 여동생과 함께 살고 있지만, 여동생이 밤 시간에 어머니를 돌보기 위해 고군분투하고 있어서, 자신이 그 집에 얼마나 오래 머물 수 있을지 고민이 많았다.

최근 미란다는 시설에 거주하는 노인 중 한 명인 데스니로부터 항의를 받았다. 그녀는 아니타가 점점 더 참을성이 없어지고 있으며, 안경이 분실되었을 때는 그녀에게 고함을 질렀다고 보고했다.

미란다는 아니타에게 무슨 일이 일어난 것인지 설명해달라고 요청했다. 아니타는 울기 시작했으며, 이성을 잃고 버럭 화낸 것에 대한 미안함으로 가득했다. 그녀는 매우 부끄러움을 느꼈고 또한 자신의 관리자인 미란다 앞에서 우는 것을 부끄러워했다. 미란다는 침착하게 그리고 아니타를 안심시키면서 그녀는 5년 동안 소중한 직원이었고 이번 사건은 그녀답지 않다는 사실을 상기시켰다. 그제서야 아니타는 친어머니의 건강 상태가 좋지 않아서 겪고 있는 스트레스에 대해 미란다에게 말할 수 있었다. 미란다는 아니타가 데스니에게 고함지른 것에 대해 사과하도록 도왔고, 미란다와 아니타는 매달 정기적으로 만나 자신의 스트레스에 어떻게 대처하고 있는지 논의하기로 했다. 아니타는 자신의 감정에 대해 미란다와 이야기를 나누는 것이 괜찮다고 믿기 시작했다.

이 연구에서, C 유형 전략을 사용하는 직원들은 정서적 피로감에 시달리고 돌봄 대상자들에게 비인간적인 태도를 취할 가능성이 더 높았다. 그들은 다른 사람의 고통에 직면했을 때 그 고통에 압도되는 경향을 보였으며, 이는 그 사람에게 조율되고 균형 잡힌 방식으로 반응하는 능력을 떨어뜨릴 수 있다.

불안전 애착(C 유형): 크리스틴의 사례

크리스틴은 3년 동안 노인요양시설에서 일해왔고 시설 내 없으면 안 되는 귀중한 자원으로 여겨져 왔다. 최근 들어, 그녀는 시설에 거주하고 있는 브라이언이라는 노인과 이야기 나누는 것을 즐기기 시작했다. 그는 아들인 로저가 자신을 자주 방문하지 않는 것과 손주들을 자주 데려오지 않는 것이 얼마나 불행한지, 그리고 아들과 손주들이 많이 보고 싶다는 이야기 등을 크리스틴에게 털어놓았다.

어느 날 아들 로저가 시설에 방문했을 때, 크리스틴은 복도에서 그와 우연히 마주치게 되었다. 그녀는 아버지인 브라이언이 많이 외로워하고 있기 때문에 아이들을 더 자주 데려오면 좋겠다고 말을 꺼냈다. 하지만 로저는 그녀에게 남의 일에 간섭하지 말고 자기 일에나 신경 쓰라고 말하고는, 시설 관리자에게 불만을 제기하였다.

크리스틴의 관리자는 로저에게 접근한 이유를 설명해달라고 그녀에게 요청하였다. 그녀는 브라이언이 자신의 외로움과 가족을 얼마나 그리워하는지에 대해 이야기하는 것을 듣고 안타까움을 크게 느꼈다고 설명했다. 그녀는 시설에 혼자 있는 것이 얼마나 슬플지 상상할 수 없으며, 아들인 로저가 더 많은 노력을 해야 한다는 느낌을 지울 수 없다고 보고했다. 관리자는 크리스틴에게 로저가 더 자주 방문할 수 없는 이유에 대해 생각해 보도록 요청했고, 우리가 알지 못하는 많은 일들이 가정 안에서 종종 벌어진다는 사실을 상기시켰다. 그녀는 크리스틴에게 가족들과의 대화에서 더 중립을 유지하고, 거주 노인의 감정과 분리해서 자신의 감정에 주의를 기울일 것을 당부했다.

안전 애착(B 유형)을 가진 직원만이 요양 업무에 적합한 것은 아니라는 점을 분명히 할 필요가 있다. A 유형 및 C 유형 전략을 사용하면 특정 상황에서 이점을 얻을 수도 있다. 즉, 자신의 정서적 고통으로부터 거리를 두거나 다른 사람들이 볼 수 있도록 정서적 고통을 표현하는 것이 때로는 유용할 수도 있다. A 유형 및 C 유형 전략을 사용하는 사람들은 팀에 중요한 기여를 할 가능성이 높다. 다만, 관리자는 직원들이 자신의 강한 감정에 반응하는 다양한 방식을 염두에 두는 것이 도움이 될 수 있다. 이를 통해 애착 전략이 촉발될 때 직원들의 감정적인 경향성을 알아차리고 그들이 자신의 강점을 활용하도록 도울 필요가 있다.

관리자가 명심해야 할 것은, 직원들이 스트레스를 받을 때 직장에 도움을 요청하려는 의지에 애착 전략이 영향을 미칠 수 있다는 사실이다. A 유형 전략을 사용하는 사람들은 자신의 고통을 덜 인식하고 다른 사람들의 요구를 우선시하며 자신의 문제해결을 목표로 하는 경향이 있다. C 유형 전략을 사용하는 사람들은 도움을 요청할 가능성이 더 높지만, 자신의 감정에 사로잡히는 경향 때문에 도움을 요청하는 행동으로 연결될 가능성은 적은 편이다(Adshead, 2010). 따라서 직원들이 스트레스를 받을 때 어떻게 행동하는지 관리자가 인식하는 것은 적절한 지원을 제공하는 데 도움이 될 수 있다.

슈퍼비전(지도·감독)

자신의 (스트레스에 대한) 대처 방식과 정서적 반응을 의식하는 직원의 능력은 지지적이고 조율된 관리자의 운영 방식에 의해 향상될 수 있다. 이 운영 방식은 직원들로 하여금 스스로를 자각하고 직장에서 자신의 경험들을 지속적으로 성찰할 책임을 지게 한다. 하지만 이것은 심리치료와는 확실히 다르다. 즉, 감정에 주의를 기울인다고 해서 직원이 자신의 인생 이야기나 과거와 현재의 어려움까지 관리자에게 공개할 필요가 있는 것은 아니다. 그렇게 하는 것은 부적절하고 위험할 수 있으며, 경계를 존중해주는 것이 중요하다. Tony Morrison은 슈퍼비전을 이렇게 정의한다. '서비스 이용자에게 긍정적인 결과를 제공하고 특정 조직적 · 전문적 · 개인적 목표를 달성하기 위해, 다른 근로자와 협력할 책임이 기관에 의해 부여되는 과정(Morrison, 2005, p.32). 이 정의는 우수한 슈퍼비전이 직원, 조직 및 서비스를 이용하는 사람들에게 이익이 된다는 생각을 강조한다. 영국에서는 직원을 적절히 지원하고 지도 · 감독하는 고용주의 책임이 Care Quality Commission의 규정에 명시되어 있다.

보건 및 사회 보장법(2008): 2014년 개정된 규정 중 18조

위 규정의 목적은 고용주들이 이 규정에서 제시된 규제 요건들을 충족시킬 수 있도록, 적절한 자격을 갖춘 유능하고 경험이 풍부한 인력을 배치하게끔 보장하는 것이다. 규정을 지키기 위해, 고용주들은 항상 서비스 이용자의 요구를 충족시킬 수 있을 만큼의 자격을 갖춘 능력 있고 숙련된 직원을 제공해야 한다. 그리고 직원은 자신의 역할과 책임을 수행하는 데 필요한 지원, 교육·훈련, 전문성 개발, 감독 및 평가를 받아야 한다. 그들은 추가 자격을 취득하고 필요한 경우 일을 지속하는 데 필요한 전문적 기준을 충족한다는 사실을 규제 기관에 증명할 수 있도록 지원되어야 한다.

요양 분야에서 좋은 슈퍼비전은 직원들이 자신의 역할을 어떻게 수행하고 있는지에 주의를 기울이는 것과 업무가 자신에게 정서적으로 어떤 영향을 미치는지 성찰해보도록 격려하는 것 사이에 균형을 이룬다. 장기요양 분야에는 성찰적 슈퍼비전의 전통이 거의 없고, 성찰적 슈퍼비전은 효율성 및 과정에 중점을 둔 고압적인 환경에서는 달성하기 어려울 수 있다. 하지만 앞 장에서 Hebble House와 Bournville을 비교한 연구에서 보았듯이, 거주 노인과의 상호작용에 대해 관리자와 직원이 짧은 대화를 나누는 것은 그 직원이 느끼는 방식과 자기 성찰 능력에 큰 영향을 미칠 수 있다. 슈퍼비전은 사무실에서 나누는 구조화된 일대일 대화만을 의미하지 않는다. 의미 있는 슈퍼비전은 업무뿐만 아니라 감정에 초점을 맞춘 짧은 대화, 현장 지도 및 인수인계 회의와 같이 보다 비공식적인 방식으로 이루어질 수 있다.

Tony Morrison은 슈퍼비전의 네 가지 중요한 기능을 밝혔고, 이

는 다음과 같다.

- 관리: 근로자가 맡은 역할의 과업과 기능이 잘 수행되고 있는지 확인하는 것
- 개발: 근로자의 자기 성찰을 장려하고 전문 기술과 자신감을 구축하는 것
- 지원: 근로자가 맡은 역할이 요구하는 정서적인 부담을 인정해 주는 것
- 중재: 근로자가 자신의 역할을 이해하고 다른 사람들의 역할과 어떻게 조화를 이룰 수 있을지 명확히 하도록 돕는 것

개별 슈퍼비전 회기는 이러한 기능들 중 하나 또는 그 이상에 초점을 맞출 수 있다. 그러나 슈퍼비전이 이루어지는 기간 동안 근로자와 조직의 요구가 충족될 수 있도록 하기 위해서는 모든 기능에 주의를 기울일 필요가 있다. 슈퍼비전 관계는 슈퍼비전 방침과 계약에 명시되어야 하고, 각 회기는 특정 안건을 따라 진행되어야 하며 서면을 통해 정확하게 기록되어야 한다. 근로자는 조직의 슈퍼비전 방침과 자신에게 기대되는 것, 그리고 다른 사람들에게 무엇을 기대할 수 있는지에 대해 명확해야 한다.

시간이 지날수록, 근로자의 경험이 풍부해지고 유능해짐에 따라 슈퍼비전의 초점이 바뀌게 될 가능성이 높다. 초기 단계에서는 직원이 조직의 정책과 절차, 그리고 수행해야 하는 업무 요소에 대해 명확히 하는 데 초점을 맞출 수 있다(예: 경험이 더 많은 직원과 함께 일하게 하는 것). 직원이 점차 성장함에 따라 슈퍼비전은 역할이 요구하는 정서적인

부담에 잘 대처할 수 있도록 돕거나, 경력 개발 및 직업 만족도를 유지하는 데 도움이 되는 추가적인 학습 기회를 찾도록 돕는 데 더 집중할 수 있다.

근로자가 성장하는 모든 단계에서 공식적 또는 비공식적 슈퍼비전의 목적 중 하나는, 근로자가 자신의 업무를 성찰하고 자신의 감정적 반응과 그들이 돌보는 사람들의 감정적 반응을 고려할 수 있는 능력을 증진하는 것이다. Kolb의 경험학습 모형은 성찰적 실천을 촉진하기 위한 틀로 흔히 사용된다(Kolb, 1976; 그림 8.1 참조).

그림 8.1 슈퍼비전의 순환구조

앞의 순환구조는 근로자가 직장에서의 경험을 성찰하는 데 도움을 주는 여러 단계를 설명하고 있다. 예를 들어, 근로자는 거주 노인에게 짜증이 나기 시작했음을 알아차리거나 자신이 저지른 실수에 대해 걱

정할 수 있다. Tony Morrison이 '짧게 이어진' 순환구조라고 설명한 슈퍼비전 방식을 사용하는 관리자는, 성찰 및 분석 단계를 생략하고 경험 단계에서 바로 실행 단계로 이동해버릴 수 있다. 예를 들면 아래와 같다.

직원:　　저는 데이빗에 대한 인내심을 잃기 시작했어요. 그는 하루에도 네다섯 번은 계속 전화해서 도와달라고 저를 불러요. 그래서 제가 가면 그는 자기가 왜 저를 불렀는지를 기억하지 못해요.

관리자:　뭐, 그건 모두 업무의 일부일 뿐이고, 예상된 일이에요. 당신은 그의 돌봄 계획에 따라 하던 일을 계속 해주세요.

위의 예시에서 직원은 관리자가 자신의 이야기를 제대로 경청하고 공감했다는 느낌을 받지 못했을 가능성이 높고, 이는 관리자가 직원의 걱정을 일축해버린 것처럼 보인다. 이로 인해 이 직원은 시간이 지남에 따라 데이빗에게 더 좌절감을 느끼게 되고, 성찰하고 배울 수 있는 중요한 기회를 잃어버리게 될 가능성이 높다.

Kolb의 경험학습 순환구조의 각 단계에 따라 질문을 하는 것은, 근로자로 하여금 자신이 느끼는 모든 범위의 생각과 감정을 안전하게 성찰할 수 있는 최고의 기회를 제공한다. 또한, 이는 미래의 상황에서 자기를 성찰할 수 있는 능력을 향상시킨다. 만약 슈퍼바이저가 슈퍼바이지로 하여금 자신의 힘든 생각이나 감정을 충분히 숙고하도록 도와준다면, 그 직원은 보다 성찰적인 실무자가 됨에 따라 향후 자기 성찰을 독립적으로 수행하는 방법을 배울 가능성이 더 높다.

다음은 슈퍼바이저가 Kolb가 제시한 순환구조의 각 단계를 활용한다면 슈퍼바이저와 슈퍼바이지 간 대화가 어떻게 들릴지 보여주는 예시이다.

직원:	저는 데이빗에 대한 인내심을 잃기 시작했어요. 그는 하루에도 네다섯 번은 계속 전화해서 도와달라고 저를 불러요. 그래서 제가 가면 그는 자기가 왜 저를 불렀는지를 기억하지 못해요.
관리자:	(경험 단계) 잠시 이 문제에 대해 이야기합시다. 당신이 데이빗에게 이런 감정을 느꼈던 때를 예로 들어볼 수 있나요?
직원:	어제, 그는 15분 동안 나를 그의 방으로 두 번 불렀어요. 그때마다 그는 혼란스럽고 약간 당황한 것처럼 보였어요. 첫 번째는 안경이 필요하다고 했는데 이미 안경을 쓰고 있더라고요. 두 번째는 왜 제게 전화를 했는지 기억이 안 난다고 했어요.
관리자:	(경험 단계) 그가 당신에게 전화했을 때, 당신은 무엇을 하고 있었나요?
직원:	엘리자베스가 씻는 걸 돕고 있었는데, 방해받았다는 느낌이 들어 짜증이 났어요.
관리자:	(요약하기) 굳이 당신의 도움이 필요해 보이지 않는 데이빗의 전화에 응답하느라, 정작 정말로 내 도움을 필요로 하는 엘리자베스에게 신경을 못 쓰게 돼

서 짜증이 난 거군요?

직원:　네, 맞아요.

관리자:　(성찰 단계) 이에 대해 지금은 어떤 기분이 드나요?

직원:　지금 말하고 보니까, 제가 두 장소에 동시에 있을 수 없다는 사실 때문에 기분이 나빴던 것 같네요.

관리자:　(분석 단계) 데이빗이 명확한 이유 없이 당신을 그의 방으로 두 번 불렀을 때, 그에게 뭔가 다른 어떤 일이 있었을 수 있다고 생각해본다면 어때요?

직원:　그냥 함께해줄 친구를 원했을지도 몰라요. 그의 가족은 한동안 방문하지 않았고, 그는 많은 시간을 그의 방에서 혼자 보내거든요.

관리자:　(분석 단계) 그럴 수도 있겠네요. 그가 함께해줄 친구를 원하는 것에 대해 당신은 어떻게 생각하나요?

직원:　그가 대화를 하고 싶어 하는 것은 매우 정상적인 일이라고 생각해요. 제가 정말 좋아하는 일 중 하나는 거주 노인들을 알아가는 데 시간을 보내는 거예요. 지금 말하고 보니, 그가 그렇게 외로움을 느꼈다는 사실에 대해 제가 죄책감을 느끼는 게 첫 번째라고 생각해요.

관리자:　(분석 단계) 그렇게 느끼는 건 충분히 이해할 수 있지만, 우리가 제공할 수 있는 것의 한계를 분명히 할 필요가 있어요. 근무시간에 해야 할 일이 많겠지만, 당신과 다른 사람들이 데이빗과 더 많은 시간을 보낼 수 있는 방법에 대해 생각해볼 수 있을 것 같

아요.

직원: 저도 그렇게 하고 싶어요. 제가 직면한 문제는, 그와 대화를 시작하려고 하면 그가 말을 멈추지 않을 것 같은 느낌이 들어서 그 자리를 벗어나기가 힘들다는 거예요. 그래서 제가 그를 좀 피하고 있을지도 몰라요.

관리자: (실행 단계) 이해해요. 그리고 이 점에 대해 알아차리고 저와 함께 이야기를 나눌 수 있어서 다행이네요. 당신이 그와 함께 그의 돌봄 계획을 검토하는 책임을 맡는 것이 좋은 방법일 수 있다고 저는 생각해요. 어쩌면 그가 어떤 종류의 활동에 참여하고 싶어 하는지 물어볼 수도 있죠. 그래야 그가 자기 방 밖에 더 오래 머물고, 다른 거주 노인들과 더 많은 관계를 맺을 수 있을 거니까요.

직원: 좋은 계획인 것 같습니다. 데이빗에 대한 제 좌절감이 그와 충분한 시간을 함께 보내지 못한 것에 대한 죄책감과 연관이 있다는 사실을 깨닫는 데 정말 도움이 되었어요. 그의 돌봄 계획과 시간을 보내는 방법에 대해서 그와 함께 이야기하고 싶어요. 데이빗도 아마 그걸 좋아할 거예요.

이 예에서 관리자는 직원의 생각 및 감정에 주의를 기울이면서, 경험학습 순환구조의 각 단계들을 진행하는 데 도움이 되는 질문을 한다. 그들은 직원의 직무 역할, 정서적으로 요구되는 것들, 그리고 데이빗의 필요 사이에서 균형을 이루는 계획을 함께 세운다. 직원은 자신이 데이빗을 피한 것이 어떻게 죄책감으로 이어졌는지에 대해 성찰할 수 있었고, 관리자는 직원으로 하여금 부끄러움을 느끼지 않게 하면서 이야기를 들을 수 있었다. 그런 다음 그들은 데이빗이 덜 고립되도록 돕는 데 초점을 맞춘 계획으로 전환할 수 있게 된다(성찰을 지원하는 데 도움이 되는 방법은 9장의 활용도구 10과 11을 참조).

강점 기반 리더십

이 책 전체에서 우리의 초점은 강점 및 애착에 기반한 접근의 활용에 있었지만, 이 접근 방식을 지원하지 않는 조직과 구조 안에서는 이를 일관되게 실천하기 매우 어려울 것이다. 강점 기반 접근에 대한 미사여구가 점점 늘어나고 있으나, 위탁 서비스의 경우에는 위험을 최대한 회피하고 결과보다는 실적 양을, 장기적인 비용 절감보다는 단기적으로 소요되는 비용을 중시하는 방식으로 조직의 성과가 관리되고 점검된다. 강점 기반 접근 방식으로 일하려는 사람은 마치 끊임없이 강의 상류를 향해 헤엄치는 물고기와 같이 힘겨워하는 자신의 모습을 발견하게 될 것이다. 노인을 대상으로 일하는 대부분의 사람들의 (낮은) 급여와 조건, 정치인들과 언론의 사회복지에 대한 이해 부족과 평가절하의 폭이 넓어진 점을 감안할 때, 필요한 변화를 만들고 유지하기 위해서는 일선에서 엄청난 끈기와 탄력성을 필요로 할 것이다.

제도의 변화, 위탁운영, 성과 관리 및 규제에 대한 자세한 논의는 이 책의 범위를 벗어난다. 이러한 질문에 대해 탐구하는 다른 출판물들이 있는데, 예를 들어 John Kennedy와 Des Kelly(2017)가 제시한 '북 아일랜드의 성인 사회복지의 변화 제안', '노인복지를 위한 위탁운영에 관한 Social Care Wales의 도구들'(Blood and Copeman, 2017)이 있다. 여기서 우리의 최우선 과제는 위의 문제들이 실제로 어떤 모습일지에 대해 명확히 설명함으로써 변화를 시작하고 지원하는 것이었다. 강점 및 애착 기반 접근으로 노인들과 함께 일하는 것이 실제로 무엇을 의미하는지부터 시작해서, 이를 중심으로 과정과 구조를 만들어가는 것은 확실히 타당한 일이다. 이를 위해서는 강점 기반 접근의 실제를 이해하고 이를 모델로 삼을 수 있을 뿐만 아니라, 접근 방식 자체가 강점 기반인 리더십이 필요하다.

이는 De Jong 등(2012)에 의해 '병렬 과정(parallel process)'으로 명명되었는데, 연구진들은 리더십과 실천이 모두 강점 기반 접근 방식을 필요로 한다는 점을 인식하였다. 즉, 자기 자신과 환경에서 가지고 있는 자원들을 확인하고 사용하는 데 도움을 받을 수 있다면, 근로자뿐만 아니라 서비스 이용자들도 장기적으로 더 나은 성과를 거둘 수 있다는 것이다.

우리는 이 과정이 어떻게 수행될 수 있는지에 대한 예를 들면서 이 장을 마치고자 한다.

성인 사회복지팀의 평가과정 검토

Belinda는 성인 사회복지 부서에서 노인을 대상으로 한 서비스의 관리자이다. 최근에 그녀의 부서는 더욱 강점을 기반으로 하고 결과에 초점을 맞춘 방식으로 사람들과 일하는 것에 대한 비전 선언문을 만들어냈다. 그러나 그녀는 자신이 관리하는 팀에서 수행한 많은 평가가, 노인들에게 실제로 중요한 것이 무엇인지에 대한 통찰을 거의 제공하지 못한다는 점을 우려하였다. Belinda는 임원의 승인하에 평가과정과 교육에 대한 요구 사항을 검토하기로 결정하였고, 이는 서비스 부문에 변화를 주어 상급자와 동료들에게 학습 내용을 피드백할 수 있도록 하기 위함이었다. 그녀는 '팀 원정의 날(team away day)'을 만들고, 토론할 수 있는 시간들을 계획하였다. 조직의 비전 선언문에 포함된 모든 가치와 포부를 설명하는 발표 자료를 만들고, 현재 평가가 어떻게 이에 미치지 못하는지에 대한 모든 예시를 나열하였다. 발표 이후, 그녀는 이러한 잘못된 관행을 유발하는 요인과 장애물이 무엇인지 알아보기 위해 팀 토론을 시작하였다. 토론을 진행하는 과정에서, 그녀는 속으로 '내 팀이 강점 및 결과 중심적인 방식으로 일하기를 바란다면, 이 아이디어를 강점에 기반한 방식으로 소개해야겠구나. 만약 내가 리더로서 모범을 보일 수 없다면, 어떻게 직원들이 강점 기반 방식으로 일하길 바랄 수 있겠어?'라는 깨달음을 얻었다. 그녀는 발표를 포기하기로 결정하고, 대신 팀이 토론할 수 있는 일련의 강점 기반 질문들을 제시하게 되었다.

- 평가를 할 때 달성하고자 하는 목표는 무엇인가? 이를 위해 어떤 차이를 만들어 내야 하는가?
- 좋은 평가의 핵심적인 특징은 무엇인가?
- 좋은 평가를 할 수 있도록 당신을 지원하는 것은 무엇인가?
- 더 나은 평가를 수행할 수 있는 방법에 대한 당신의 생각은 무엇인가?

팀원들이 워밍업하는 데는 다소 시간이 걸렸는데, 처음에 그들이 제공한 대부분의 답변은 다른 과정들과 관련이 있었다. 즉, 좋은 평가는 심사위원단으로 하여금 적격할 필요가 있다는 점을 납득시키는 일이고 이는 위험도 평가를 기록으로 남기는 것과 관련이 있다거나, 결국 자원봉사 분야의 친목이나 복지혜택에 대한 조언 서비스로 의뢰되는 결과를 낳게 된다는 것이었다. 한편, 통과해야 할 과정들이 여러 개 더 있다는 사실을 알기 때문에, 좋은 평가는 빨리 끝나버린다고 비꼬기도 하였다. Belinda는 이 점을 모두 플립 차트에 기록하였지만, 팀원들로 하여금 팀이 달성하고자 하는 기본 목적과 가치에 대해 더 넓고 깊게 생각하도록 계속 촉구하였다. '평가는 노인들의 독립(independence)을 촉진하는 것'이라고 어떤 사람이 주장하였다. Belinda는 이에 동의하고 이것을 기록했지만, 다음 내용이 실제로 어떻게 보이는지에 대해 질문했다: '독립(independence)'이란 무슨 의미인가? 이에, 팀원들은 아래와 같이 말하기 시작하였다.

> '평가의 목적은 사람들이 무엇을 할 수 있고 무엇을 할 수 없는지를 알아내는 것이에요.'
> '실제로 우리는 그들이 이미 사용할 수 있는 자원과, 이를 지원하기 위해 준비할 수 있는 것들을 이해하려고 노력하고 있습니다.'
> '그건 노인이 어디서 어떻게 살아야 하는지, 그리고 누가 어떤 식으로 노인을 부양해야 하는지에 대해 노인과 가족들이 결정을 내릴 수 있도록 돕는 것이에요. 비록 항상 가능한 건 아니지만 이상적으로는 그들 모두가 합의한 결정이면 좋겠죠.'
> '우리의 일은 촉진하고 힘을 실어주는 것이에요.'
> '하지만 우리는 또한 책임감과 일관성이 있어야 해요. 우리가 가진 한정

된 공공자원이 효과적으로 사용되도록 하는 것이 우리의 일이죠.'

Belinda는 팀원들에게 '이러한 목표를 염두에 두고, 그렇다면 좋은 평가의 핵심적인 특징은 무엇일까요?'라고 질문했다. 사람들이 중간에 막히면, 그녀는 평가의 목표로 기록한 지점으로 되돌아가 그 목표에 대응되는 특징을 그들에게 상기시켰다. 예를 들어 평가의 목적이 사람들이 무엇을 할 수 있고 할 수 없는지를 파악하는 것이라면, 이 두 가지 사항이 모두 균형 있게 글로 기록될 필요가 있다.

팀원들은 계속해서 좋은 평가를 수행할 수 있도록 지원하는 몇 가지 사항들을 파악하는데, 예를 들면 다음과 같다.

- 신뢰를 쌓고 노인 및 가족들과 대화할 수 있는 충분한 시간을 가지는 것(그리고 평가의 질보다 양에 근거해서 판단 받고 있다는 느낌이 들지 않는 것)
- 평가를 수행하는 데 도움이 되는 환경에 있는 것(예: 병원 병동이 아닌 자택)
- 책임, 위험, 자원 배분, 정신적 능력 등과 관련하여 기관과 법이 그들에게 기대하는 바에 대해 명확하게 느끼는 것
- 평가가 특히 어려운 상황에서, 무엇을 해야 할지 결정하고 자신의 감정적 반응에 대해 숙고할 수 있도록 관리자와 동료들의 지지를 받고 있다고 느끼는 것

그런 다음 그녀는 팀원들에게 아이디어를 요청한다. '당신뿐만 아니라, 우리가 어떻게 하면 더 나은 평가를 할 수 있을까요?'

이 질문은 활발한 토론을 불러일으켰고, Belinda는 그곳에 얼마나 많은 에너지와 혁신이 있는지에 대해 정말 놀라움을 느꼈다. 사람들이 무엇을 할 수 있고 할 수 없는지, 그들이 이미 가지고 있거나 필요로 하는 자원들에 대해 물어보는 평가서류 양식이 얼마나 균형을 잃고 있는지에 대한 많은 논의가 있었다. 또한 노인들의 목소리와 관점을 평가서류 양식에 통합하는 방법에 대한 제안도 있었다. 예를 들어, 직원들이 평가하는 각 사람에 대한 '나의 세상(My world)'(9장의 활용도구 5를 참조) 시각 자료를 포함시킴으로써, 평가서류를 읽는 사람이 그 사람의 세계와 그 사람에게 중요한 것이 무엇인지에 대해 명확하게 볼 수 있으며 이는 글로 작성하는 것보다 더욱 빠른 과정이다. 또한, 개방형 사무실에서 일대일로 이루어지는 위계적인 슈퍼비전 회기나 일반적인 불평뿐만 아니라, 보다 구조적인 방법으로 서로를 돕고 함께 배울 수 있는 다양한 방법들이 제안되었다.

그녀는 최근 몇 년 동안 많은 근로자들을 변화의 **원동력**이 아니라 **장애물**로 보기 시작했다는 사실을 깨달았다. 새로운 강점 기반 접근의 도입이 논의되고 있을 때, 그녀는 고위 경영진 회의에서 다음과 같이 말했다. '그들은 업무 절차에 너무 얽매여 있어요.', '그들은 이미 충분히 변화를 겪었다고 생각하고 하나의 또 다른 일이라고 받아들여서 변화에 저항할 거예요.' 그녀는 뭔가 일이 잘못되었을 때만 자신이 관여해서 앞으로 일이 잘못될 수 있는 상황을 방지하기 위한 절차를 마련하는 데 초점을 두었던 것이, 이러한 (부정적) 인식에 힘을 실어준 것은 아닌지 의문이 들었다. 역설적이게도, 이러한 절차 중 많은 부분이 현재 직원들이 적절한 평가를 수행하고 서비스의 더 넓은 목적과 가치를 달성하는 데 방해가 되고 있었다.

회기가 끝난 후, 많은 사람들이 Belinda에게 다가와 이를 구체화할 수 있는 기회를 갖게 된 것이 얼마나 흥분되었는지, 그리고 그들이 처음에 왜 사회복지 일을 하게 되었는지 상기할 수 있었음을 이야기하였다.

의학적인 결핍 중심 접근이 지배적인 구조 안에서, 강점에 기반한 평가를 수행할 수 있는 방법에 대해 다룬 Graybeal(2001)의 연구는 Belinda와 그녀의 조직에 몇 가지 유용한 지침을 제공한다. 첫째, 그는 '평가'가 개입의 일부로 간주되어야 하며, 어떤 개입이 따라야 하는지 여부를 결정하기 위한 개별적이고 중립적인 활동으로 간주되어서는 안 된다고 주장하였다(사례관리의 경우와 같이). 누군가가 자신의 강점과 포부를 파악하고 그들이 직면한 문제를 극복하기 위해 가용 자원을 사용하는 방법을 결정하도록 돕는 것은 그 자체로 개입이다. 또한, 그는 강점에 기반한 질문을 만들고 이를 평가에 기록할 수 있는 기회를 강조하였다. 이에 대한 예시는 아래와 같다.

- 노인이 사용하는 언어와 그 가족이 노인을 설명하는 데 사용하는 언어를 포함하라.
- 문제에 대해 예외적인 경우들을 제시하라(문제에 잘 대처할 수 있거나 '문제' 행동이 분명하지 않은 경우).
- 노인을 지원하고 문제를 해결하는 데 사용할 수 있는 (외부) 자원들을 기술하라.
- 노인과 그 가족이 이상적인 해결책으로 생각하는 것을 정리하라 (여기에는 분명 서로 다른 생각들이 있을 것이다).

Belinda의 경우처럼, 양식과 기록 체계를 다시 작성할 기회가 있다면 이 사항들은 처음부터 삽입될 수 있다.

이 장에서 우리는 조직의 모든 수준(관리자, 직원, 서비스 이용자)에서 강점 및 애착 기반 실천의 중요성에 대해 알아보았다. 우리는 성과 측정을 얼마나 준수하는지에 따라 판단되고 점검되는 조직 내에서는 이것을 달성하기 어려울 수 있음을 잘 알고 있다. 그러나 그럼에도 불구하고 이에 대해 대화를 나누는 것은 중요하다.

참고자료

인터넷에 기반한 활용도구 및 보고서

Health and Safety Executive (2017) *Tackling Work−Related Stress Using the Management Standards Approach: A Step−by−Step Workbook*. Available at www.hse.gov.uk/pubns/ wbk01.pdf

SCIE (2013) 'Narrative Summary of the Evidence Review on Supervision of Social Workers and Social Care Workers in a Range of Settings Including Integrated Settings.' Available at www.scie.org.uk/publications/guides/guide50/files/supervisionnarrati vesummary.pdf

Skills for care (2015) *Greater Resilience, Better Care: A Resource to Support the Mental Health of Adult Social Care Workers*. Available at www.skillsforcare.org.uk/Document−library/Skills/Mental−health/Gr eater−resilience−%E2%80%93−better−care−WEBv3.pdf

Skills for Care (2015) *Effective Supervision in Adult Social Care: Free Summary Edition*. Available at www.skillsforcare.org.uk/Documents/ Learning−and−development/Effectivesupervision/Effective−supervis on－in－adult－social－care－Summary.pdf

도서

Baim, C. and Morrison, T. (2011) *Attachment Based Practice with Adults*. Brighton: Pavilion. Morrison, T. (2005) *Staff Supervision in Social Care*. Brighton: Pavilion.

Chapter 09

활용도구 모음

활용도구 1: 탄력성 바퀴(the resilience wheel)

그림 9.1 탄력성 바퀴

일과 학습

정보

지역사회

관계

가정

내적 자원

건강

재정

개인에게 힘이 되는 자원들의 지도 만들기(mapping)

어떤 사람이 탄력성 바퀴(그림 9.1) 중 하나 이상의 영역에서 어려움을 겪고 있는 경우, 그 사람이 가진 지지 자원을 이해하기 위해 나머지 부분을 살펴보는 것이 유용할 수 있다. 예를 들어, 노인은 **신체적 건강**이나 파트너의 상실(관계)과 관련해 어려움을 겪을 수 있지만, 한편으로는 긴밀한 **지역사회**나 개인적인 신념 및 유머 감각(내적 자원)에 의해 굳건히 버텨나가도록 지지될 수도 있다.

탄력성을 증진하도록 강화될 수 있는 영역을 확인하기 위해, 위와 같은 방식으로 자신이 가진 자원에 대한 '지도를 만들도록(mapping)' 도울 수 있다. 이 과정은 위기를 겪고 있는 중이거나, 위기가 일어나기 전이거나(예방 차원), 또는 위기를 이미 겪고 난 이후에도 일어날 수 있으며, 상황이 다시 어려워지면 어떻게 할지 계획을 세우기 위해 위기를 되돌아볼 수도 있다. 받을 수 있는 혜택과 지원에 접근하는 방법에 대한 **정보**를 제공하거나 **지역사회** 안의 사람들과 좋은 관계를 맺을 수 있도록 촉진하는 것은, 향후 본인의 건강 상태가 악화되거나 파트너의 치매가 악화될 때 더욱 잘 적응할 수 있도록 준비시키는 일이어야 한다.

위험을 감수하고 긍정적인 마음으로 일하기

때로는 탄력성 바퀴의 다른 부분들이 서로 충돌할 수 있다. 예를 들어, 사랑하는 **집**이 습기로 가득하거나 이동하기 불편한 구조로 되어 있다면 노인의 **신체적 건강**을 악화시킬 수 있고, 사랑하는 손자·손녀(관계)가 노인의 돈을 훔칠 수도 있다(재정).

사람들에게 이러한 갈등을 표현하고 설명할 수 있는 기회를 주는 것은, 위험에 둘러싸인 그들과 함께 긍정적인 마음으로 일하는 첫 번째 단계가 될 수 있다. 왜냐하면 이것은 위험을 감수함으로써 오는 부정적인 측면뿐 아니라 긍정적인 측면에 대해 강조하고, 앞으로 일어날 가능성이 있는 위험들을 한 사람의 삶 전체의 맥락에서 설정할 수 있기 때문이다. 우리는 6장에서 '긍정적 위험 감수'에 대해 자세히 논의하였다.

이상적으로는, 개인이 보유하고 있는 지지 자원을 확인하고 강화하도록 우리가 돕는다면, 향후 위험과 도전을 자기 힘으로 다룰 수 있는 훨씬 더 강력한 위치에 있게 될 것이다. 의도적으로 자신만의 대처 방식에 대해 더 잘 이해함으로써, 그들은 어려움을 예방하고 적응할 수 있는 더 나은 위치에 있을 필요가 있다.

탄력성 바퀴의 사용을 위한 실용적인 팁

탄력성 바퀴를 사용하는 방법에는 여러 가지가 있다.

- 대화를 유도하는 수단으로써: 탄력성 바퀴를 함께 보고 이야기하고 싶은 부분을 선택하도록 격려하라. 이렇게 하면 정해진 평가 질문을 순서대로 처리하는 것이 아니라, 그들로 하여금 안건의 우선순위를 정하도록 허용할 수 있다.
- 위에서 설명한 강점의 지도 그리기(strength mapping) 연습은 여러 가지 방법으로 수행할 수 있다: 각 부분의 안쪽이나 옆에 메모를 작성하게 하는데, 예를 들어 각 부분에 점수를 매기도록 도울 수 있다(높은 점수는 가장 강력한 자원을 나타냄). 또는 탄력성 바퀴의 중앙에서부터 선을 긋게 한다. 즉, 가장 강력하다고 느끼는 자원일수록 바퀴의 바깥쪽 가장자리에 최대한 가깝게, 덜 강력

하다고 느끼는 자원일수록 바퀴의 중앙에 가깝게 선의 길이를 각각 다르게 그려보게 한다.

- 당신은 다음과 같이 할 수 있다:
  - 노인, 가족구성원 또는 둘 다와 공동으로 작업한다. 이상적이지만, 실제로 항상 가능한 것은 아닐지도 모른다.
  - 노인이나 가족을 다시 만나기 전에 곰곰이 생각해 볼 수 있는 탄력성 바퀴와 핵심 질문(아래 참조)의 사본을 남겨둔다.
  - 당신이 노인과 함께 있다가 떨어져서 혼자 있을 때(그리고 당신이 공식적인 메모를 작성하기 전에), 스스로 연습해볼 수도 있다.
  - 동료와의 회의 또는 사례(또는 가족 집단) 회의 안에서 특정 사례에 적용해볼 수 있다. 당신은 누군가의 강점과 그들이 직면한 도전에 대해 서로 매우 다른 견해를 가지고 있다는 사실을 알게 될 것이다.

사람들에게 물어볼 수 있는 몇 가지 핵심 질문

핵심은 위기에 직면해 있는 누군가의 필요와 어려움의 영역에 대해 묻는 것에서 벗어나, 다음과 같이 질문하는 것이다.

- 지금까지 굳건히 버텨낼 수 있도록 도움을 준 것은 무엇이었습니까?
- 앞으로도 계속 굳건히 버텨나가는 데 도움이 되도록, 새롭게 만들거나 개선하고 싶은 부분이 있습니까?

활용도구 2: 질문을 하는 기술

> 우리는 사회복지사들과 만났고, 그러고 나서 제 시어머니는 (사회복지사의) 질문들에 대해 이렇게 대답했어요. '괜찮으세요?' '네.' '이거 하실 수 있으시겠어요?' '네.' '혼자 하실 수 있겠어요?' '그럼요. 전혀 문제없어요.' 그리고 저는 거기에 앉아서 '아니, 하실 수 없을 텐데!'라고 생각했죠. 왜냐하면 그 시대 사람들은 자존심이 강해서 자기가 이런저런 일을 할 수 없다는 사실을 아무도 알게 하고 싶지 않기 때문이에요.
> – 한 가족구성원의 인터뷰 내용에서 발췌, Blood et al. (2016b, p.55)

좋은 질문을 할 수 있는 것은 돌보는 직업에 종사하는 모든 사람들의 필수적인 기술이지만, 교육과정과 지도 현장에서 자주 간과되곤 한다. 종종 우리가 묻는 질문은 응답자로 하여금 말을 덧붙이거나, 설명하거나, 탐색하거나, 분명하게 말할 수 있는 자유를 거의 제공하지 않는다. 우리가 물어보도록 훈련받아온 표준 질문은 전형적으로 사람들을 '문제 대화(problem-talk)'로 이끈다. 많은 서비스 이용자들은 자원이 한정된 경우 호응을 이끌어내는 가장 좋은 방법으로 '문제 대화'를 배우게 된다. 예를 들면 다음과 같다.

'그래서 무엇이 문제인 것 같나요?'

'이 위기를 촉발시킨 것은 무엇인가요?'

'연락을 취하도록 만든 요구 사항은 무엇이고, 걱정되는 것이 있다면 무엇인가요?'

'일상생활을 하시면서 도움이 필요한 부분은 무엇인가요?'

'얼마나 오랫동안 이 문제에 대처하느라 애쓰셨나요?'

'밖으로 나가서 무언가를 못하게 더 막는 것은 무엇인가요?

강점 기반 접근을 취하는 실무자는 그 대신 '... 끈질기게 이어지는 병적인 증상에 맞서 싸울 의미 있는 질문과, 어려운 문제의 해결책을 구성하기 위한 씨앗이 들어있는 숨겨진 강점을 발견하는 데 도움이 될 질문'을 추구한다(De Jong et al., 2012).

몇 가지 핵심적인 원칙은 다음과 같다.

- 예/아니오 또는 응답을 제한하거나 유도하는 질문보다, 그 사람이 자유롭게 생각하고 자신을 표현할 수 있도록 열린 질문을 하라.
- 가용 자원을 활용하면서 해결책을 만들기 위해 함께 작업하라. 그 사람이 원하는 것－그의 이상적인 시나리오－을 탐색하고, 그 사람을 그 방향으로 이끌고 있거나 이끌 수 있는 기회, 지식 및 기술을 확인하라. 예를 들어 이렇게 질문할 수 있다. '다음번에 아들이 전화했을 때, 당신이 방금 이야기한 이상적인 관계에 한 걸음 더 다가가기 위해 할 수 있는 행동이나 말은 무엇일까요?'
- 문제를 분석하거나 진단해야 할 필요성으로부터 자유로워져라. 굳이 모든 정답을 알 필요는 없으며, 목표는 그 사람이 책임감을 가질 수 있도록 촉진하는 것이다. 당신은 이미 답을 알고 있다고 생각하면서도 질문을 하는 '호기심 훈련법'(discipline of curiosity; Burnham, 2017)을 개발할 수도 있다.
- 일이 잘 풀리는 날에는 무슨 일이 벌어지는지에 대해 파악한다. 즉, '좋은 하루는 어떤 모습인가요? 다른 점은 무엇인가요?' 라고 그 사람에게 질문할 수 있다.
- 그 사람들의 삶에서 가족, 친구, 파트너와 같은 '자연스러운 조력자(natural helpers)'와 이웃사촌, 미용사, 가게 주인 등 비록 낮은 수준일지라도 지지를 제공하는 사람들에 대해 알아보라.

- 1장의 원칙 7(탄력성 구축하기)에서 논의한 '의미 만들기'를 촉진하기 위해 질문을 사용하라. 자신의 경험으로부터 배운 것과 자신의 경험에 대해 해석한 것에 대해 성찰하도록 요구한다.

Saleeby(2005)는 강점에 기반한 질문의 다양한 유형들을 다음과 같이 제시했다(표 9.1).

표 9.1 강점에 기반한 질문들

질문 유형	예시
생존	당신이 직면한 모든 건강상의 문제들에도 불구하고, 지금까지 어떻게 스스로의 힘으로 그 문제들에 대처할 수 있었나요?
지원	현재 누가 당신을 지원하고 있나요? 아니면 과거에 누가 당신을 지원했었나요? 당신은 그들에게 어떤 지원을 제공하고 있나요?/제공해왔나요?
예외	일이 잘 풀렸을 때 어떤 점이 달랐나요? 당신(당신의 삶)의 어떤 부분을 되찾고/재현하고 싶나요?
가능성	당신은 무엇을 하는 걸 좋아하나요? 이제 당신의 삶에서 원하는 게 무엇이죠?
존중	당신에게 진정한 자부심을 주는 당신의 삶, 당신의 모습, 당신이 이룬 성취는 어떤 것이 있나요? 다른 사람들이 당신의 좋은 점에 대해 이야기한다면 어떤 말을 할 것 같나요?
관점	최근의 경험과 힘든 일들로부터 어떤 것을 이해하실 수 있었나요?
변화	상황이 어떻게 바뀔 수 있는지에 대한 당신의 생각은 무엇인가요? 과거에 어떤 것이 효과가 있었나요? 제가 어떻게 도울 수 있을까요?

Clarke와 Dembkowski(2006)는 문제 지향적 질문(표 9.2)과 해결 지향적 질문(표 9.3)을 구분하였다.

표 9.2 문제 지향적 질문들

이 문제의 원인은 무엇일까요?	일련의 상호작용(체계적 시각)보다는 원인(선형적 시각)을 전제로 한다.
당신을 가로막는 것(장애물)은 무엇인가요?	어려움을 전제로 한다.
왜 그 행동을 하셨나요?	행동의 동기에 대해 물어보므로, 방어적인 태도를 유발할 수 있다.
더 필요한 거 있으세요?	너무 이른 종결을 야기할 수 있다.

표 9.3 강점 지향적 질문들

그건 어떻게 하신 건가요?	내담자가 결과에 영향을 미칠 수 있는 힘이 있다는 사실을 전제로 한다.
그걸 하는 방법은 어떻게 아셨나요?	지식을 가지고 있음을 전제로 한다.
그것이 어떻게 차이를 만들었을까요?	의식과 관찰 기술을 가지고 있음을 전제로 한다.
그로부터 무엇을 배우셨나요?	성찰 능력을 가지고 있음을 전제로 한다.
무엇이 도움이 되었나요?	무언가 도움이 되었음을 전제로 한다.
그것 말고 또 있으신가요?	내담자가 더 많은 말을 할 수 있음을 전제로 한다.
다음번에는 무엇을 다르게 할 수 있을까요?	선택과 의사결정 능력을 가지고 있음을 전제로 한다.

실습 예시

당신은 며칠 전 계단에서 넘어져 어제 병원에서 퇴원한 마이클을 만나러 가라는 소개를 받았다. 마이클은 88세이며 몇 년 전 아내가 사망한 후 혼자 살고 있다. 계단에서 넘어진 이후 그는 보행 보조기를 이용해 걸을 수 있게 됐다. 그러나 병원 직원은 그가 집에서 잘 적응하지 못할 것을 우려하여 그를 당신에게 소개했다.

문제 및 결핍에 초점을 맞춘 대화

'그래서 마이클, 당신에게 무슨 일이 있었나요?'

'음, 계단에서 물건 상자를 들고 내려오다가 잠시 현기증이 났어요. 저는 발을 헛디며 마지막 6개 남은 계단에서 넘어져서 팔로 땅을 세게 짚었고 팔이 결국 부러졌죠.'

'왜 상자를 들고 계단을 내려가셨어요?'

'그냥 제 물건들을 분류하는 중이었어요'

'그게 과연 좋은 생각일까요?'

'뭐라고요?'

'여기 혼자 살고 계신 상황에서 혼자 상자를 들고 다니셨고 서있는 것도 안정적이지 않으시잖아요?

'평소엔 괜찮아요.'

'이런 현기증이 있으신 지 얼마나 되셨나요?'

'음... 모르겠어요... 그렇게 자주는 아니고... 처음... 아니 그런 건 확실히 처음이었어요.'

'의사에게 진찰을 받으셨어요?'

'아뇨.'

'무엇 때문에 진찰을 못 받으시는 거예요?'

'저는 그것이 그렇게 큰 문제가 될 것이라고는 생각하지 않았으니까요.'

'다시 넘어지시면 도움을 요청할 수 있도록, 펜던트를 착용하

시는 걸 고려해보신 적이 있으실까요?'

'아니요, 저는 그런 걸 하고 싶지 않아요.'

'팔에 깁스를 하고 있는 동안, 집안일이나 옷을 입는 데 도움이 필요하신가요?'

'아뇨, 괜찮아요. 제가 알아서 할게요.'

'알겠습니다. 혹시 혼자 대처하기 어려운 상황이 되셨을 때, 이 번호로 연락주세요.'

강점 기반 및 해결 중심의 대화

'마이클, 병원에서 퇴원한 후 부러진 팔로 지금까지 어떻게 대처해오셨어요?'

'그럭저럭 해내고 있어요, 정말 느리긴 하지만요. 이 운동복 하의에 슬리퍼를 신고 천천히 시간을 들이면 거의 다 옷을 입을 수 있어요. 어젯밤 이웃이 불쑥 찾아와서 제가 직접 만들 수 있는 간단한 음식 몇 가지(토스트와 치즈 조각, 전자레인지로 조리하는 식품)를 동네 가게에서 사오기도 했어요.'

'적응을 잘하고 있는 것 같군요. 주변에 당신을 지원하는 사람들이 있나요?'

'여기에 수년간 살아온 사람들이 몇 명 있기 때문에, 우리 모두는 서로 관심을 주고받고 있어요.'

'서로에게 어떤 지원을 하시나요?'

'음, 사소하긴 한데 쓰레기통을 내놓으면서 서로의 집을 관심 있게 지켜보죠. 옆집 여자가 잔디 가꾸는 일을 도운 적이 있었는데, 당분간은 안 할 것 같네요. 우리 중 한 사람이 아프거나 힘든 일이 있으면, 사람들이 이따금씩 노크를 하고 필요한 것은 없는지 확인해볼 거예요. 아내가 죽었을 때, 몇몇 사람이 찾아와서 본인들이 만든 음식을 주고 갔거든요.'

　'그리고 아내분이 돌아가신 후에 (상실감을) 어떻게 극복해오셨어요?'

　'그녀가 많이 그리워요. 하지만 그저 하루하루를 견뎌내야만 하죠. 그래서 저는 친구들과 노는 법을 배웠고, 작년에는 작은 작업장을 차리고 나무로 조각들을 만들고 있어요. 그게 저를 계속 바쁘게 하죠.' ✍

　'이제는 (팔이 불편해서) 작업장에서 많은 일을 하기 힘들 것 같은데, 그럼 앞으로 어떻게 시간을 보내실 계획이세요?'

　'네, 이제는 그게 가장 그리운 일이 될 것 같네요.'

　'팔이 나을 때까지 할 수 있는 다른 일에 대해 생각해 본 적이 있으신가요?'

　'사실 생각해본 적은 없어요. 십자말풀이를 좋아하지만 왼손으로 답을 쓸 수 있는지 확인해 봐야겠어요. 그리고 오래된 상자들을 다 뒤져서 분류하고 정리해볼까 생각도 했지만 조금 불안해요. 제가 계단에서 넘어졌던 날 밤에 그 일을 하고 있었으니까요.'

　'그래요, 이번에는 다르게 무엇을 해볼 수 있을까요?'

　'뭐, 어차피 이 팔로는 상자를 들고 다니지 않을 것 같아요. 가능한 한 편안하게 자리를 잡고, 정리한 물건은 아들이 다음에 올 때 옮길 수 있도록 남겨둘 생각이에요. 그렇게까지 급한 일은 아닌 것 같네요...'

다음 삼각형(그림 9.2)은 행동 자체보다 행동의 의미에 초점을 맞춤으로써, 개인의 행동 양식을 성찰하는 애착 기반 방식을 제공한다. 가능하다면 이 대화에 그 사람을 참여시키도록 한다.

그림 9.2 행동-패턴-기능 삼각형

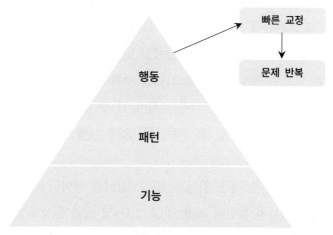

Baim과 Morrison의 허락으로 그림 첨부
('Attachment−based Practice with Adults.' Pavilion Publishing and Media)

행동

그 사람이 하는 행동 중, 자신이나 다른 사람으로 하여금 어려움을 야기하고 있는 것은 무엇인가?

빠른 교정

문제를 '해결'하거나 행동의 빈도 또는 심각성을 줄이기 위해 어떤 시도가 있었는가? 이것이 도움이 되었는가, 아니면 도움이 되지 않았는가?

패턴

기저의 양식(패턴)과 경향을 성찰함으로써, 우리는 무엇이 그 행동을 동기 부여하고 지속시키는지에 대해 더 많이 배울 수 있을 것이다. 도움이 되는 질문은 다음과 같다.

- 이 행동은 언제부터 시작되었나요?
- 상태가 더 좋거나, 아니면 더 나쁠 때가 있나요?
- 그 행동이 일어나는 어떤 양식(패턴)을 알 수 있나요? 예를 들어, 특정 요일이나 기념일, 특정 사람들이 가까이 있거나 멀리 있는 시간이라든지요.

기능

이 행동이 그 사람에게 주는 의미에 대해 당신은 어떻게 생각하는가? 이러한 과정은 어느 정도 의식될 수 있다. 이때 유용한 질문은 다음과 같다. '사회적 맥락과 가용 자원을 고려할 때, 이 행동을 통해 그들이 충족시키려는 기본 욕구는 어떤 것인가?' 흔한 심리적인 기본 욕구에는 안전, 편안함, 접근성(신체적 또는 심리적) 및 예측가능성(또는 그들에게 익숙한 것)에 대한 욕구가 포함된다.

활용도구 4: 가계도(family tree)

가계도를 그리는 것은 한 사람의 삶과 역사에 대해 더 많은 것을 알아내는 매우 유용한 방법이 될 수 있다. 이 활동은 개인, 커플 또는 가족과 함께 할 수 있다. 만약 노인이 이 활동을 스스로 할 수 없다면, 가족구성원이나 가까운 지인들과 함께 하는 것이 유용할 수 있다. 이 활동에는 그 사람의 직계 가족을 나타내는 도표를 그리는 것이 포함되며, 그들이 기억할 수 있는 한 과거로 거슬러 올라가게 된다. 이것은 가족구성원 간의 관계가 어땠는지, 그리고 서로 다른 시점에서 그들의 삶은 어땠는지에 대한 대화를 더 많이 하는 계기가 될 수 있다.

이 연습을 하면 노인과 함께 하는 사람들이 평생에 걸쳐 스스로를 성찰하도록 격려할 수 있다. 그들은 일생 동안 누구에게 보살핌을 주고받았고, 자녀, 학생, 근로자, 파트너 또는 부모로서 어떤 역할을 수행했는가? 이것은 또한 그 사람의 현재 삶의 경험과 중요한 관계들에 대한 토론의 계기가 될 수 있다. 더 보고 싶거나 다시 만나고 싶은 사람들이 있는가? 그러기 위해 어떠한 지지나 지원, 또는 격려가 필요할 것인가?

가계도를 그리는 방법

그 사람과 그 사람의 현재 가족 상황부터 시작한다. 기호(그림 9.3)를 사용하여 직계 가족을 나타내는 그림을 그린다. 그런 다음 그 사람이 원하는 만큼 시간을 과거로 거슬러 그림을 확장한다. 일반적으로 사용되는 기호를 안내용으로 첨부하였으나, 이에 제약을 받을 필요는 없다. 즉, 작업을 함께 하는 사람에게 의미가 통할 수 있는 기호를 사용하라. 반려동물도 가족의 중요한 구성원이 될 수 있기 때문에, 원하면 자유롭게 포함시켜도 된다. 당신과 작업을 함께 하는 사람이 이 활동을 주도하고 대화의 분위기를 결정하게 하라.

가계도 작업을 하는 데 필요한 만큼 회기를 진행할 수 있으며, 그 회기는 활동을 하는 사람이 편안함을 느끼는 정도까지만 진행되어야 한다. 또한 누가 최종 그림을 보관할 것인지, 이를 누구와 공유할 것인지에 대해서도 논의해야 한다. 그림 9.4는 가상의 가족에 대한 가계도의 작업 예시를 보여준다.

작업을 함께 하는 사람과의 관계에 따라, 다음과 같은 질문을 할 수 있다.

- 지금껏 살아오면서 가장 행복하거나 슬펐던 때는 언제였나요?
- 가족 내에서 당신의 어린 시절은 어땠나요?
- 인생의 어려움들을 어떻게 이겨내셨을까요? 누가 당신을 도왔나요?

각각의 대화를 긍정적인 것에 주목하면서 마무리하도록 한다. 예를 들어, 그 사람이 보여준 강점, 그 사람을 돌봐줬던 누군가, 또는 그 사람의 행복한 기억이 담긴 경험들에 대해 알아볼 수 있다.

가계도 기호들

그림 9.3 가계도 그리기 활동에 일반적으로 사용되는 기호들

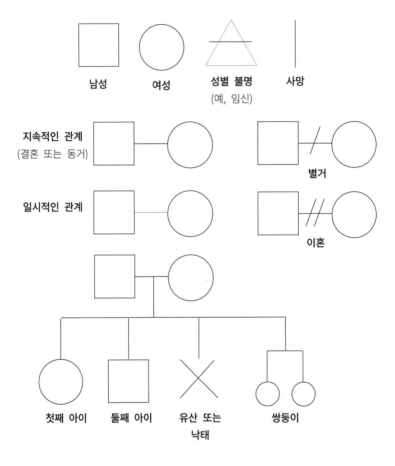

그림 9.4 가계도의 예시

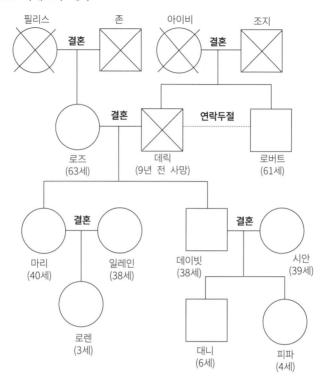

활용도구 5: 나의 세상(My world)

가끔 에코그램(eco-gram)이라고도 불리는 '나의 세상' 도표는 사람들에게 자신의 삶에서 무엇이 중요한지에 대해 말하는 기회를 제공할 수 있다. 이 활동은 사람들, 반려동물, 관심사, 신념, 취미, 장소, 그리고 가치 있게 여겨지는 모든 것을 포함할 수 있는 그들의 가장 중요한 관계 및 연결에 초점을 맞춘다. 그리고 이 활동은 가족구성원에 국한되지 않는다는 점에서 가계도와는 다르다.

이 작업을 같이하면 당신과 함께 작업하는 사람 간에 더 끈끈한 관계를 구축하는 데 도움이 될 수 있다. 또한 이 활동은 그들의 관점에서 무엇이 자신의 삶에 특색을 가져다주고 삶을 가치 있게 만드는지에 대해 더 많이 말할 수 있도록 격려한다.

'나의 세상' 도표 작성 방법

그 사람을 중앙에 놓고 시작한다. 자신을 나타내는 기호를 선택하거나 이름을 쓸 수 있다. 그런 다음 자신을 나타내는 기호 주변에 자신의 세계에 존재하는 다른 요소들을 그리도록 요청하라. 그들에게 제일 중요한 것은 자신에게 가장 가까이 있어야 하고 덜 중요한 것은 자신으로부터 멀리 떨어져 있을 수도 있다. 그런 다음 자신을 나타내는 기호와 다른 기호들 사이에 선을 그린다. 예를 들어, 실선은 견고한 연결을, 흔들리는 선은 불안정한 연결을, 점선은 더 이상 강하지 않은 연결을 나타낸다.

함께 작업하는 사람이 주도권을 잡고 대화의 어조와 속도를 설정하도록 허용하라. 그들이 자신의 창의력과 상상력을 발휘하도록 격려한다. 도표를 더욱 다채롭게 만들기 위해, 색연필이나 잡지에 있는 그림을 활용할 수도 있다. 각 개인의 도표는 그들만의 고유한 특성을 가진 그림이 될 것이다.

이 대화는 집 밖에서 더 많은 시간을 보낼 수 있거나 오랜 친구와 연락을 취하거나 축구 경기를 다시 보러 가는 것과 같이, 그 사람의 삶을 풍요롭게 하는 것들에 대한 또 다른 대화로 가는 발판이 될 수 있다. 이 활동을 통해 '과거에는 어땠는지' 또는 '미래에는 어떻게 되길 바라는지'와 같이, 서로 다른 시간들 속에 한 사람의 세상에 대한 즉석 사진(snapshot)을 찍을 수 있다.

이 활동은 또한 사람들이 자신에게 정말로 중요한 것과 삶의 가치를 부여하는 것에 대해 더 많이 말할 수 있도록 도와줌으로써, 어려운 결정을 내리는 데 도움이 될 수 있다.

'나의 세상' 도표의 예시

다음 그림은 6장에 등장한 조이스가 그린 '나의 세상' 도표이다(그림 9.5).

그림 9.5 조이스의 세상

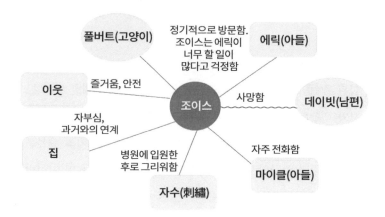

활용도구 6: 자서전 작업(Life story work)

자서전 작업은 한 사람이 자신의 인생 이야기를 기억하고, 발전시키고, 소통할 수 있도록 돕는 것을 포함한다. 이 작업은 추억 상자에 담긴 물건이나 사진, 일기, 보드판, 서류철이나 사진첩을 모으는 것부터, 특정 결과를 얻을 필요가 없는 1개 또는 그 이상의 대화들에 이르기까지 다양한 방법으로 일어날 수 있다.

다수의 연구들(예: Clarke, Hanson, and Ross, 2003; Kellet et al., 2010)에 따르면, 요양 환경에서 이루어지는 자서전 작업은 요양보호사들이 노인들을 더 잘 이해하고 노인들과 연결되는 데 도움이 될 수 있으며, 가족들과 요양시설 직원 사이를 더 가깝게 만들 수 있다. 강점에 기반한 관점에서, 자서전 작업은 누군가에게 중요한 것이 무엇인지 이해하고 자신의 강점을 확인하는 데 도움이 되는 방법일 수 있다.

치매에 걸린 사람에게 자서전 작업은 특별한 이점이 있을 수 있다. Kitwood는 다음과 같이 기술했다.

> 우리는 인생을 살아가면서 기쁨과 즐거움, 슬픔과 고통이 독특하게 혼합된 개인의 역사를 만들어 간다. 내가 누구인지에 대한 감각은 그 역사와 연결되어 있고 만약 우리가 그 역사를 잃어버린다면, 우리 자신 안에 있는 어떤 부분도 잃게 될 것이다. 기억을 잃어가고 대부분의 시간을 자신이 누구인지에 대해 이해하려고 노력하는, 치매에 걸린 사람에게 인생 이야기를 적은 책은 자아를 찾아나가는 지도, 나침반, 안내자가 될 수 있다.
>
> (Kitwood, 1997, p.56)

요양 환경에서 이루어지는 자서전 작업은 종종 서비스 이용자에 대해 알아낸 정보를 기록하고 시설 안에 있는 직원들과 공유하려는 욕구, 또는 서비스 이용자가 보이는 당혹스럽거나 '도전적인' 행동을 이해하고 더 잘 관리(또는 예방)하려는 욕구에 의해 촉발된다.

치매에 걸린 사람들 중 일부는 삶의 사건들을 시간순으로 정렬하고, 그들의 '인생 이야기'에 대해 말하고, 그들이 태어난 장소, 부모, 형제자매 또는 자녀의 이름과 같은 정보들을 기억하는 것이 어렵다는 사실을 깨닫게 될 것이다. 그러나 과거의 이야기, 경험, 감각, 감정에 대한 장기 기억은 치매 증상이 더 악화된 단계에서도 종종 보존되며, 이러한 종류의 '개별 회상 요법(individual reminiscence therapy)'이 인지적인 자극을 제공하고 우울증을 줄일 수 있다는 증거가 있다(Subramaniam and Woods, 2012).

Kindell 등(2014)은 치매에 걸린 사람의 자서전 작업을 지원하기 위해 개발된 많은 자원들을 확인했다. 그러나 연구자들은 인생 이야기를 적은 책이나 다른 결과물이 완성되었을 때 이를 어떻게 활용할 수 있는지에 대한 실질적인 조언이 부족하다고 지적했다. 그리고 사용 가능한 많은 템플릿과 자원의 구조(때로는 시간순으로 구성된)에 대해 비판하고 특히 치매에 걸린 사람의 경우 다음과 같이 주장하였다.

> 보다 유연하고 자연스러운 만남은 대화 안에서 직원이 치매에 걸린 사람의 주도권에 따를 수 있도록 해 줄 것이다… 직원이 묻고 싶은 질문보다는, 치매를 앓고 있는 개인이 나누고 싶은 이야기에서부터 시작된다.
>
> (p.157)

Gridley 등(2016)은 자서전 작업의 목적이 무엇인지에 대해 처음부터 동의하는 것이 중요하다고 경고한다. 만약 작업 계획이 자원을 생성하는 것에 있다면, 자원은 어떻게 사용될 것이고 누가 자원에 접근할 수 있으며 편집 권한은 누구에게 있는가? 이는 작업의 주요 목표가 노인의 기억 회상에 도움이 되는 사진과 물건들의 모음을 만들기 위함인지, 아니면 요양보호사들이 서로 공유하고 요양 및 지원 계획을 안내하는 데 사용할 수 있는 자원을 만들기 위함인지에 대해 명확히 하는 데 도움이 된다. 만약 후자라면, 요양 서비스의 질 향상을 위해 자서전 작업에서 배운 것을 어떻게 적용할 것인가에 대해 생각하고 이를 위해 노력할 필요가 있다. 예를 들어, 이는 다음을 통해 수행할 수 있다.

- 개별화된 다양한 활동들을 제공하고, 노인으로 하여금 가능한 한 이러한 활동을 주도하거나 시작하도록 권장한다(예: 그 사람이 열렬한 화가였던 것으로 판명되면 다른 사람들에게 몇 가지 기술을 선보이도록 권장할 수 있음).
- 요양시설에 전시할 관련 그림과 물건들을 선택한다(그 사람의 방, 공용 공간도 포함).
- 직원이 일상적인 접촉에서 사람들을 연결하고 참여시킬 수 있도록 자서전 작업의 요소를 활용한다(4장의 30초 활동에서 살펴본 바와 같이).
- 거주 노인이 시설에서 맡고 싶어 하는 역할이나 다른 거주 노인들, 자원봉사자 등과의 연결에 대해 우리가 고려할 수 있도록 강점과 관심사를 파악한다.
- 치매 증상이 심해진 사람들이 특히 스트레스를 받고 있을 때, 그들로 하여금 활기와 편안함을 느끼게 해주는 다감각 응용 접근(multi–sensory approach)을 발전시킨다. 예를 들어, 긍정적인 연상이 되는 친숙한 사람의 녹음된 목소리, 음악 또는 냄새가

여기에 포함될 수 있다.

- 요양시설에서 일하는 다른 사람들과 인생 이야기의 요약(또는 게시할 수 있는 보드판)을 공유함으로써 그 사람에 대해 더 잘 알 수 있도록 한다(단, 그 사람이 이러한 세부 사항이나 사진 공유를 좋아하는 것처럼 보이는 경우에 한함). 이렇게 하면 작업을 반복할 필요가 없고, 작업이 중단된 부분부터 다른 사람들이 효과적으로 다시 시작할 수 있다.

자서전 작업을 위한 팁

- 많은 사람들이 고통스러운 기억을 가지고 있고, 그 기억을 떠올리는 경험은 괴로울 수 있다. 그렇다고 해서 자서전 작업을 미루어야 된다는 뜻은 아니다. 때로는 고통스러운 기억을 가진 사람들이 이러한 접근 방식으로부터 가장 많은 것을 얻기도 한다. 그러나 근로자는 (이 작업을 하는 사람이) 고통을 경험할 가능성에 대비해야 한다. 다음은 자서전 작업을 실시할 때 따라야 할 지침이다.
  - 안전하고 독립된 공간에서 실시한다.
  - 잠시 함께 있을 시간이 있고 그 사람에게 관심을 집중할 수 있을 때 실시한다.
  - 그 사람이 차분하고 이야기할 기분일 때 실시한다.
  - 그 사람이 과거에 대해 이야기하고 싶은 경우에만 실시한다.
  - 그 사람의 주도 아래 작업의 속도와 다룰 주제를 정한다.
  - 이상적으로는 관리자나 신뢰할 수 있는 동료에게 (작업에 대해) 보고하고 지원을 받을 수 있는 기회가 있다는 사실을 알

고 있을 때 실시한다.

- (직접적, 개인적, 사실적인 질문을 하는 것 대신) 위협적이지 않고 개방적으로 대화를 시작할 수 있는 방법을 찾아라. 예를 들어, 'John, 저는 당신과 당신의 인생사에 대해 잘 모르고 있는 것 같아요. 내게 말하고 싶은 마음이 있다면 그에 대해 듣고 싶어요.'라고 대화를 시작할 수 있다. 이를 통해, 그들이 원하는 부분에서 대화를 시작할 수 있고 그들이 다녔던 학교나 가까운 가족의 이름을 기억하지 못해도 그들을 곤혹스럽게 하지 않는다.
- 만약 노인이 당신에게 과거에 대해 말하기로 결정했다면, 그중에서 어느 정도까지 다른 직원들과 공유해도 괜찮은지에 대해 알아보라. 그 사람이 자서전 작업을 하는 것을 즐겨 했다면, 이를 개인적인 추억거리로 삼거나 더 널리 공유할 수 있는 책(또는 상자)을 만드는 데 관심이 있는지 물어볼 수도 있다. 또는 그들이 이 과정에 가족이나 친구를 포함시키고 싶은지도 물어볼 수 있다.
- 섣부른 가정은 피하라. 예를 들어, 그 사람이 아이를 가졌었거나, 결혼을 했거나, 이성애자이거나, 경력을 가지고 있다고 추측하지 않는다.
- 사람들은 한 가지 특정한 형태의 이야기에 의해 본인이 '결정'되어버리는 것을 원하지 않는다(Gridley, 2017). 만약 당신이 자신의 인생 이야기(또는 그 일부)를 말할 생각이라면, 이야기를 듣는 청중이나 그날의 기분에 따라 매우 다르게 할 수 있다. 누군가의 자서전 작업이 끝났다는 암시를 주지 말고, 새로운 사진이나 이야기가 추가될 수 있는지 확인하라.

치매 증상이 더 진행된 사람과 함께 하는 자서전 작업

만약 어떤 사람이 치매 증상이 심하거나 의사소통에 어려움이 있는 경우, 가족이나 그 사람을 잘 아는 다른 지인들을 참여시켜 인생 이야기를 만들 필요가 있지만 그 사람을 참여시킬 수 있는 방법을 지속적으로 모색해야 한다. 예를 들어, 일단 그 사람의 과거에서 몇 가지 '단서'를 확인한 후에, 좋아하는 노래, 사진 또는 물건을 사용하여 그 사람의 기억을 '잠금 해제'할 수 있다. 때때로, 거의 한 마디도 하지 않던 사람이 이런 식으로 기억이 촉발되면 말을 하기 시작하는 경우도 있다.

사실의 정확성이나 사건이 일어난 연도나 시점에 너무 집착하지 마라. 타당하지 않거나 모순되는 부분이 있다고 해서, 그들이 당신에게 말하는 모든 이야기들을 무시하면 안 된다. 중요한 것은 그 사람과 그 사람이 느끼는 감정, 열정에 귀를 기울여서 열심히 듣는 것이다. 예전에 유명한 댄서였다고 이야기할 때 그 사람의 눈이 반짝인다면, 중요한 것은 그 사람이 춤에 대한 열정과 재능을 가지고 있다는 사실을 이제 알게 되었다는 것이다.

만약 치매나 다른 의사소통 장애를 가지고 있고 조언을 구할 수 있는 가족도 없다면, 그 사람의 기억을 되살리기 위한 사진들을 선택해서 활용할 수 있다. 예를 들어, 요양원에서 진행한 연구에서 우리는 수영, 그림 그리기, 등산, 신문 읽기에 이르기까지 다양한 활동을 담은 일련의 사진들을 수집했다. 우리는 사진에 찍힌 모습이 선명한지, 모호하지는 않은지 여부를 확인했다(예를 들어, 한 사진은 시골에서 걷고 있는 두 사람의 모습을 보여주었지만 치매를 앓는 사람이 얼굴을 알아볼 수 있어야 한다는 생각에 산만해지지 않도록 뒷모습을 촬영했음). 노인이 우리에게 하나의 이야기를 해주거나 적어도 기억의 한 조각에 대해 이야기할 수 있도록 촉발하는 몇 장의 사진이 항상 있었고, 이를 통해 자서전 작업의 다음 회기를 위한 출발점을 형성할 수 있었다.

만성 치매를 겪는 사람들이 '감각적인 인생 이야기(sensory life stories)'를 만들 수 있도록 지원하는 전도유망한 실천들이 있다(Leighton et al., 2016). 이는 약 8~10개의 주요 사건으로 요약된 인생 이야기 또는 하나의 사건에 대한 짧은 즉석 사진(snapshot) 이야기로 구성된다. 그런 다음, 기억들을 촉발하는 감각적 경험이 각 사건과 연결된다. 한 커플은 여름휴가의 추억을 되살리기 위해 함께 춤을 췄던 음악을 재생하거나 서로의 팔에 선크림을 발라주기도 한다. 이러한 '감각적인 인생 이야기'에 대해 회상하는 것은 편안함과 유대감을 가져다 줄 수 있는데, 특히 '너와 함께 춤을 췄던 기억이 난다'는 말을 더 이상 찾을 수 없는 곳이라면 더욱 그렇다.

활용도구 7: 동기강화상담(Motivational interviewing)

동기강화상담(MI)은 사람들이 자신의 삶에 변화를 일으키기 위한 동기 부여를 할 수 있도록 지원하는 숙련된 방법이다. 이 방법은 Miller와 Rollnick(2002)에 의해 개발되었고, 가장 유능한 상담자들이 알코올 사용을 줄이려는 사람과 대화하는 방법을 관찰한 결과를 기반으로 한다. 동기강화상담은 이제 보건, 사회복지 및 형사사법 환경 전반에 걸쳐 매우 광범위하게 사용되고 있다.

동기강화상담은 변화를 만들고자 하는 동기가 어느 정도 있지만 변화를 계속 망설이는 사람을 지원할 때 특히 유용하다. 행동이나 생활 방식의 변화를 고려하고 있는 대부분의 사람들은, 변화하는 것 또는 현재 상태를 그대로 유지하는 것의 장단점을 저울질하는 데 시간을 할애하고 이러한 선택들 사이에서 갈팡질팡할 수 있다. 이러한 마음 상태를 '양가감정(ambivalence)'이라고 하며, 변화를 만드는 것에 대해 생각하는 사람이라면 정상적인 반응이다. 이는 우리의 행동을 바꾸는 것이 어려운 과정이기 때문이다(심지어 변화하는 것이 우리에게 가장 이익이 된다는 사실을 알고 있을 때조차). 예를 들어, 담배를 끊으려고 시도해온 사람에게 그 과정이 얼마나 어려운 일인지에 대해 물어보라.

동기강화상담은 '양가감정을 탐색하고 해결함으로써 변화에 대한 내재적 동기를 강화하기 위한 내담자 중심의 지시적 방법'(Miller and Rollnick, 2002, p.25)이다. 동기강화상담은 사람들로 하여금 변화를 일으키도록 '속이는' 화려한 기술을 사용하는 것이 아니다. 이는 각 개인이 자신의 상황에 있어 전문가이고, 그들이 내리는 선택에 대한 책임은 결국 본인에게 있다는 믿음을 기반으로 한다. 동기강화상담의 기술을 사용하는 사람은 변화를 위한 개인적인 동기를 고려하고 성찰하는 것을 돕기 위해 그 사람과 함께 작업할 것이다. 동기강화상담은 상담적인 입장('당신의 속도에 맞춰 당신이 원하는 모든 결정을 내리세요.')과 지시적인 입장('저는 당신에게 가장 좋은 것이 무엇인지 알아요. 당신은 제 조언을 따를 필요가 있어요.') 사이에 위치하는 안내하기(guiding) 방식을 취한다.

동기강화상담은 노인들과 함께 일하는 것과 어떤 관련이 있는가?

동기강화상담은 자신의 신체 건강, 사회적 관계 및 활동에 대한 목표 및 희망과 관련된 생활양식의 변화를 고려하고 있는 노인들을 지원하기 위해 사용될 수 있다. 예를 들어, 노년기와 관련된 신체적 도전 중 일부는 식생활, 신체 활동, 흡연 및 음주 문제와 연결될 수 있고, 이 모든 것은 동기강화상담의 기술을 사용하여 논의될 수 있는 주제들이다. 노년기의 또 다른 도전은 외로움 및 권태와 관련이 있고, 동기강화상담의 기술이 여기에도 밀접한 관련이 있을 수 있다. 만약 어떤 성인이 자신의 대인관계를 확장하거나 친구들과의 활동에 참여하고 싶어한다면, 동기강화상담의 기술을 사용하는 신뢰할 만한 사람과 이에 대해 논의할 수 있다. 식생활 개선, 신체 활동 증가, 금연 등을 목표로 하는 노인들에게 동기강화상담의 기술을 사용하는 것이 효과적일 수 있다는 연구 결과도 있다(Cummings, Cooper, and Cassie, 2009).

동기강화상담은 어떻게 작용하는가?

동기강화상담은 단순히 일련의 기술들을 모아놓은 것 그 이상이며, 변화에 대한 구체적인 접근법과 상대방과 함께 있으면서 그 사람에게 공감을 표현하는 방법도 포함한다. 이는 종종 동기강화상담의 '정신(spirit)'으로 묘사되며, 다음과 같은 세 가지 요소를 포함한다.

- 협동(collaboration): 상담자는 전문가가 아닌 안내자이다. 상담자는 내담자의 목표, 관점 및 우려를 정중한 방식으로 이해하기 위해, 내담자 곁에서 나란히 함께 작업한다.

- 유발성(evocation): 변화를 만드는 것에 대한 생각과 느낌, 동기 및 목표에 대해 내담자로부터 너 많은 정보를 끌어내는 것이 상담자의 역할이다. 내담자는 '고쳐져야' 될 필요가 있는 것이 아니라, 중요한 강점과 자원들을 가지고 있는 것으로 간주된다.
- 자율성(autonomy): 사람들은 그렇게 하는 것이 옳다고 믿는 경우에만 변화를 만들고 유지할 것이다. 누군가에게 변화를 일으키도록 강요하는 것은 결코 효과적이거나 윤리적이지 않다. 그래서 상담자는 내담자의 선택에 항상 동의하는 것은 아니지만, 내담자가 상담자와 터놓고 대화하지 못하게 될 가능성이 높으므로 상담자가 원하는 행동을 하게끔 내담자를 부추기거나 설득하려는 충동은 억제해야 한다.

동기강화상담의 일반적인 기술

동기강화상담의 핵심 기술은 종종 OARS라는 약어를 사용하여 언급된다.

O: 열린질문하기(Open-ended questions)

A: 인정하기(Affirmations)

R: 반영적 경청(Reflective listening)

S: 요약하기(Summaries)

열린질문하기

열린질문하기는 내담자가 세상에 대한 자신의 생각, 감정, 경험들에 대해 더 많이 말하도록 유도하는 질문이다. 노인에게 '딸이 왜 당신을 걱정하는지 이해하세요?'라고 묻는 대신 '딸이 무엇을 걱정하고 있다고 생각하세요?' 또는 '딸의 걱정 중에서 어느 부분에 동의하고 어느 부분에는 동의하지 않으세요?'라고 물을 수 있다. 열린질문하기는 내담자가 '예' 또는 '아니오'라고 대답해야 하는 것에 국한되지 않고, 대화의 안건을 설정할 수 있는 힘을 내담자와 상담자가 공유하는 보다 협력적인 대화를 이끌어 내는 경향이 있다.

인정하기

인정하기는 내담자의 강점, 성취 및 자질을 지지하는 진술을 하는 것이다. 인정하기는 내담자의 과거와 현재의 장점과 자원에 대화를 집중하기 때문에 도움이 될 수 있으며, 이는 변화를 만들기 위한 동기를 형성하는 데 도움을 줄 수 있다. 인정하기는 단순히 칭찬하는 것과는 다르다. '아직도 정원 가꾸기를 하시다니 대단하신 것 같아요'라고 칭찬하는 것은 내담자에게 초점을 맞추면서 (좋고 나쁨에 대한) 가치 판단을 내포하고 있다. 인정하기는 '가끔 고통스러울 수 있지만 정원 가꾸기를 계속하는 것이 당신에게는 정말 중요한 일이네요.'라고 말하는 것이다.

반영적 경청

반영적 경청은 내담자가 한 말을 상담자가 다시 반복하는 것을 포함하고 있다. 이것은 처음에는 어색하게 느껴질 수 있지만, 상담자가 진심으로 그들의 말을 경청하고 있다는 것을 내담자에게 보여주는 효과가 있다. 여기서 질문과 반영을 구분하는 것은 중요하다. 질문은 문장의 끝이 위로 올라가는 목소리를 포함하고, 상대방으로 하여금 대답을 하도록 유도한다. 반면, 반영은 문장의 끝이 위로 올라가지 않은 채로 제시되기 때문에 질문이 아닌 평서문으로 들린다. 반영에는 다음과 같은 다양한 유형이 있다.

- 내용에 대한 반영(content reflection)은 내담자가 사용한 단어와 동일하거나 유사한 단어를 다시 반복하는 것을 포함한다. 예를 들어,
  - 내담자: 뭔가 변화가 필요하다는 것을 알고 있어요. 계속 이럴 수는 없어요.
  - 상담자: 뭔가 변화가 필요하다는 것을 당신은 알고 있군요.
- 감정에 대한 반영(feeling reflection)은 내담자의 말에 담긴 감정적 내용에 대해 상담자가 이해한 바를 반영하는 것을 포함한다. 예를 들어,
  - 내담자: 아내를 돌보는 데 도움이 필요할 거라고는 생각도 못했는데, 이제는 현실을 직시해야 할 때인 것 같아요. 그렇지만 그게 내키지는 않아요.
  - 상담자: 도움을 청해야 한다는 사실이 슬프신 것 같네요.
  - 내담자: 네, 슬프기도 하지만 아내와의 약속을 어기고 있는 것 같이 느껴져요. 그녀를 돌봐주겠다고 약속했거든요.

  상담자가 감정을 정확하게 반영하지 못한다 하더라도, 내담자는 자신이 한 말의 의미를 이해하기 위한 진심 어린 시도로 들을 가능성이 높으며 필요하다면 종종 상담자의 말을 바로잡아 줄 것이다.
- 의미에 대한 반영(meaning reflection)은 내담자가 한 말의 의미에 대해 상담자가 이해한 바를 반영하는 것을 포함한다. 다시 말하지만, 상담자의 이해가 완전히 정확하지 않더라도 내담자가 이를 바로잡고 그 의미에 대해 더 많이 설명할 것이다. 예를 들어,
  - 내담자: 방문객들에게 다과를 대접하고 싶은데 직원들이 다

들 너무 바쁘신 것 같아요. 저는 그 사람들을 귀찮게 하고 싶지는 않거든요.

- 상담자: 당신이 집에 살고 있었을 때 했던 방식과 동일하게 방문객을 맞이할 수 있는 것이 당신에게는 중요한 일이군요.
- 내담자: 네, 맞아요. 저는 항상 매우 친절한 사람이었어요. 그렇게 커왔었죠.

• 양면성에 대한 반영(double-sided reflection)은 상담자가 내담자의 양가감정에 대해 이해한 바를 내담자에게 다시 반영하며, 내담자가 이를 듣고 다시 생각해볼 수 있는 기회를 포함한다. 따라서 위의 예시를 계속 이어나가면 다음과 같다.

- 상담자: 방문객을 환영하고 친절하게 대할 수 있는 것이 당신에게 중요한 일이지만, 다른 한편으로는 바쁜 직원들에게 다과를 달라고 해서 추가로 일을 시키고 싶지 않으신 거군요.
- 내담자: 네, 정말 마음이 찢어지는 것 같아요. 그런 일이 다시 벌어지기 전에 마리와 이 문제에 대해 이야기해서 어떤 생각을 가지고 있는지 확인해볼 생각이에요. 이 문제를 정말 해결하고 싶어요.

요약하기

요약하기는 상담자가 진정으로 자신의 말을 경청하고 있다는 사실을 내담자가 느끼도록 해주므로 가끔 대화에서 매우 유용할 수 있다. 요약하기는 내담자가 전달한 내용의 다양한 측면들을 종합하여 더 깊이 성찰할 수 있는 기회를 줌으로써 전략적으로 사용될 수 있다. 예를 들어,

- 상담자: 제가 제대로 이해했는지 확인해 볼게요. 손주들에게 줄 간식을 사기 위해 밖으로 나와 신문 가판대까지 갈 수 있는 것이 당신에게는 매우 중요한 일이에요. 그러나 걷는 것이 점점 더 어려워지고 있다는 사실을 깨닫기 시작하셨죠. 일단 혼자 힘으로 걷기를 멈춰버리면 다시는 시작할 수 없을 것이라고 생각하시기 때문에, 휠체어를 사용하는 게 정말로 내키지 않으신 거네요. 그래서 가능한 한 오랫동안 계속 걸을 수 있도록 지원하기 위해 저희가 마련할 수 있는 것들에 대해 이야기해주길 원하시는 거군요.

OARS 기술은 모두 동기강화상담의 정신(협동, 유발성, 자율성)과 일치하는 방식으로 사용되는 것이 매우 중요하다.

동기강화상담의 기술을 사용하는 예시

윈스턴은 카리브해에서 태어나 지금은 영국의 대도시에서 혼자 살고 있다. 그의 딸 바네사는 도시 반대편에 있는 병원에서 의사로 장기간 교대 근무를 하고 있다. 그녀는 기회가 있을 때 그를 방문하지만, 원하는 만큼 자주 방문하지는 못한다. 윈스턴에게는 동향 친구인 데릭이 있었고 그들은 함께 도미노 게임을 하고 같이 식사를 하면서 즐거운 시간을 가졌다. 하지만, 이제 데릭은 아들과 며느리와 함께 살기 위해 영국의 다른 지역으로 이사했고 윈스턴을 만나는 것이 어려워졌다. 윈스턴은 고립감을 느끼고 있으며, 자신의 아파트에서 나와 자신과 문화적·민족적 배경을 공유하는 다른 사람들과 어울리고 싶어 한다.

그의 허락을 받고, 바네사는 지역에 있는 카리브해 문화 센터에 전화를 걸었다. 센터의 직원인 조이는 윈스턴을 만나 카리브해가 고향인 노인들이 센터에 정기적으로 모여 도미노 게임을 하고 함께 음식을 나누고 있으며, 그는 매우 환영받을 것이라고 말했다. 하지만 그 말을 들은 그는 어떻게 해야 할지 혼란스러운 기분이었다. 정말 가고 싶지만, 한편으로는 그를 내키지 않게 하는, 그리고 아무에게도 뭐라고 말해야 할지 모르겠는 몇 가지 우려들이 있었다.

조이: (요약하기) 윈스턴, 제가 지금까지 한 당신의 말을 제대로 이해했는지 확인해볼게요. 당신은 친구 데릭과 딸 바네사가 보고 싶군요. 또한 음식을 나누고 도미노 게임을 할 수 있도록 카리브해 출신 사람들과 더 많은 관계를 맺고 싶으시고요. 문화 센터에 대한 이야기가 좋게 들려서 한번 가보고 싶은 마음도 일부 있으시지만, 한편으로는 가는 것이 걱정되고 신경 쓰이는 마음도 일부 있으시군요.

윈스턴: 얼추 맞는 것 같네요. 네, 그런 느낌이에요.

조이: (열린질문하기) 새로운 사람을 만나고 싶은 마음을 10점 만점으로 표현한다면 몇 점 정도일까요?

윈스턴: 7점 정도요. 제겐 중요한 일이에요. 외로움을 느끼는 건 싫거든요. 제 생각에, 그 센터에 가면 저한테 좋을 것 같아요. 하지만 그 문으로 걸어 들어가는 것이 처음이라 걱정돼요.

조이: (내용에 대한 반영) 그 센터에 가면 본인한테 좋을 것 같다고 생각을 하신 거네요.

원스턴이 고개를 끄덕임

조이: (인정하기) 문화적 배경을 공유하는 사람들과 사회적 유대를 맺는 것이 당신에게는 중요한 일이군요.

원스턴: 네, 맞아요. 데릭이랑 얘기하던 게 그립고 바네사도 예전처럼 자주 못 찾아와요.

조이: (양면성에 대한 반영) 한편으로 문화적 배경을 공유하는 사람들과 더 많은 사회적 유대관계를 맺고 싶어 하지만, 다른 한편으로는 처음 문을 통과하는 것에 대한 걱정도 가지고 계신 거네요.

원스턴: 네, 지금 상황이 잘 요약된 것 같아요.

조이: (열린질문하기) 문화 센터에 갈 계획을 세우시는 것에 대해 10점 만점에 어느 정도 자신감을 느끼세요?

원스턴: 아, 솔직히 말해서 그게 걱정이 돼요. 10점 만점에 4점 정도밖에 자신이 없다고 말할 수 있겠어요.

조이: (반영적 경청) 그래서, 원스턴, 문화 센터를 가는 것의 중요성은 10점 만점에 7점이지만 그렇게 하는 것에 대한 자신감은 10점 만점에 4점이신 거네요.

원스턴이 고개를 끄덕임

조이: (열린질문하기) 그럼 이제 당신은 어떻게 해야 할까요?

원스턴: 그거 좋은 질문이네요. 제 생각에는 계획을 세울 필요가 있는 것 같아요! 우리가 같이 뭔가를 해결해나갈 수 있지 않을까요?

조이: 네, 그렇게 하죠.

조이는 단순히 윈스턴에게 문화 센터에 대한 정보를 주거나, 가야 한다고 조언해주거나, 센터로 같이 가주는 대신, 그가 느끼는 양가감정(가길 원하는 마음과 걱정이 되는 마음)을 되돌아볼 수 있도록 동기강화상담의 기술들을 사용하고 있다. 이 양가감정에 대해 동기를 강화하는 대화를 하는 것은 그가 계획을 이룰 수 있도록 도와줄 가능성이 더 크다.

참고자료

Motivational Interviewing Network of Trainers (MINT)
www.motivationalinterviewing.org
이 웹사이트는 자원과 정보들의 목록을 제공한다.

Rosengren, D.B. (2009) *Building Motivational Interviewing Skills: A Practitioner Workbook*. New York: Guilford Press.
이 책에는 이론에 대한 리뷰와 더불어, 동기강화상담의 기술을 발전시키기 위한 많은 연습 문제들이 포함되어 있다.

활용도구 8: 지원 집단(circles of support)

지원 집단은 누군가를 지원하길 원하는 사람과 지원이 필요한 사람들이 함께 모이는 것이다. 이 집단에는 가족, 친구, 이웃, 자원봉사자, 유급 근로자가 섞여 있을 수 있지만, 지역사회의 지원이나 '자연스러운 조력자(natural helpers)'를 동원하는 데 초점이 맞춰져 있다. 특히 초기에는 유급 근로자들이 집단 내에서 중요한 역할을 할 수 있지만, 집단이 단순히 여러 기관의 전문가 모임이 되어서는 안 된다. 그렇지만 지원 집단은 전문직과 비전문직 종사자를 한자리에 모을 수 있는 좋은 방법이 될 수도 있고, 보건 및 사회복지 환경에 종사하지 않는 근로자들(가게 주인부터 미용사까지)도 관여할 수 있다. 치매에 걸린 사람과 이웃 프로그램(the Dementia and Neighbourhoods Programme[1])에서 수집된 한 이야기에 따르면, 치매에 걸린 노인이 항상 같은 시간에 신문 가판대에 들렀었는데, 어느 날 두 번 연속으로 그 노인이 신문 가판대에 들르지 않자, 신문 판매원이 괜찮은지 확인하기 위해 노인의 집을 찾아와 노크했다고 한다.

지원 집단은 노인이 가진 목표를 달성하기 위해 함께 일하고, 노인을 돌보는 파트너나 가까운 가족구성원들을 지원할 수도 있다. 여기에는 응급상황에 도움이 되는 연락망을 구축하거나 자택에서 계속 생활하기를 원하는 노인을 지원하는 것이 포함될 수 있다. 지원 집단은 노인의 사회적 고립과 외로움을 줄이기 위한 주목적으로 사용될 수 있고, 또는 실질적인 지원을 제공하기 위해 함께 모이는 사람들 간의 부차적인 모임으로도 사용될 수 있다. '모임(meeting)'이라는 개념이 핵심인 경우는 많지만, (위 예의 신문 판매원처럼) '모임'에 참석할 가능성이 적은 사람들이 지원 집단에서 역할을 하지 못하리라는 법은 없다.

포용을 위한 국가 개발 팀(The National Development Team for Inclusion; NDTI)은 치매에 걸린 사람을 위한 지원 집단을 시범 운영했으며(Macadam and Savitch, 2015), 이 접근 방식이 사람들로 하여금 개인 및 사회적 연결망을 유지하거나 늘리는 데 실제로 도움이 될 수 있음을 발견했다. 그러나 연구자들은 모임의 규모가 클수록 치매에 걸린

---

1 연구원과 개인적으로 서신을 주고받길 원한다면, 아래의 주소로 방문하면 된다. www.neighbourhoodsanddementia.org/work-programme-4-description

사람에게는 스트레스가 될 수 있다는 점을 경고했다. 유연한 접근이 필요할 수 있는데, 예를 들어 원격으로 사람들을 참여시키거나, 집단의 몇몇 구성원들이 노인이 가진 목표를 확인하는 소모임을 가진 후에 더 큰 집단 모임에 가서 이를 대변할 수도 있다.

활동 중인 지원 집단: 수와 프랭크의 예시

수는 몇 년 전 치매 진단을 받았고, 남편 프랭크와 함께 살고 있으며 그의 부양을 받고 있다. 그들의 딸인 린은 부모님이 어떻게 이에 대처하고 있는지 점점 더 걱정이 되었다. 사는 집은 괜찮아 보이고, 먹고 씻고 옷 입는 건 그럭저럭 잘 해내고 있지만, 린은 부모님이 정서적으로 잘 대처하고 있지 못하다는 경고 신호를 감지할 수 있었고, 사회적으로 매우 고립되어 있다는 사실이 걱정스러웠다. 그녀의 아버지는 지쳐 보였고 그의 특징이었던 반짝이는 유머 감각과 활기를 잃었으며, 부모님은 끊임없이 말다툼을 하고 있었다. 수는 자신을 '보호'하려는 남편의 시도를 매우 싫어하는 것 같고, 자신이 마치 '어린아이' 또는 '집에 갇힌 죄수'처럼 느껴진다고 말했다.

린은 부모님을 돕고 싶었지만 어디서부터 시작해야 할지 모르겠다고 느꼈다. 그래서 지역에 있는 치매 자선단체에 연락하여 조언을 구하고, 간병인 지원 담당인 마크를 만났다. 그녀는 부모님에게 지원이 필요하다고 느꼈지만, 그게 어떤 모습일지 상상이 잘되지 않았다. 부모님 둘 다 매우 자존심이 강한 터라, 낯선 사람이 와서 실제적인 일을 도와주길 바랄 것이라고는 상상할 수 없었다. 마크는 수의 상태가 비교적 초기 단계인 지금, 성인 사회복지사의 돌봄과 지원을 받을 자격이 있을지에 대해 확신이 없었다. 마크는 수와 프랭크의 삶에 또 누가 관련되어 있고 그들을 지원하고 싶어 하는지 물었다. 린은 오랜 친구 몇 명과 근처에 살고 있는 조카에 대해 언급했고 그 외에 누가 있는지 확실치 않았다. 마크는 그녀에게 지원 집단에 대해 언급하고, 수와 프랭크를 아끼는 사람들을 모아서 어떻게 이 부부를 가장 잘 부양할 수 있을지 계획하는 간단하고 유연한 방법이라고 설명했다.

린은 부모님에게 걱정스러운 마음을 표현하면서, 두 분이 모두 잘 대처하고 있는 것에 깊은 감명을 받았지만 다시 '활기'를 찾을 수 있도록 돕고 싶다고 말했다. 그녀는 그들을 아끼는 다른 사람들도 같은 감정을 느끼겠지만, 그녀처럼 어디서부터 시작해야 할지 아무도 모를 거라고 생각했다. 그녀는 그들에게 지원 집단에 대해 이야기했다. 처음에 그들은 지원 집단을 '말도 안 되는 소리'라고 일축했지만, 린은 친구 몇 명, 손자, 이웃, 그리고 초대하고 싶은 다른 사람들이 모여서 식사도 하고 어떻게 (지원 집단을) 할 수 있을지에 대한 비공식적인 '모임' 같은 것이라고 설명했다. 그들은 잠시 고민하다가 결국 동의하였다.

린은 부모님이 초대하기로 동의한 사람들에게 연락하여 그들 각자에게 개념을 설명하였고, 그들 모두 참여할 준비가 되었다. 그녀는 마크에게 첫 번째 모임을 진행해줄 의향이 있는지 물어보았다. 왜냐하면, 집단이 어떻게 운영돼야 하는지 확신이 없었고 모임이 사소한 잡담으로 끝나길 원하지 않았으며, 또한 '우두머리 행세'를 하는 것처럼 보일까 봐 불안했기 때문이다. 마크는 수, 프랭크, 린을 만나러 왔고 함께 '모임'을 계획하였다.

모임이 있는 날, 린은 가장 자신 있는 음식을 만들었고 모두가 그녀의 부모님 집에 둘러앉아 식사를 함께했다. 마크는 '지원 집단'이 무엇인지 설명하고 수와 프랭크에게 어떻게 하면 더 나은 삶을 살 수 있을 것이라고 생각하는지 한 명당 하나씩 질문하였다. 수는 친구들과 보낸 시간이 정말 그립고, 치매 진단이 자신의 삶을 지배해버린 느낌과 자신의 삶이 너무 지루해진 느낌에 대해 이야기했다. 그녀는 마치 치매가 감옥이 되고 프랭크가 감옥의 간수가 된 것처럼 느끼지만, 그는 그저 그녀를 안전하게 지키려고 노력하고 있을 뿐이고 집안일도 정말 열심히 하고 있다는 사실을 알고 있기 때문에 이런 말을 하는 건 끔찍하다고도 이야기했다. 프랭크는 수가 방황하거나 길을 잃을까 봐 걱정이 되고, 그들이 함께하는 즐거움이 그리우며, 그녀가 치매 진단을 받은 이후로는 항상 그의 스트레스 해소 수단이었던 낚시를 갈 수 없게 되었음을 말했다.

마크는 부부가 잠시 동안 떨어져 다른 사람들과 다시 연락하고 취미 생활을 하고 싶으며, 함께 재미있게 즐길만한 일도 하고 싶다는 점을 반영했다. 수는 은퇴한 후 초반에 지역 사교 클럽에서 남편과 함께 사교춤을 추곤 했다는 사실에 주목했다. 프랭크는 수가 치매 진단을 받은 후 모든 것이 조금 어색해져서 사교 클럽에 가는 것을 그만두게 되었음을 그녀에게 상기시켰다. 그녀는 몇 년 동안 알고 지낸 사람들의 이름을 잊어버렸고 그들은 기분이 상했다. 그들이 마지막으로 사교 클럽에 갔을 때, 그녀는 균형을 잃고 몇 잔의 술을 엎질렀으며, 그 후로는 둘 다 돌아가고 싶은 마음이 들지 않았다. 그들의 손자인 딘은 그의 여자 친구가 사교춤을 배우자고 계속 설득하고 있음을 말했고, 어쩌면 나중에 4인조로 같이 사교 클럽에 가볼 수도 있겠다고 제안했다. 수와 프랭크는 무도장에서 몇 가지 팁을 보여줄 수 있고, 이는 그들이 사교 클럽에 갔을 때 어느 정도의 지원을 받을 수 있음을 의미했다. 딘의 여자 친구는 수와 함께 여자 화장실에 갈 수 있으므로, 돌아오는 길을 헷

갈리지 않게 도울 수 있다.

수의 친구 브렌다는 수도 알고 있지만 한동안 보지 못했던 몇 명의 여성들과 함께 정기적으로 만나고 있으며, 때로는 산책하고, 커피도 마시러 가고, 함께 영화관에도 간다고 설명했다. 그녀가 수를 초대하지 않았던 이유는 수가 그들과 함께하고 싶은지, 그리고 함께하기 위해서 어떤 지원이 필요할지에 대한 확신이 없었기 때문이다. 그들은 비용을 지불하는 것과 같이 수가 지원을 필요로 할 수 있는 몇 가지 사항과 그녀가 때때로 어떻게 방향 감각을 잃을 수 있는지에 대해 논의했다. 그리고 그녀가 소음과 많은 불빛으로 인해 지나치게 부담을 느끼기 쉽다는 사실도 알게 되었다. 브렌다는 나가서 다른 여성들에게 이 모든 것을 설명하고 '치매 친화적인' 나들이를 계획하기 위해 고민해보겠다고 말했다. 마크는 그녀에게 오후에 '편안한' 공연을 제공하는 지역 극장과 같이 확인해볼 만한 몇 가지 지역 자원에 대해 이야기했다. 그들은 모든 사람들이 편안함을 느낄 수 있도록 이것이 조금씩 천천히 만들어져 나가야 한다는 것에 다들 동의했다. 그러나 모든 것이 잘 진행되면 프랭크는 적어도 몇 시간 동안 혼자 지낼 수 있을 것이다. 아마 아직 낚시를 하긴 충분치 않을 것이지만, 확실히 그가 산책을 나가거나 동네 술집에 들러 축구를 볼 수 있을 만큼 충분히 긴 시간이 될 것이다. 린은 친구들과 주말에 만날 수 있다면 기꺼이 수를 그곳에 데려다주고 다시 집으로 들어와 프랭크가 돌아올 때까지 집에서 함께 기다리면서 시간을 조금 더 벌 수 있을 것이라고 말했다.

각자의 역할에 대해 명확히 한 집단원들은 6주 후에 다시 만나 그들이 어떻게 지냈는지 알아보기로 합의했다.

참고자료

지원 집단에 대한 상세한 정보가 궁금하다면, 다음을 참조하라.

실천하는 지혜

www.wisdominpractice.org.uk/hints − and − tips − resources

포용을 위한 국가 개발 팀(The National Development Team for Inclusion; NDTI)

https://www.ndti.org.uk/our − work/areas − of − work/ageing − andolder − people/circles − of − support − for − people − with − dementia

안전하고 적절한 경우, 이 연습을 사용하여 '과거에 어땠는지' 또는 '미래에 어떻게 되길 바라는지'와 같이 다양한 시점에 한 사람의 세상을 담은 즉석 사진(snapshot)을 만들도록 제안할 수 있다.

활용도구 9: 긍정적 위험감수(Positive Risk-Taking)

두려움과 희망

노인 자신을 포함하여 가족구성원의 이름을 왼쪽 열에 쓰고, 필요한 경우 행을 더 추가한다. 선택 1과 선택 2를 요약한 후(검토할 선택이 더 있는 경우, 오른쪽에 열을 추가할 수 있음), 각 선택이 각 가족구성원에게 불러일으키는 두려움과 희망을 기록한다. 조이스와 그녀의 가족이 실시한 작업 예시를 참조하라(표 6.1, 173쪽). 팀 또는 여러 기관들의 회의에서 다음의 간단한 도구(표 9.4)를 사용할 수도 있다.

표 9.4 두려움과 희망

가족구성원	두려움과 희망	선택 1	선택 2
	두려움		
	희망		
	두려움		
	희망		
	두려움		
	희망		
	두려움		
	희망		

강점 기반 위험 평가지

다음의 간단한 도구(표 9.5)는 가정이나 공공, 서비스 또는 지역사회 환경에서 위험성을 평가하고 관리할 때 사용할 수 있다. 작업 예시는 표 6.2(177쪽)를 참조하라.

표 9.5 강점 기반 위험 평가지

잠재적인 위험	이 물건/활동에 대한 당신의 느낌은 어떠한가? 그것을 통해 당신이 얻는 혜택은 무엇인가?	적응하고 위험을 줄이기 위해 이미 하고 있는 것은 무엇인가?	이것은 모든 사람들이 편안하게 느낄 수준까지 위험을 줄이는가?	좀 더 나은 해법/타협안이 나와 모든 사람들이 편안하게 느끼는 수준까지 위험이 줄어들 수 있는가?

위험에 관한 공유된 의사결정을 안내하는 10가지 질문

1. 정확히 무엇이 제안되고 있는가? 우리가 고려하고 있는 선택 들은 무엇인가?

2. 노인이 이 의사결정을 내릴 능력이 있는가?(의사능력법(the Mental Capacity Act; 6장 참조)의 핵심 원칙을 사용하여 시험해보는 것을 잊지 마라. 단순히 그 사람에게 내려진 진단명을 이유로 의사결 정 능력이 없을 것이라고 가정하지 않는다!) 우리는 여기에서 최선 의 이익을 위한 결정을 내리는 것인가, 아니면 단순히 조언하

고 지원하고 문제를 해결하기 위해 모인 것인가?

3. 이 선택이 노인과 그들의 가족에게 왜 중요한가? 이 선택을 하는 것과 하지 않는 것이 그들의 삶의 질에 얼마나 영향을 미칠 것 같은가?

4. 구체적인 위험은 무엇인가? 일어날 가능성은 얼마나 되는가? 그렇게 할 경우 어떤 정도의 피해가 발생할 가능성이 있는가?

5. 가족구성원, 간병인 및 더 넓은 지역사회에 대한 잠재적 위험과 이점은 무엇인가?

6. 우리 자신의 우려와 다른 전문가들의 우려는 무엇인가? 이는 피해에 대한 구체적인 우려일 수도 있고 일반적인 우려일 수도 있다(예: 일이 잘못될 경우 비난받는 것에 대한 우려).

7. 노인이 원하는 것을 수행하고 위험을 줄이기 위해 우리는 어떤 생각을 가지고 있는가?

8. 우리 모두가 따르기로 동의하는 규칙이나 조건들은 무엇인가? 만일의 사태에 대비한 비상 대책은 무엇인가?

9. 우리 각자에게는 어떤 역할과 책임이 있는가? 우리가 참여시켜야 할 또 다른 사람이 있는가?

10. 이 의사결정에 대한 검토를 시작해야 하는 변경 사항은 무엇인가?

활용도구 10: 슈퍼비전을 지원하는 도구: 계약서 작성 및 안건 설정

슈퍼비전 계약서

슈퍼비전 계약서는 슈퍼바이저와 슈퍼바이지가 그들의 슈퍼비전을 지원하는 과정에 대해 성찰하는 데 도움이 된다. 이를 통해, 두 사람 모두 자신들에게 기대되는 것과 서로에게 기대할 수 있는 것에 대해 명확히 알 수 있다. 슈퍼비전 관계가 시작될 때 계약서를 작성하는 것이 도움이 되는데, 그 이유는 관계가 발전할 수 있는 안전한 기반을 제공하기 때문이다. 나중에 어려움이 발생했을 때 대비가 되어 있기 때문에, 처음부터 이 점에 대해 명확히 하는 것은 좋은 생각이다. 계약서는 다음과 같은 슈퍼비전의 측면을 포함해야 한다.

슈퍼비전의 기능

예를 들어,

- 슈퍼바이지가 기관의 기준에 대한 책임을 수행하는지 확인하기 위해
- 슈퍼바이지가 자신의 책임을 완전히 이해하도록 하기 위해
- 슈퍼바이지의 전문성 개발을 돕기 위해
- 슈퍼바이지에게 지원을 제공하기 위해
- 슈퍼바이지에게 정기적으로 건설적인 피드백을 제공하기 위해 (그들이 잘하고 있는 것과 전문성 개발을 위한 영역을 모두 포함)
- 기관에 대해 피드백할 기회를 슈퍼바이지에게 제공하기 위해

슈퍼비전의 구조

예를 들어,

- 빈도
- 길이
- 장소
- 어떤 방식으로 기록될 것인가?
- 누가 기록을 보관할 책임이 있는가?

- 슈퍼비전 기록은 어떻게 사용될 수 있는가?
- 슈퍼비전 일정을 변경하거나 연기해야 하는 경우 절차는 어떻게 되는가?
- 슈퍼바이저 또는 슈퍼바이지가 슈퍼비전에 대한 불만을 제기하려는 경우 절차는 어떻게 되는가?

슈퍼비전의 과정

계약 단계 이후부터, 내용뿐만 아니라 과정에 대한 대화가 있으면 슈퍼바이저와 슈퍼바이지의 관계가 강화되고, 양자가 효과적으로 함께 작업할 수 있는 방법에 대해 보다 명확해질 것이므로 슈퍼비전의 효과가 더욱 높아질 수 있다. 다음의 진술들은 그러한 대화를 구조화하는 데 도움이 될 수 있다.

슈퍼바이지의 경우,
- 내가 슈퍼바이저인 당신에게 바라는 것은…
- 내가 슈퍼바이지로서 기꺼이 기여하고자 하는 것은…
- 내가 슈퍼바이지로서 책임져야 할 것은…

슈퍼바이저의 경우,
- 내가 슈퍼바이지인 당신에게 바라는 것은…
- 내가 슈퍼바이저로서 기꺼이 기여하고자 하는 것은…
- 내가 슈퍼바이저로서 책임져야 할 것은…

슈퍼비전의 안건 설정

슈퍼비전의 안건 설정은 슈퍼비전에 대해 서로 충돌하는 모든 주제에 충분한 주의를 기울이도록 하기 위해 도움이 될 수 있다. 설정된 안건이 없으면 특정 주제에 대한 어려움이나 특정 인물에 대한 우려 등 긴급한 문제가 슈퍼비전을 좌지우지할 위험이 있다. 슈퍼바이저는 구조를 따르는 것과 발생하는 특정 문제에 대응하는 것 사이에서 균형을 잡을 필요가 있다. 슈퍼비전 회기 안건은 다음을 포함해야 한다.

- 슈퍼바이지가 포함시키고 싶은 문제들
- 슈퍼바이지가 자신의 복지에 대해 이야기할 기회를 제공
- 이전 회기에서 생긴 문제들
- 토론, 보고서, 관찰을 통해 슈퍼바이지의 작업을 검토
- 긍정적이고 건설적인 피드백
- 향후 행동 계획에 동의하는 것
- 슈퍼바이지의 기술, 지식 기반 및 가치 기반의 발달에 대해 논의
- 슈퍼바이지의 발달적 요구를 파악하고 목표를 설정
- 슈퍼바이지가 작업에 대한 경험과 느낌을 되돌아볼 수 있는 시간을 제공
- 슈퍼바이지가 슈퍼비전 경험에 대한 피드백을 할 수 있는 기회를 제공

활용도구 11: 슈퍼비전을 지원하는 도구: 슈퍼비전 및 팀 회의에서 성찰 촉진하기

슈퍼비전의 순환구조에 대한 자세한 내용 및 관리자와 직원 간의 대화 예시는 그림 9.6 및 8장을 참조하라.

그림 9.6 슈퍼비전의 순환구조

개별 슈퍼비전에서 성찰을 촉진하기 위한 질문 예시(Kolb, 1988)

다음은 슈퍼바이지가 경험학습의 순환구조를 따라 이동하는 데 도움을 주기 위해, 슈퍼바이저가 질문할 수 있는 유형에 대한 몇 가지 생각들이다.

경험 단계에서 묻는 질문들

다음 질문들은 슈퍼바이지로 하여금 무슨 일이 일어났는지 자세히 설명하도록 돕는 데 중점을 둔다.

- 무슨 일이 있었는가?
- 무슨 일이 일어날 것이라고 예상했는가?

- 그 일이 일어나기 직전에 무슨 일이 있었는가? 아니면 직후에 무슨 일이 있었는가?
- 다른 사람들은 무엇을 생각하고/보고/느꼈는가?
- 무엇이 당신을 놀라게 했는가?
- 어떤 정보를 가지고 있지 않았는가?

성찰 단계에서 묻는 질문들

다음 질문들은 슈퍼바이지로 하여금 자신의 감정과 이전 경험의 영향을 고려할 수 있도록 돕는 데 중점을 둔다.

- 어떤 감정을 느꼈는가?
- 이 사건은 당신으로 하여금 무엇을 생각나게 하는가?
- 관련된 다른 사람들의 기분은 어땠을 것 같은가?
- 지금은 그에 대해 어떤 기분을 느끼는가?

분석 단계에서 묻는 질문들

다음 질문들은 슈퍼바이지가 경험에서 만들어 낸 의미가 무엇인지에 초점을 맞춘다.

- 관련된 사람들에 대해 어떤 가정을 하고 있었는가?
- 권력의 문제(성별, 인종, 문화, 종교 등과 같은)는 당신에게 어떤 영향을 미쳤는가?
- 이 상황에서 당신의 직업적 역할에 대해 이해한 것이 있다면 무엇인가?
- 이 분야에서 (잘 대처하기 위해) 받을 필요성을 느끼는 교육(훈련)이 있는가?
- 이 상황에서 현재 가지고 있는 강점과 위험은 무엇인가?

실행 단계에서 묻는 질문들

다음 질문들은 (앞 단계에서 한) 성찰을 결과에 초점을 맞춘 실행 계획으로 변환하는 데 도움이 된다.

- 그다음에 무엇을 하는 것이 중요할까?
- 당신의 행동의 우선순위를 어떻게 정할 것인가?
- 다른 사람의 도움을 필요로 하는가?
- 다음에 무엇을 할 것인지, 그 결과가 무엇인지 슈퍼바이저에게 어떻게 알려줄 것인가?

팀 내 토론에서 성찰을 촉진하기 위한 질문 예시(경험학습 모형을 사용)

다음은 팀 회의 중에 토론을 촉진하기 위한 몇 가지 생각들이다. 팀이 만날 때마다 이런 대화를 나누는 것은 불가능하거나 바람직하지 않을 수 있다. 그러나 가능한 한 성찰적인 대화를 구축하는 것은 직원 개개인이 보다 성찰적이고 자각을 할 수 있는 방식으로 일하도록 장려하는 데 도움이 된다. 또한 이는 팀 내 상호 이해와 협력을 촉진할 수 있다.

경험 단계

- 우리가 논의하고자 하는 문제 또는 특정 사건은 무엇인가?
- 무슨 일이 일어났는가? 당신은 무엇을 보았는가? 다른 사람들은 무엇을 보았는가?

성찰 단계

- 그때 어떤 느낌을 받았는가? 지금은 어떤 기분이 드는가?
- 요양 서비스를 받고 있는 노인은 어떤 감정을 느끼고 있는가?

- 그 가족이나 친척들은 어떤 감정을 느끼고 있을까?
- 다른 사람들(예: 다른 거주 노인들)은 어떤 영향을 받았는가?

분석 단계

- 이 토론에서 제기되는 문제 또는 주제는 무엇인가?
- 어떤 정보가 누락되었을 수 있을까?
- 무엇이 잘 되고 있는가, 아니면 잘 되고 있지 않은가?
- 그 밖에 어떤 도움이나 지원이 필요한가?
- 권력의 문제(인종, 계급, 돈, 나이 등)는 어떤 영향을 미치는가?

실행 단계

- 앞으로 어떤 계획을 세울 수 있을까?
- 누가 우리를 지원해줄 수 있는가?
- 우리가 진전을 이루고 있다는 것을 어떻게 알 수 있는가?
- 이에 대해 언제 다시 이야기해야 하는가?

'Schwartz Rounds'

'Schwartz Rounds'는 보건 및 사회복지 분야에서 일하는 팀들과 함께 온정적인 돌봄을 촉진하는 것을 목적으로 미국에서 개발되었다. 이는 다음과 같이 정의할 수 있다:

> 직원들이 한 달에 한 번 모여 서비스 이용자를 돌보는 것에 대한 비임상적인 측면(즉, 그들의 직업과 관련된 정서적, 사회적 도전)에 대해 토론하고 성찰할 수 있도록 고안된 다학제 포럼

> (Goodrich, 2012, p.118)

집단에 모인 직원들은 돌봄을 받고 있는 한 사람에 대해 논의하고, 해결책을 찾기보다는 정서적인 도전을 탐구하는 데 초점을 맞춘다. 영국의 한 연구에 따르면(Goodrich, 2012), 'Schwartz Rounds'를 두 병원에 도입함으로써 팀워크, 서로 다른 역할을 가진 직원들 간의 공감 및 서비스 이용자에 대한 공감 능력이 향상되었다. 토론에 참여한 사람들은 자신의 업무에 대한 정서적 영향을 성찰할 수 있는 기회를 높이 평가했으며, 조직이 그들의 정서적 도전과 갈등을 인정하고 있다고 느꼈다.

'Schwartz Rounds'를 시행하는 것은 상대적으로 비용이 적게 들고, 노인들에게 지원과 돌봄을 제공하는 조직에 이점이 있을 수 있다.

참고문헌

이 QR코드를 스캔하면 『애착과 강점을 기반으로 한 노인 서포트 (Supporting Older People Using Attachment−Informed and Strengths−Based Approaches)』의 참고문헌을 열람할 수 있습니다.

역자 약력

서영석

현) 연세대학교 교육학부 교수

    University of Minnesota 석사, 박사 (상담심리전공)

    고려대학교 심리학과 학사

- 저서: 출판되는 논문 작성하기(학지사, 2018)

    국내 출생 다문화가정 청소년의 아픔과 분투(집문당, 2017)

- 역서: 상담 및 심리치료 윤리(피와이메이트, 2020)

    아동청소년 상담: 이론, 발달 및 다양성의 연계(시그마프레스, 2019)

    상담연구방법론(Cengage Learning, 2017)

안하얀

현) 서울상담심리대학원대학교 상담심리학과 교수

    연세대학교 대학원 석사, 박사 (상담교육전공)

    연세대학교 영어영문학, 교육학 학사

전) 연세대학교 교육연구소 전문연구원

전) 이화여자대학교 교육혁신단 THE인재양성총괄본부 연구원

전) 한국상담심리학회 중장기발전TFT 위원장

- 저서: 나 좀 칭찬해줄래?(대원씨아이, 2020)

    출판되는 논문 작성하기(학지사, 2018)

이상학

현) 명지대학교 심리치료학과 객원교수

    연세대학교 대학원 석사, 박사 수료 (상담교육전공)

    연세대학교 교육학부 학사

- 저서: 출판되는 논문 작성하기(학지사, 2018)

    국내 출생 다문화가정 청소년의 아픔과 분투(집문당, 2017)

애착과 강점을 기반으로 한 노인 서포트

초판발행	2023년 4월 24일
지은이	Imogen Blood · Lydia Guthrie
옮긴이	서영석 · 안하얀 · 이상학
펴낸이	노 현
편 집	김다혜
표지디자인	우윤희
제 작	고철민 · 조영환
펴낸곳	㈜ 피와이메이트
	서울특별시 금천구 가산디지털2로 53, 한라시그마밸리 210호(가산동)
	등록 2014. 2. 12. 제2018-000080호
전 화	02)733-6771
f a x	02)736-4818
e-mail	pys@pybook.co.kr
homepage	www.pybook.co.kr
ISBN	979-11-6519-372-0 93180

* 파본은 구입하신 곳에서 교환해 드립니다. 본서의 무단복제행위를 금합니다.
* 역자와 협의하여 인지첩부를 생략합니다.

정 가   22,000원

박영스토리는 박영사와 함께하는 브랜드입니다.